다큐멘터리【기】

-어느 특별한 여성을
10년간 취재한 기록-

다큐멘터리【기】

氣

ⓒ 영 운 2018
초판 1쇄 2018년 5월 31일

글 쓴 이 영 운
발 행 인 장 헌 죽
편 집 인 임 형 근
펴 낸 곳 도서출판 미 립
출판등록 381-91-00310
주   소 부산광역시 기장군 철마면 백길길 10-8
전자우편 yhsiloam@naver.com
인   쇄 계림종합인쇄
ISBN   979-11-963640-0-7

다큐멘터리【기】

-어느 특별한 여성을
10년간 취재한 기록-

영 운 씀

도서
출판 미 립

이 책을
'내 마음을 나도 모르겠다.'는,
그래서 지금 이 시간
몸과 마음이 편치 않은 분들께 드립니다.

책 머리에

1

-드넓은 우주(宇宙)의 한쪽 귀퉁이에서,
헤아릴 수 없이 많은 생명을 보듬고
오늘도 돌고 있는 작고 푸른 별, 지구(地球)-

지구의 서(西)켠 대륙의 두메에 작은 마을이 있습니다.
마을 이름은 세도나(Sedona).
1900년대 초 교통이 무척 불편했던 시절, 이 오지(奧地)
마을에서 '애리조나 카우보이'들에게 부지런히 편지를
배달했던 우체국장 아내의 이름이 '세도나'였습니다.

원주민 아파치, 나바호 인디언들을 몰아내고 백인들이
이 땅을 차지한 뒤로, 현재 마을 주민의 수는 2만여 명.
그런데 주위풍경이라고 해봐야 서부영화에 자주 등장하는
황량한 벌판과 붉은 바위산뿐인 이 마을에, 지구촌 곳곳에
서 몰려드는 관광객 수가 놀랍게도 연간 약 400만 명.

두메산골 이 마을이 이토록 유명한 관광지가 된 계기는, 미국과 소련이 '달나라 먼저가기' 경쟁에 머리를 틀어박고 (沒頭) 있던 1960년대, 우주로 보낸 비행사들의 신진대사 (新陳代謝)에 문제가 있음을 발견한 미항공우주국(NASA)이 지구 파장(Earth wave)을 일으키는 에너지에 주목(注目)하기 시작하면서, 이 마을의 네 군데에서 강력한 지구 에너지가 소용돌이(vortex)치며 나온다는 사실을 밝혀낸 이후부터입니다.

이런 사실이 알려지자, 미국 전역에서 예술가, 심리학자, 초자연주의자, 기(氣)수련자, 사진작가는 물론이고, 현역에서 은퇴한 돈 많은 노인들까지 이곳에 모여 살게 되었고, 비록 이 마을에 터 잡고 살 형편은 못되지만, 잠깐만이라도 지구의 기운을 맛보고 싶어하는 뜨내기 관광객까지 꾸역꾸역 모여들어 오늘에 이르게 됩니다.

2011년, 미국 출판계에 놀라운 일이 벌어집니다.
책제목에 이 마을 이름 '세도나'가 등장하는 한 권의 책이, 미국의 주요 언론매체인 뉴욕 타임즈, LA 타임즈, 워싱턴 포스트 등의 '주간 베스트셀러' 2위에 네 차례나 오르고, 일 년 남짓 사이에 무려 6만 권 넘게 팔려나간 것입니다.

이 책의 저자는, 20여 년 전 이곳 세도나에 터를 잡고

'명상(冥想)센터'를 운영해온 60대 한국인 남성.
책의 내용은 자신이 세도나에 머물면서 느낀 정신적 체험
을 소개한 것인데, 이 남성이 명상센터를 찾는 이들에게
가르치는 내용이라고 해봐야, 숨 쉬는 법과 '氣 수련'이라
이름붙인 맨손체조, 그리고 ‒조금 우스갯소리로‒ 양다리
를 꼬고 앉아 '멍 때리는' 명상이 전부입니다.

그렇다면 영어는 인사말 정도밖에 모르고, 시쳇(時體)말
로, '책가방 끈마저 짧은' 한국 남성이 쓴 책 한 권에, 현대
문명의 꼭대기에 있노라 으스대는 초강대국 미국의 수많
은 사람들이 그토록 열광하는 까닭이 뭘까요?
도대체 氣가 뭐 길래…….

2

'신라의 미소'라 불리는 와당이 있습니다.
와당(瓦當)이라 하면, 전통 한옥의 지붕을
덮는 기와 중에서 처마 끝을 마감하는
수키와를 일컫는 말인데,
토박이 우리말로는 '막새'라고 합니다.

와당의 둥글고 넓적한 겉면에는 대체로 새나 용, 연꽃, 구슬 같은 무늬가 새겨져 있기 마련입니다.
그런데 일제 강점기 시절, 경주 홍륜사 절터에서 통일신라 시대의 것으로 추정되는 와당 하나가 발견되었는데, 이 와당의 겉면에는 -매우 드물게도- 촌색시처럼 순박한 여성이 밝게 웃는 얼굴 모습이 새겨져 있었습니다.

그 후 물건 보는 눈썰미가 있는 일본 사람이 이 '물건'을 자기 나라로 몰래 가져간 것을 우여곡절 끝에, 1973년 우리 정부가 되찾아왔고, 1998년 경주 문화엑스포(EXPO)에 경주를 상징하는 도안(圖案)으로 채택된 뒤로, 사람들에게 '신라의 미소' 또는 '천년의 미소'란 이름으로 널리 알려지게 됩니다.

2007년 8월,
그녀를 처음 만났을 때 제 머리에 문득 떠오른 것이 바로 이 막새였습니다. 황톳물을 들인 생활한복 비슷한 옷을 입고 차를 우려내고 따르는 그녀의 모습은, 여느 전통 찻집에서 흔히 마주치곤 하는 평범한 모습이었고, 제가 묻는 말에 이렇다 할 대꾸도 없이 수줍게 웃기만 하는 표정에서 '신라의 미소'라 불리는 막새와 무척 닮았다는 생각이 들었을 뿐, 특별히 드러나는 점이라곤 찾기 어려운, 그저 조용한 삼십대 중반의 여성이 그녀였습니다.

그 무렵 저는 지난 8년간 제 머릿속에 맴돌던 골칫거리를 풀어쓴 책을 막 펴내고, 책을 읽은 분들로부터 듣기에 민망할 정도의 칭찬도 더러 듣고 있던 터라, 이왕 내친김에 여러 해 동안 관심을 두고 있었던 '물(水)'에 관한 글을 쓰려고 필요한 자료를 그러모으는 중이었습니다.

그러던 어느 날,
전부터 알고 지내던 사람으로부터 마시는 물과 氣로 병을 낫게 하는 용한 사람이 있다는 말을 듣고서, 헛걸음하는 셈치고 반신반의(半信半疑)하며 용하다는 그녀를 찾아 나섭니다.

제가 그 사람이 건넨 이야기를 절반은 믿을 수밖에 없었던 것이, 자신은 4년 전 'C형 간염'에 걸려 의사로부터 5개월을 넘기기 어렵다는 진단을 받았는데, 그 용한 사람의 도움으로 지금은 멀쩡히 다 나았다고 자신의 과거 진료 기록까지 보여주며 주장하니, 평소 거짓말을 무척 싫어하는 그분의 성품으로 봐선 믿지 않을 수 없는 상황이었고,
절반은 믿기 어려웠던 까닭은, 제가 20년 넘게 TV 방송일로 잔뼈가 굵어오면서 그런 따위의 황당한 제보나 엉터리 氣치료 사례를 심심찮게 접해온 터라, 이제는 어지간한 허풍에는 눈도 꿈쩍 않을 만큼 단련이 되어있기 때문이었습니다.

이왕 말이 난 김에, 지난 날 제가 만나 본 그 방면의 도사들께서 공통적으로 지닌 특징을 두 가지만 말씀드리면, 첫째, 그분들은 틈만 나면 자기가 세상 어느 누구보다도 氣에 대해 일가견(一家見)이 있음을 은근히 내비치고, 말로 강조한다는 점입니다. 그 옛날 노자(老子)께선 '뭘 아는 인간은 말을 안 한다(知者不言)'라고 이르셨거늘…….

게다가 그분들이 쏟아내는 氣에 관한 이야기는, 여러 모로 무식한 제가 듣기엔, 마치 뜬구름을 잡는 듯한 내용인데다가, 중간 중간에 자기들끼리만 아는 - 경기공, 연기공, 소주천, 기문둔갑 같은- 전문용어까지 마구 뒤섞어 쓰는지라, 이야기의 정확한 뜻을 '감(感) 잡기'가 여간 어려운 게 아니었습니다.

우주와 천문지리에, 음양오행, 경락, 혈로 시작되는 동양 의학과, 수맥, 주역 등 골머리 아픈 동양철학에 이르기까지, 氣를 제대로 알기 위해선 미리 알아두어야 할 내용이 너무도 많기에, 그분들이 강조하는 그런 걸 모두 공부하다간, '도대체 氣는 언제 쯤 알게 되는 걸까?'란 의구심이 저절로 들 정도였으니까요.

결국엔 잘 알아먹지도 못하는 인터뷰를 대충 끝내고, 별로 '영양가'도 없이 발걸음을 돌리길 수차례,

12

하지만 그런 체험도 여러 번 하다보니 그것도 마냥 헛짓만
은 아니었던 것이, 氣에 대해선 여전히 '깜깜 절벽'이지만,
그쪽 도사 양반들의 진위(眞僞)와 시비(是非)를 가려내는 저
의 안목은 날로 높아만 가고 있었습니다.

　그쪽 양반들께서 지닌 또 하나의 특징은, 그분들 대부분
이 생활한복을 입고 있다는 점인데, 입고 활동하기에 편하
기 때문이긴 하겠지만, 하도 여러 사이비(似而非) 도사들이
그 옷을 즐겨 입는지라, 언제부턴가 저에겐, 취재 대상이
생활한복을 입고 있으면, 처음부터 점수를 절반쯤 깎고
들어가는 버릇이 생길 정도였습니다.
　이런 제가 그날 만난 그녀 역시 누런 생활한복 같은 옷
을 입고 있기에, 속으로는 '그렇고 그런 사람이겠거니' 지
레 짐작하고, 미리 준비해 간 질문을 별 성의 없이 던지고
있었는데, 그녀가 예전에 만났던 도사 양반들과 조금 다른
점은, 대부분 도사들은 묻지도 않은 말에 침을 튀겨가며
자기 자랑을 하곤 했던 것과는 달리, 그녀는 묻는 말에도
별반 신통한 답을 않고 그저 빙긋 웃는 정도인지라, 그날
그녀를 만나면서 제 머리에 떠올린 거라곤 그 막새가 전부
였던 것입니다.

　그럭저럭 이야기가 끝나갈 즈음,
'신라의 미소'가 제게 짧은 질문 하나를 툭 던집니다.

"근데 회충약은 드셨어요?"

"예?"

"회충약 언제 드셨어요?"

갑자기 웬 회충약?
느닷없이 꺼낸 회충약 소리에 잠시 어리둥절하기도 했지만, 제가 언제 구충제를 먹긴 먹었는지 기억마저 어렴풋한지라 얼른 대꾸를 못하고 머뭇거리고 있는데,

"회충약을 드시죠."

어라? 이젠 처음 본 남자에게
다짜고짜 회충약을 먹으라고 권하기까지 합니다.
입가에 '신라의 미소'까지 흘려가며.

얼마 지나 알게 된 사실이지만, 그녀를 찾는 사람들 중에서 직업이 약사, 의사인 분도 그녀를 처음 만난 날, 그녀로부터 '회충약 처방'을 받은 경우가 많았고, 집에 돌아가서는 시키는 대로 회충약을 먹었노라 실토(實吐)하곤 했습니다. 이와 함께, 약사이고 의사인 자신들마저도 정기적으로 구충제(驅蟲劑)를 먹지 않았다는 점에 한 번 놀랐고, 그녀가 자신들이 최근에 회충약을 먹지 않았다는 걸 족집게처럼 알고 있다는 것에 또 한 번 놀랐다고 혀를 내둘렀습니다.

14

이 또한 나중에야 알게 된 것이지만, 그녀에게는 상대가 누구든지 얼굴을 마주하면 - 몸속이든 마음속이든- 상대방의 상태를 단박에 꿰뚫어 보고 느끼는 별난 능력이 있었습니다. 사람의 몸속에 있는 기생충의 움직임까지도.

저 역시 그녀로부터 난데없는 회충약 처방을 받은 그날 이후, 첫 만남에서 나누었던 물에 관한 이야기는 온데간데 없고, 전혀 예정에도 없던 그녀에 대한 '氣 탐구생활'이 시작됩니다.

그런데 정말 놀랍게도, 그녀와 만나는 횟수가 점차 많아지면서, 그저 촌색시 같은 모습의 그녀로부터, 이전까지 누구도 저에게 '똑 부러지게' 가르쳐주지 않았고, 또 그렇기에 더욱 목말라했던 氣에 관한 많은 것들이,
마치 엉킨 실타래가 풀리듯,
또 화수분(河水盆)처럼 쏟아져 나오고 있었습니다.

3

이 책의 제목이 〈다큐멘터리 : 氣〉입니다.
다큐멘터리(documentary)라 함은, 거짓으로 꾸미지 않고, 실제 일어난 사건이나 사실을 있는 그대로 전하는 글이나 책, 사진, 영화, 방송물 등을 일컫는 말입니다.
한마디로, '썰'이 아닌 것이 다큐멘터리입니다.

이제 저는 지난 30여 년간 다큐멘터리 PD와 작가로 일해오면서 몸에 밴 -뭐든지 일단 의심부터 하고 보는- 버릇과, 氣에 대해서 변변히 설명한 책 한 권 만나기가 정말 '하늘의 별따기'인 우리 사회에서, 그물이 아닌 바늘 낚시로 하나씩 걷어 올린 제 지식과, 어느 특별한 여성을 10년간 취재하는 과정에서 알게 된 氣의 본질을 여러분께 쉽고 바르게 전해드릴 생각입니다.

그렇기에 氣가 무엇인지 알아내겠노라,
길도 없는 가시덤불을 헤쳐 나가며 오랜시간 氣를 써대는
무모한 짓은 저 하나로 족하고, 여러분께선 제가 드리는
'氣 나침반'을 손에 들고 氣의 세계를 향해 가벼운 맘으로
길 떠나시면 될 일입니다.

만약 이 책의 어느 한 구석에라도 실제 없었던 일을
제멋대로 꾸며 지어내어 허풍을 떨고 있다면,
두 말할 것도 없이, 저는 못된 사기꾼입니다.
하지만 '가을에 털갈이하는 짐승의 솜털 굵기(秋毫)'만큼의
거짓도 없이 사실을 전하건만, 아무런 근거 없이,
또 자신의 편견만으로 제 글을 폄훼(貶毀)하거나,
'가자미 눈'을 뜨고 공연히 의심하는 분이 있다면,
이는 제 책임도, 제 잘못도 아닐 것입니다.
세상을 보는 것은, 결국 각자의 소견(所見)이기에…….

사람들은 그녀를 본연(本然)이라고 부릅니다.

本然은 '본디 모습 그대로'를 뜻합니다. 아마 주위 사람들의 눈에는, 그녀가 '인간이 지닌 본래(本)의 모습을 그대로 (然) 간직한' 그런 모습인가 봅니다.

누군가를 제대로 알기 위해선 10년은 지켜봐야겠기에, 또 '10년이면 강산(江山)도 변한다'란 옛말을 굳게 믿기에, 저 나름 코가 제법 촘촘한 그물을 쳐놓고, 이제나 저제나 그녀의 말이나 행동, 능력에서 실수나 잘못들이 걸려들길 기다리며 긴 세월을 허송(虛送)한 제가, 결국 텅 빈 그물을 거두면서 여러분께 제출하는 '氣 탐구생활' 보고서의 결론은, 眞光不暉! (진광불휘)

-참 빛은 밝게 빛나지 않는다!-

2018년 이른 봄
영운(穎芸) 올림

차 례

18

1. 氣를 찾아서

"때로는 현실이 소설보다 더 기이할 때가 있다."
(Sometimes Fact is stranger than Fiction.)
　　　　　　　　　　　　　－서양속담

황당무계한 말을 듣고 나서
흔히들 하는 말이 있습니다.
-귀신 씨나락 까먹는 소리!-
氣에 관한 이야기가 오고 갈 때도
사람들이 보이는 반응은 이와 비슷합니다.
첨단과학으로도 명쾌하게 설명할 수 없기에,
어느 누구도 똑 부러지게 말하지 못하는 氣.
다음 글들은
氣를 찾아 먼 길 떠나기 전,
혹시 여러분께서 지녔을지도 모를
고정관념이나 편견을 씻어내기 위한
몸풀기(warming up)입니다.

달마도

　'氣'하면 머리에 떠오르는 그림이 있습니다.

이름하여 달마도(達磨圖). 달마라는 스님이 모델로 등장하는 일종의 초상화입니다.

초상화는 -닮을 肖, 모습 像- 누군가를 '생긴 모습 그대로' 그린 그림을 말하는데, 이 그림을 이미 본 분께선 잘 아시겠지만, 그 정도의 외모로 초상화의 모델이 된 경우는, 전 세계 미술사를 통틀어 매우 드물 거라는 생각입니다.

　그런데 참 알다가도 모를 게 사람들의 〈마음〉인 것이, 결코 잘 생겼다고 할 수 없는 사람을 모델로 한 이 그림이, 거기에서 좋은 氣가 나온다는 소문이 퍼지자, 조선 팔도 여염(閻閻)집의 안방, 거실, 아이들의 공부방은 물론이고, 회사의 사무실, 또 퇴근 무렵 한잔 걸치러 가는 술집에 이르기까지 안 걸린 데가 드물고, 도자기, 티셔츠에, 휴대전화 고리로까지 진화(進化)와 변신(變身)을 거듭하고 있는 대한민국! 이로써 예수, 석가모니 다음으로, 이 땅에서 가장 인기 있는 그림 모델이 달마 스님라고 해도 별 이견(異見)이 없을 것입니다.

그런데 이 그림을 소장하고 있는 분들과 이야기를 나누어 보면, 정작 그림의 모델인 달마가 누구인지, 또 어떻게 해서 이 스님이 초상화의 모델이 됐는지 등에대해선 거의 아는 바가 없고, 그나마 조금 안다는 분이, 중국 소림사라는 절에 살았던 '이종격투기'의 고수(高手)였다고 말하는 데는 쓴웃음이 절로 새어나오곤 합니다.

달마가 과연 누굴까요?
그리고 자기 나라도 아닌, 바다 건너 대한민국에서 이분이 그토록 사랑을 받는 까닭은 뭘까요? 또 많은 사람들이 굳게 믿고 있듯이, 이분의 모습이 그려진 그림에서 과연 사업번창에, 온 가족이 무병장수하고, 자식을 대학입시에 붙게 해주는 신비한 氣가 정말 나오는 걸까요?
이런 궁금증을 풀기 위해선, 먼저 옛 기록이 전하는 달마 스님의 '이력서'부터 살펴볼 필요가 있습니다.

때 : 서기 500년대 중반
곳 : 중국 양(梁)나라

당시 인도에서 건너온 불교(佛敎)에 홀딱 빠진 양나라 임금 무제(武帝: ?~549)가 나랏돈을 엄청 써가며 '절 짓는다, 불경을 번역한다'며 난리굿을 떨고 있던 어느 날, 양무제 앞에 인도에서 온 거지 꼴을 한 비구(bhikkhu: 밥 빌어먹는 사람, 즉 '거지'의 인도 말) 스님이 나타납니다.

통방울 눈에 주먹코, 생긴 몰골은 정말 황당하지만, 그래도 자신이 '꺼뻑' 죽고 못 사는 불교의 본토(本土)에서 온지라, 자기가 그동안 해온 불교 홍보사업을 자랑도 할 겸, 조심스럽게 몇 마디 묻습니다.

"내가 그동안 나랏돈 숱하게 써가며
 불사(佛事)를 엄청 했는데,
 그 공덕(功德)이 얼마나 되겠냐?"
"아무 공덕도 없습니다(無功德)."

어? 이놈 봐라? 그렇다면,

"석가모니께서 깨달은 진리란 건 도대체 뭐냐?"
"그런 건 없습니다(無)."

갈수록?

"그러면 넌 누구냐?"
"모릅니다(不識)."

임금님과의 첫 대면인지라 공손하게 잘 보이려고 무조건 '모른다(不識)'고 했건만, 짧은 대꾸 몇 마디에 결국 이 스님은 미친놈(?) 취급을 받으며 쫓겨났고, 그날의 충격으로 신발 한 짝도 잃어버린 채 낙양(洛陽)까지 맨발로 걸어

가서, 소림사라는 절에 틀어박혀 무려 9년 동안 벽만
바라보고 그날 일을 생각하며 토라져(?) 앉아있었다고
전해지는 스님이, 그림의 주인공 달마(達磨)입니다.
어떤 분들은 -그게 아니고-
달마께선 면벽수도(面壁修道)한 거라고도 말하더구먼…….
하지만 그때 일을 누가 정확히 알겠어요?
추측은 제 맘입니다.

　어쨌든 그날 양무제와 달마 스님이 나눈 짧은 대화는
오늘까지 대한민국 절집에서도 매우 소중히 여겨, 많은
스님들께서 -앉아서 졸면서도(한자말로 좌선, 坐禪)- 꼬옥
붙잡고 있다는 '화두(話頭) No.1'으로 자랑스럽게 전해져
내려오고 있는데, 제 생각엔 여러분께서도 방금 읽으셨다
시피, 이 대화에 딱히 무슨 깊은 뜻이 있어서라기보다,
잘난 체하는 임금님을 '돌게' 만든, 스님들이 이뤄낸
자랑스런 승전(勝戰)기록이기 때문이 아닐까 여겨집니다.

　그런데 이것만으론, 달마께서 인기 초상화의 모델이
되기엔 뭔가 2% 부족한 듯한데, 오늘날까지 수많은 스님
들이 달마를 우러러 받드는 진짜 이유는, 달마께서 남긴,
짧고 명쾌한 가르침에 있다고 하겠습니다.
　당시 중국에선 석가모니의 가르침을 기록한 인도 책을
중국말로 번역해서 책을 만들고, 또 외우느라, 스님들 모

두가 골머리를 싸매고 있었는데, 어느 날 달마 스님께서
중국 제자 스님들을 향해서 한 말씀을 던집니다.

"**不立文字** (불립문자)
直指人心 (직지인심)
見性成佛 (견성성불)"

더도 덜도 말고, 딱 이 세 마디로 끝!
앞서 양무제와의 대화에서 이미 보셨듯이. 좌우간 이 스님
께선 말을 길게 하는 걸 별로 즐기지 않았던 것 같습니다.
그런데 달마께서 하신 말씀이 도대체 뭔 뜻이냐고요?
제 어쭙잖은 한문 실력으로 번역하면,

"**그동안 보던 책을 다 던져버리고,
곧바로 사람의 〈마음〉으로 들어가,
자기의 본성을 보게 되면, 부처가 되느니라.**"

이 짧은 몇 마디 말씀에, 그동안 눈에 잘 들어오지도 않
는 글자를 읽으려고, 졸린 눈을 비벼가며 억지로 책상에
앉아있던 중국 스님들이, 보던 책을 다 던져버리며 좋아서
난리가 납니다.
　　　-부처되는 게 이렇게 쉬울 줄이야,
　　괜히 그동안 생고생을 사서 했네!-

게다가 달마께선 불교의 본바닥인 인도에서 오신 분이니, 허튼 말씀을 하실 리도 없고, 바야흐로 '살판'이 났던 것입니다. 그렇게 이 짧은 법문 하나로 달마 스님은 중국 불교계를 간단히 '접수'하고, 오늘날까지 중국과 대한민국의 스님들이 높이 기리는 큰 스님으로 자리하게 됩니다.

그 후 달마께서 세상을 뜨신 뒤로도, 그분의 제자들은 '책을 보지 말라'는 스승의 가르침만은 철저하게 지켰고, -잠을 자더라도 꼭 벽을 보고 앉아서 조는- 스승의 요상한 잠버릇도 따라했으며, 책을 가까이하지 않으니 남아도는 게 시간인지라, 글공부가 필요가 없다고 말씀하신 옛 스승을 그리워하며, 심심할 때면 붓을 들어 그분의 '황당한' 얼굴을 그리기 시작했으니, 이 유행 또한 오늘날까지 전해져 내려와서, 우리네 절집에서 〈마음〉 공부하는 스님들의 수행 방법 중 하나로 자리하게 됩니다.

하지만 달마 스님은 좀 억울합니다.
당신 자신은 부처님의 제자로 올곧게 평생을 사셨고, 그래서 동아시아 불교의 주요 종파인 선종(禪宗)을 일으키신 분으로 중국과 대한민국의 많은 스님들이 '큰 스승(大師)'으로 우러러 받들고 있건만, 절 밖을 나오기만 하면 엉뚱한 쪽으로 '유명세'를 치르고 있는지라, 하늘나라에 계시면서도 속이 썩 편치는 않을 게 분명합니다.

우선 그동안 제가 읽은 무협지만 보더라도, 달마라는 이름이 수시로 등장하지만, 대사가 아닌 도사(道士)로 등장합니다. 또 우리네 극장에서 상영됐던 영화 〈달마야, 놀자〉, 〈달마야, 서울 가자〉에선, 제목엔 분명 당신 이름을 올려놓았건만, 정작 영화에선 당신 모습이 단 한 장면도 등장하지 않으니, 돌아가셔서 말씀은 못해도 무척 섭섭하셨을 겁니다. '달마야 어쩌구'라며 반말로 '맞먹는' 것도 귀에 영 거슬리고…….

　하지만 '쥐구멍에도 볕들 날 있다'고, 드디어 달마 스님께서 대사(大師)로 떳떳이 대접받는 날이 오고야 말았습니다. 많은 사람들이 소장하길 원하는 미술 작품에 모델로 등장하게 된 것입니다.
전에도 가끔 스님들이 그린 그림에 모델로 나온 적이 있긴 했지만, 한 나라의 수많은 백성이 당신의 초상화를 갖고 싶어 안달해댈 줄은 꿈에도 예상치 못한 일!
그런데 어떻게 이런 일이 벌어지게 됐을까요?
그걸 알아보기 위해서 우리 모두는 시간을 되돌려,
20년 전으로 거슬러 올라가야 합니다.

　1998년 1월 어느 토요일.
모두가 짧게 줄여 'IMF 사태'라고 말하는, '외환위기에 따른 IMF 구제금융사태'란 날벼락에 온 국민의 몸과 마음이

춥기만 하던 그때, 어느 지상파 방송사의 TV 프로그램엔 모두의 눈과 귀를 잡아당기는 신비한 이야기가 펼쳐지고 있었습니다. 프로그램 제목은 〈토요 미스터리 극장〉. 제목에서 느낄 수 있듯이, 뭔가 신기하고 불가사의한 일이 펼쳐질 것 같습니다. 이 프로그램의 내용을 요약하면,

-어느 중년 남자가 1975년 어느 날 밤에 꿈을 꾸었다. 그의 꿈에 달마 대사께서 나타나서, '내 얼굴을 그려 많은 사람들에게 나눠주고, 돈도 많이 벌거라!' 라고 말씀하시고는 연기처럼 사라졌다. 평소에도 여기저기 떠돌며 시골 극장의 간판을 그리거나, 절집 벽그림을 그려가며 입에 풀칠하며 살아온 이 남자, 마침 붓과 종이는 있는지라, 잠에서 깨자마자 실물을 본 적도 없는 달마 대사의 초상화를 단숨에 그렸다. 이후로 이 남자는 전국을 떠돌며 많은 이들에게 달마도를 공짜로 그려줬고, 그 그림을 받아서 집안이나 가게에 걸어놓은 사람들은, 어찌된 일인지 하던 일도 잘 되고, 어떤 사람은 앓던 병까지 낫기도 했다.-

어찌 보면 심심풀이 주간지에나 몇 줄 나올 법한 이야기가 지상파 방송을 타고 나가자, 'IMF 사태'로 몸도 마음도 춥고 배고프던 시청자들에겐 이 이야기가 프로그램 제목처럼 무척 '미스터리'하게 다가왔을 겁니다. 그리고 생각했을 겁니다.

30

-아, 방송국에서 없는 일을 꾸며서
방송했을 리는 없을 테고,
나도 저 신기한 그림을 한 장 얻었으면!-

　모두가 그렇게 군침을 흘려가며 입맛을 다시고 있던 그해 3월 어느 토요일. 이 남자가 전과 똑같은 TV 프로그램에 다시 등장합니다. 이름하여 후속편!
그런데 이번엔 주간지 기삿거리 정도가 아니라,
더욱 알차고 믿음이 가는 내용입니다.
이날 방송에는, 달마도를 그리는 주인공과 함께, 수맥(水脈) 전문가라는 사람과 어느 대학교 교수님이 '찬조출연'을 하시고, 담당 PD까지 조연으로 등장했으니, 후속편의 내용이 더욱 궁금하고 흥미진진합니다.

　-지난 1월에 방송된 첫 프로그램을 보던 어느 수맥
　전문가가 TV화면에 나온 달마 그림에서 매우 강한
　氣를 느꼈다. 그래서 이 전문가는 방송국에 찾아와
　이 이야기를 했고, 흥분한 제작진은 자신들이 몸소
　'마루타(?)'가 되어 몇 가지 실험을 통해, 달마도가
　인체에 해로운 수맥을 차단하는 사실 확인을 했으며,
　프로그램의 신뢰도를 높이기 위해 대학 교수에게도
　검증을 의뢰했더니, 대학생들이 참여한 실험에서도
　氣가 나오는 것이 확인 되어, 이 놀랍고 기쁜 소식을
　어서 빨리 시청자들께 전해드리기 위해 부랴부랴
　제작해서 후속편을 방송하게 됐다.-

전 국민이 함께 보는 지상파 방송에, 방송사 직원이 몸소 출연해서 실험에 참여했습니다. 게다가 수맥 전문가와 지성(知性)의 상징인 대학 교수와 학생들이 등장합니다. 그리고 그들 모두 달마도에서 수맥을 차단하고 병을 막아주는, '미스터리'한 氣가 나온다는 사실을 실험을 통해서 확인까지 했습니다.

자! 이제 어느 누가 흥분하지 않겠습니까?

(여기서 잠깐! 이 세상에 수맥(水脈)을 차단할 방법은 없습니다. 땅속 깊은 곳에서 흐르는 물길을 무슨 수로 끊을 수 있을까요? 인간이 할 수 있는 방법은, 단지 수맥에서 발생하는 **수맥파(波)**를 차단할 수 있을 뿐인데, 이 프로그램에서는 항상 '수맥을 차단한다'라고 잘못 표현하고 있기에, 그들의 뜻을 존중하는 뜻에서, 저도 '수맥을 차단한다'라고 잘못 표현하고 있음을 양해하시길.)

지난 번 방송을 보고 〈마음〉이 혹(惑)했던 시청자들께서 이번엔 그냥 맘속으로만 '저 그림 한 장 가졌으면 좋겠다.'가 아니라, 손가락을 부지런히 놀려가며 방송사로 전화와 편지를 날려대기 시작합니다.

더군다나 '소(牛)라도 잡아먹는다'는 외상(外上)도 아니고, 누구나 공짜로 나눠준다는 거 아닙니까?

방송사 전화는 연일 불통이고, 행여 남보다 늦을세라 조급해진 국내와 해외 동포 시청자들이 방송사와 주인공의 집으로 날려댄 '그림청탁' 편지만도 십만여 통!

32

방송사는 드디어 '대박이 터졌다'고 입이 귀까지 찢어지고, 주인공은 처음엔 좋아라 하다가 어느 순간, 감당 못할 현실에 덜컥 식겁(食怯)을 하곤, 냅다 일본으로 도망(나중에 본인은 피신이었다고 주장!)을 가고…….

초봄의 쌀쌀한 날씨는 온데간데없고 모두 후끈 달아올랐으니, 저도 유식한 척 영어 한마디를 쓰면,

'패닉(panic, 공황, 恐慌)' 그 자체!

저도 방송 일을 해보았기에 드리는 말씀인데, 우리나라 TV방송 역사상(사실 역사가 길진 않습니다.) 어떤 유명화가도 두 달 간격으로 연속해서 방송을 '탄' 적이 없습니다.

그러니 많은 시청자들은 달마도를 그린 이 남자가 대한민국 최고의 화가라고 당연히 믿었을 것이고, 그런 화가의 작품을 공짜로 나눠준다는데 어느 누가 마다하겠습니까?

더구나 그의 작품에선 수맥을 차단하고, 사업도 잘 되게 하고, 병까지 낫게 하는 신비한 氣가 나온다는데야!

이제 모든 병원은 문을 닫아야 할 판입니다.

결국 이 프로그램은 당초 제작진의 의도대로, 그 남자가 그린 달마도에서 신비한 氣가 나온다는 믿음을 한반도 구석구석에 전하는 데 성공했고, 그것만으로는 성에 안 찼던지, 다음 해 1월, 그 남자가 등장하는 프로그램을 또 제작, 방송함으로써 이제 대한민국 국민이라면 달마도나 달마가

그려진 물건을 '소장'하지 않았다면 정말로 무식하고, 시대에 뒤떨어진 중생 (짐승의 본딧말) 취급을 받아도 할 말이 없는 지경이 됩니다. 그 방송 이후 우리 사회에 어떤 일이 벌어졌는지는 여러분께서도 잘 아시겠지만,
그중에 몇 가지만 정리하면,

-TV 홈쇼핑 채널에선 달마도 복사본을 표구한 상품이
시간당 1억 5천만 원 꼴로 불티나게 팔려나가고,

-인터넷 경매 사이트에선 17명의 스님, 선사, 거사,
화백이 그린 190여 종의 달마도를 전시, 판매하고,

-수십 개의 달마도 판매업체에서 수험생 달마, 취직 달마,
氣 달마, 부적 달마, 수맥차단 달마, 부부화합 달마,
당뇨병치료 달마 등의 이름을 붙여 손님을 맞고 있고,

-창오지에 그린 달마도만으론 뭔가 부족했던지, 도자기,
쟁반, 액세서리, 열쇠 고리, 휴대전화 고리, 책갈피 표 등
온갖 물건에까지 진화해서, 2002년 통계에 따르면,
달마 관련 상품이 연간 5,000억 원대에 이르는 거대 시장
으로 자리 잡는 등

바야흐로 달마께서는,
석가모니도 부럽지 않은 '큰 스승(大師)이자, 귀신도 쫓아 내고, 수백m 땅속의 수맥도 단칼에 끊어버리는 도사(道士) 로, 또 불치병을 고쳐주는 의사에, 부부 사이의 갈등을 없

애주는 해결사, 게다가 달마 스님께서 살아계실 땐 있지도 않았던 대학교라는 서당(書堂)의 입학을 주선하는 '브로커' 로 새롭게 태어납니다.

달마가 그려진 그림과 물건이 모두의 근심걱정을 날려 버려 주게 된 이 땅에서, '인생은 짧고, 예술은 길다(Life is short, art is long.)'란 말은 마침내 진리였습니다.
(히포크라테스께서 하신 이 말씀에서 'art'는 '예술'이 아니고, 환자 들을 잘 치료하는 '기술'을 의미합니다. 그래서 이 말씀은 후배 의 사들에게 '시간이 많지 않으니 부지런히 기술을 갈고 닦아라!' 라는 뜻이었지만, 언제부턴가 동,서양 사람 모두가 '예술'이라고 박박 우 기고 있으니, 저도 덩달아 그런 뜻으로 쓸 수밖에.)

그런데 그렇게 세 차례 방송 이후,
대한민국 국민들께서 없는 돈 써가며 수년째 달마도 수집 에 넋과 혼을 빼고 있던 2006년 11월, 그 열광의 도가니 에 찬물을 끼얹는 일이 벌어집니다.

달마도를 그리는 남자의 이야기를 소개해서 시청률 '대 박'이 터진 방송사와 경쟁 관계인 이웃 방송사에서, 앞서 방송된 프로그램의 내용에 꼬치꼬치 '시비'를 걸고 넘어지 는 프로그램을 새롭게 만들어 방송한 것입니다.
그쪽 방송사 프로그램의 주장을 요약하면,

-그 남자가 그린 달마도를 비롯해서, 시중에 나도는 모든 달마도에선, 사람들이 믿는 바와 달리, 어떤 氣도 나오지 않고 수맥차단 효과도 없다. 제작진이 문제의 그 달마도와 함께, 홈쇼핑 TV를 통해 7시간 만에 11억 원의 기록적인 매출을 올린 해운 스님이 그린 달마도를 수맥 연구기관에 보여주고 수맥차단 효과가 있는지를 실험했는데, 결과는 둘 다 아무런 효과가 없는 걸로 판명되었다.

　그래서 제작진이 사실 확인을 위해, 지난 번 세 차례나 방송에 주인공으로 등장했던 그 화가를 찾아가 물어보았다.

질문: 그림이 많이 팔린다면서요? 세금도 많이 냈겠어요?
남자: (잠시 머뭇거리다가) 몇 억(億) 냈지.
질문: 선생님의 달마도에서 氣가 나오는 게 사실인가요?
남자: 난 그런 말 한 적이 없어요.
　　　다 방송국에서 만든 말이에요.
질문: 그런데 많은 사람들은 선생님의 달마도가 수맥을
　　　차단한다고 알고 있는데…….
남자: 그건 TV에 어떤 사람이 나와서 그런 얘기를 한 거구,
　　　난 그런 거 몰라요. 그냥 와전에 와전이 된 거지.-

　위 인터뷰에서 주인공이 말한 어떤 사람이란, 앞서 방송된 프로그램에서 달마도에서 氣가 나온다고 제보했던 '수맥탐사 전문가'를 말하는데, 위 방송제작진이 대한민국 정부에서 공인(公認)한 한국수맥학회나 민간단체인 한국수맥협회에 알아보니 그쪽 계통에서는 한번도 이름을 들어보지 못한 낯선 인물이라며 의아해 했답니다.

세월이 꽤 지난 뒤 〈토요 미스터리 극장〉을 제작한 PD
의 입에선, 그의 직업이 온천개발자라는 말이 튀어나옵니
다. 그 남자는 방송에 소개된 것처럼 수맥전문가가 아닌,
그저 돈을 벌기 위해 온천개발 현장을 찾아다니는 사람이
었던 것입니다. 그런데 방송에선 왜 그 사실을 숨겼을까?

또한 〈토요 미스터리 극장〉에선 프로그램의 신뢰도를
높이기 위해서 어느 지방 대학교에 의뢰하여, 주인공의
달마도에서 과연 氣가 나오는지를 실험했는데, 결과는
'氣가 나온다!'였습니다. 그래서 모두가 함께 흥분했던 것
입니다. 그렇다면 이건 또 어떻게 된 걸까요?
〈토요 미스터리 극장〉에서 한 실험방법은 이랬습니다.

> 책상 위에 누런 서류 봉투 3개가 놓여있습니다,
> 두 개의 봉투에는 아무것도 그려져 있지 않은
> 맨 종이가 들어있고, 나머지 하나에는 주인공이 그린
> 달마도가 들어있습니다, 그 봉투 앞에 교수님의 제자들이
> 한 명씩 서서, 이른바 '오-링 테스트'란 걸 합니다,

('오-링 테스트(O-ring test)'란, 실험 참가자의 엄지와
검지손가락을 모아서 힘을 주어 생긴 둥근 공간(O-ring)
사이로 손가락을 넣어 두 손가락이 벌어지는 힘의 세기를
측정하는 실험인데, 이 실험 자체가 잘못됐다고 할 수는
없지만, '氣의 유무'를 판단하는 실험으로 대학교에서 하기엔
비과학적이고, 상황에 따라 결과가 다르게 나올 수도 있음.)

그런데 실험 결과, 많은 학생들이 맨 종이가 들어있는 봉투 앞에서는 맥을 못 추다가, 주인공이 그린 '달마도'가 들어있는 종이 앞에서는 손가락의 힘이 엄청 세졌다는 겁니다. 그래서 달마도에선 분명히 氣가 나온다는 겁니다. 순진한 대한민국 시청자들께선 또 한 번 놀랍니다.

-저것 봐라, 이젠 더 의심할 것도 없다.
주인공이 그린 달마도, 짱이닷!-

그런데 공교롭게도, 이웃 방송사 제작진도 같은 대학교의 같은 교수님을 같은 목적으로 찾아갑니다.
그리고 학생들을 모아놓고 세 개의 봉투 앞에서 똑같은 실험을 합니다. 그런데 이번엔 실험결과가 정반대입니다.
학생들의 손가락 힘이 세졌다는 봉투는 맨 종이가 들어있는 봉투였고, 주인공 달마도가 있는 봉투 앞에선 대부분 학생들의 손가락이 힘을 못 썼던 것입니다.
이 황당한 실험 결과를 지켜본 교수 왈,

"어? 이상하다, 전에는 이렇지 않았는데……."

이 양반, 선생질(?) 계속 해도 되는 걸까요?

이것이 〈토요 미스터리 극장〉이 소개한 '신비의 달마도'의 실체입니다. 절대로 그럴리는 없겠지만, 이 달마도

'해프닝'을 추적하면서, 제 머릿속에선 '짜고 치는 고스톱 (rigging a game)'이란 말이 자꾸 떠오르는 건, 아마도 제가 반세기 넘게, 이런 일 저런 일 속고 속이고 살아오면서 생긴 못된 습관과, '뭐든지 일단 의심부터 하고 보는' 직업병 때문일 겁니다.

　이 프로그램이 방송되자, 달마도를 사랑하는 전국의 시청자들이 〈토요 미스터리 극장〉을 제작한 방송사에 문의와 항의전화를 빗발치게 해댑니다. 이에 당황한 방송 사는 인터넷 홈페이지 '프로그램 다시 보기' 창에서, 자기 들이 이미 제작, 방송한 달마도 프로그램 3편의 흔적을, 아무런 공식적인 해명도 없이 싸악~ 지워 버립니다. 이제 그 방송사에선 그런 방송을 한 적이 없는 게 됐습니다. 다음은 그 프로그램을 연출, 제작한 PD의 말입니다.

> "김용대 화백(프로그램의 주인공)의 선행에 감동을 받아서
> 프로그램을 제작했는데, 그가 돈을 받고 그림을 팔줄은
> 몰랐다. 초심을 잃은 그의 행동에서 안타까움을 느낀다.
> 하지만 프로그램 제작 과정에서 문제가 될 만한 어떤
> 일도 없었다."

　이는, 주인공의 선행과 미담(美談)을 소개한 자신의 프로 그램이 이렇게까지 사회문제로 번지게 줄은 자기도 몰랐

고, 안타까움을 느끼지만, 제작과정에서 시청자가 상상하는 그런 '썸씽'은 없었단 뜻일 겁니다. 결국 '썸씽'이 있었는지 없었는지에 대한 판단은, 이 글을 읽는 독자 여러분의 몫이 되었습니다.

저도 20여 년 '방송질'로 밥을 먹어봤기에 드리는 말씀인데, 그 세 프로그램은 방송을 해선 절대 안 될 '물건'이었습니다. 그 프로그램의 연출자가 들으면 매우 섭섭하겠지만, -입은 비뚤어졌어도 말은 바로 하랬다고- 그 프로그램은 방송이 갖춰야 할 최소한의 기본, 즉 '제작 ABC'마저 지키지 않은 상식(常識)이란 울타리 바깥의 물건이었던 것입니다.
아직도 뭐가 문제인지 잘 모르시는 분들을 위해 간략히 말씀드리면, 그 방송물들은,

1. 출연자에 대한 사전(事前) 조사가 전혀 없었습니다.
   그가 과거에 뭘 했고, 왜 그 일을 하는지에 대한 아무런 조사도 없이 주인공의 말만 듣고 시청자에게 전했습니다. 이런 걸 '방송쟁이'들 사이에서 쓰는 말로 '중계방송'이라고 합니다. 중계방송은 축구나 야구 같은 운동경기를 할 때나 할 일입니다. 〈토요 미스터리 극장〉이 세 차례 방송된 후, 확인해본 바로는, 주인공이 했던 말의 대부분이 사실과 다르거나 거짓이었습니다.

2. 후속편은 정말 '미스터리', 아니 '코미디'입니다.

이 후속편이 방송되고 달마도 열풍이 한반도를 휩쓸었으니, 후속편이 지닌 문제점이 결국 달마도 열풍을 설명하는 실마리입니다.

이 프로그램이 기본도 못 갖춘 '조잡한 물건'인 증거는, 달마도에서 氣가 나온다고 제보한 사람과 이를 증명하는 전문가가 동일인이란 -氣가 막히는- 사실에 있습니다. 여러분께서 이해하기 쉽게 비유하자면,

재판을 청구한 사람과 재판장이 동일 인물이란 말씀!

3. 마지막으로, 이 프로그램을 제작했을 때 사회적으로 예상되는 문제점을 -사전이건 사후건- 걸러내고 점검할 어떤 장치도 그 방송사 내부에는 없었다는 사실입니다. 이 물건이 문제가 되자, 해당 방송사에서 한 일이라곤, 이 물건을 제작, 방송한 흔적을 말끔히 지워버리는 게 전부였습니다. 우리 사회에 엄청난 소모성 비용을 지불하게 한 책임과, 시청자에게 거짓과 가짜를 세 차례 연속 방송한 데 대한 어떠한 공식 사과나 해명도 없이!

누구 말마따나, 정말 '깜도 안 되는' 사람의 말만 믿고, 어떤 의심이나 고민도 없이 프로그램을 제작한 방송사 PD의 몰상식과, 난데없이 등장해서 수맥탐사 전문가라고 사칭(詐稱)해가며 바람을 잡는 미스터리한 남자와, 지방대

학교의 열악한 실험 환경에도 불구하고 학생들까지 동원해 가면서 프로그램 성공(?)에 적극 기여한 어느 대학교수, 게다가 시청률만 좋다면 뭐든 방송해도 괜찮은, '아니면 말고'식의 '막가파 오리발' 방송사, 마지막으로 쉽게 드러나는 문제점과 의문점엔 눈과 귀를 막고, 혹시나 하는 마음에, 아니면 남들이 하니까, 또 아니면 달마도로 인생 역전의 요행수를 기대하는 수많은 시청자들까지 모두가 합세해서 한마음이 되어 꾸며낸 '넌센스 코미디'!

이것이 20년 전부터 오늘까지 대한민국 국민 대다수를 들뜨게 해온 '달마도 열풍'의 진실입니다.

그리고 이 웃지 못할 코미디 방송 무대에 소품으로
등장한, 氣를 볼모로 한 사기(詐欺) 예술 작품(?)이,
지금 여러분 댁이나 가게에 고이 모셔져 있을지도 모를
바로 그 물건입니다.

달마도 그 후

　10여 년 전,
경상남도 고성군 개천면 외진 마을에 절이 하나 들어섰습
니다. 이름하여 청광사(淸光寺). 대한불교 법화종 소속의
절입니다. 대웅전을 비롯한 웅장한 건물들이 웬만한 큰 절
과 비교해도 손색(遜色)이 없습니다.

　그런데 이 절이 여느 절과 다른 점은 경내에 '달마선원'
이라는 건물이 있음인데, 이 선원(禪院)은 우리가 알고 있
듯이 스님들께서 참선(參禪)하는 장소가 아니라, 절 소유주
청광선사의 그림 작업실이자, 이 절의 핵심 공간입니다.

　그런데 청광(淸光)이 누구냐고요?
1998년 〈토요 미스터리 극장〉의 주인공이었던 떠돌이
화가 김용대 화백입니다. 청광은 그가 태어난 마을 이름에
서 딴 그의 호(號)입니다. 어느 날 꿈에 달마 대사로부터
계시(啓示)를 받고 나서부터, 전국에서 몰려오는 사람들의
달마도 주문으로 그의 인생이 바뀌었습니다.

이로써 월드컵 축구 4강 신화에 이어, '꿈은 이루어진 다'란 말이 결코 헛말이 아님을 우리 모두에게 심어주고, 달마대사의 영험(靈驗)함 또한 현실로 드러난 셈입니다. 그러니 여러분께서도 앞으로는 꿈이라고 절대로 무시하면 안 된다고 봅니다.

청광은 한민족 5천년 역사를 통틀어, 살아생전에 그림 을 그려서 가장 많은 돈을 벌어들인 화가로 기록될 것입 니다. 방송 이후 달마도를 팔아 돈을 갈퀴로 긁다시피 했 으니, 조선을 대표하는 겸재(謙齋), 단원(檀園), 혜원(蕙園)도, 또 그 유명한 이중섭, 박수근 화백도 살아서 이루어보지 못한 행운입니다.
말이야 바른 말이지, 작가가 죽고 난 뒤 그의 작품이 국보 로 지정되고, 그림 한 점에 수십억 원이 나가면 뭐합니까?
화가 본인에겐, 말 그대로 '그림의 떡'이지!
청광 선사의 사례를 통해, 그동안 우리가 써오던 말도
바뀌어야 합니다.

-도대체 어떤 인간이 '예술가는 배고프다'라고 떠든 거야?
쥐뿔도 모르는 인간 같으니라구!-

그림을 표구(表具)해서 먹고 사는 사람들이 많이 모여 있 는 서울 종로구 인사동. 이곳에서 표구하는 사람치고 경상도 시골화가 청광을 모른다면 '간첩'으로 통하고, 웬만한 표구점이라면 청광의 달마도를 한두 점 표구 안 해본 사람이 없을 정도이니, 그의 달마도가 얼마나 많이 팔렸고, 그의 인기가 얼마나 대단한지, 미루어 짐작할 수 있습니다. 제 생각엔, 전 세계 미술사를 통틀어 작품소재라고 해봐야 동일 인물의 초상화 한 가지로 그토록 유명해진 화가의 예는 결코 없으리라 여겨집니다. 청광에게 '뭐든지 한 우물을 파라'라는 말은, 속담이 아닌 진리였습니다.

달마도로 자기 이름이 널리 알려지고 엄청난 돈이 생기자, 그중 일부로 태어난 고향마을 주변의 너른 땅을 사서 자신의 호를 딴 청광사를 짓고, 달마선원에 자리잡고 앉았으니, 이제 그는 명실상부(名實相符)한 달마의 제자입니다.

그는 떠돌이 무명화가에서 법화종 소속의 승려가 되었기에, 마을 사람들은 그를 스님, 또는 선사(禪師)님으로 부릅니다. 그를 만날 때 쓰는 표현도 '친견(親見)한다'로 한층 격(格)이 높아졌습니다. 이제 그는 도력(道力) 높은 큰스님에, 군청에서 제작한 관광 안내도에 나오는 지역 유력인사가 된 것입니다.

10여 년 전만 해도 청광선사를 친견하기 위해 전국에서 평일엔 4~50명, 주말엔 수 백 명, 휴가철엔 무려 2~3천명이 버스를 대절해서 이 두메로 두메로 몰려왔습니다.
그중에서 매우 운 좋은 사람은 청광선사를 친견하는 영광
을 누렸고, 그렇지 못한 사람들은 청광사 직원에게 '보시
금'을 내고 달마도만 주문한 채, 아쉬운 발걸음을 돌리곤
했습니다. 그렇게 주문한 달마도는 6개월 뒤에 집으로 배
달되고, 집안의 좋은 위치에 보물처럼 걸리게 됩니다.

  그런데, 보시금이란 표현이 재밌습니다.
보시(布施)라 함은 '자기 재물을 깨끗한 마음으로 아낌없이
남에게 베푸는 행위'를 뜻하는 불교 용어인데, 청광사에서
말하는 보시금은 다름 아닌 달마도 '그림 값'입니다.
그렇다면 왜 여기선 그림 값을 이렇게 달리 부를까요?
혹시 여러분께서 아시는지 모르겠지만, 절이나 교회 등
종교단체에 바치는 돈은 세법상 세금을 감면받을 수 있습
니다. 그러니 그림 값을 보시금이란 표현으로 바꾸면, 청
광사에서는 그림 판매대금에 대한 세금을 낼 필요가 없는
것입니다.

  그렇지만 저는 청광 화백이 청광사를 짓고 정식 승려가
된 것은, 세금을 절약하려는 얄팍한 잔꾀 때문이 아니라,
자신의 영광된 오늘이 있게 한, 달마대사의 은혜에 보답하
는 순수한 마음이었으리라 믿고 싶습니다.
그런 저이지만, 조계종과는 달리 절을 개인 명의로 소유할

46

수 있는 법화종에 등록한 뒤, 자신은 머리도 깎지 않고
조계종 소속의 스님을 주지(住持)로 모신 것은,
제 아둔한 머리로는 좀체 이해하기 어렵습니다.
법화종 절에 조계종 주지 스님?

또 하나 이해하기 어려운 점은, 청광 선사는 찾아오는
사람에 따라 '한 입으로 두 말을 한다(一口二言)'는 것입니
다. 아래 소개하는 대화는 어느 언론사 기자가 자기 신분
을 감추고 청광사를 찾았을 때, 달마도를 사러온 어느 모
녀가 청광선사를 친견하는 자리에 함께 있으면서 들었던
이야기를 - 있는 그대로- 따온 것입니다.

> 손님: 저희 어머니가 몇 해째 심장병으로 고생하고 계신데…,
> 청광: 걱정 말어, 내 손을 잡아봐, 어때? 氣가 느껴지지?
>   그래서 내가 그린 달마도에서도 氣가 나오는 거야,
>   그 氣가 수맥을 차단하고 나쁜 기운도 쫓아내주지,
>   오늘 그림을 세 장 그려줄 테니, 집에다 걸어놓으면
>   다 나을 거야,
> 손님: 아유, 선사님, 정말 감사합니다.

이 이야기를 듣고 있던 기자가 신분을 밝히자, 청광은
금세 하던 말을 끊고 돌아앉더니, 말없이 달마도를 그리더
랍니다. 그런데 여러분께선 앞서 제가 소개한 청광과 방송
사의 인터뷰 내용을 아직 기억하시나요?

질문: 선생님의 달마도에서 氣가 나온다는 게 사실인가요?

청광: 난 그런 말 한 적이 없어요.

　　　다 방송국에서 만든 말이에요.

질문: 그런데 많은 사람들은 선생님의 달마도가

　　　수맥을 차단한다고 알고 있는데……,

청광: 그건 TV에 어떤 사람이 나와서 그런 얘기를

　　　한 거구, 난 그런 거 몰라요.

　　　그냥 와전(訛傳)에 와전이 된 거지.

　이쯤 되면, 그의 달마도에서 氣가 나오지 않는 건 확실한 것 같습니다. 청광 본인마저도 아니라고 하잖습니까?

　그래도 아직 한 가닥 희망은 남아있습니다.
또 뭐냐고요? 그가 그린 달마도의 예술적 가치도
감정(鑑定)해 봐야죠. 비록 氣는 안 나온다손 치더라도,
예술적 가치가 있다면, 비싼 돈 주고 그림을 구입한
소장자들의 '분한' 마음이 조금은 누그러지지 않을까요?
　그래서 일요일이면 골동품의 진짜, 가짜를 가리는 TV
프로그램에 출연하는 고미술감정 전문가에게 청광이 그린
달마도의 예술적 가치를 물었습니다.
그분께서 하신 짧은 답변.

　　"예술 외적(外的)인 부분은 나도 잘 모르겠고,
　　　예술적 측면에서만 본다면, 이 그림은 논(論)할
　　　가치조차 없습니다."

48

한마디로, '창호지에 그린 낙서(落書)'란 말씀!

지난 날 허기진 배를 채우기 위해 시골극장 간판을 그려가며 자신의 예술 세계(?)를 키워온, 그러다 어느 날 우연한 기회에 TV에 출연해서 당대에 한국 최고의 유명화가로 떠오른 그의 작품에 대한 평가치고는 너무 가혹한 게 아닌지 모르겠습니다.

하지만 어쩌겠습니까? 이 또한 전문가의 말씀인 걸.

이렇게 해서 비싼 돈을 들여가며 구입해서 집안에 가보처럼 모셔두었던 달마도 소장자들이 기대했던, 마지막 희망마저 무너졌습니다.

실제로 청광의 달마도 제작 과정은 '가관(可觀)'입니다.

청광은 그림을 한 장씩 그리지 않습니다.

왜냐하면 주문량을 맞추려면 무척 바쁘기 때문입니다.

그래서 두세 장 정도는 한꺼번에 그립니다.

그것도 그기가 다른 3장을 동시에!

그런데 3장을 어떻게 동시에 그리냐구요?

어려울 것 하나 없습니다.

화선지 세 장을 쭉 펴놓고, 먼저 눈부터 셋 그리고, 다음으론 코, 그 다음엔 수염, 이런 식으로 그리면 되죠.

쉽게 말해서, 공장에서 제품을 분업으로 조립, 생산하는 것과 똑같습니다.

그렇게 세 장의 작품을 완성하는 데 걸리는 시간은
총 9분 20초! 한 장당 얼추 3분 꼴입니다.
한반도 전체를 느닷없이 예술작품 소장의 열풍 속으로
몰아넣은 그의 작품은 이렇게 탄생하는 것입니다.
이렇게 그린 달마도 3장의 보시금 합계는 250만원!
    그날 효심 깊은 딸이 기쁜 마음으로 가져간 달마도는
그 댁의 방 곳곳에 걸려있을 것이고, 청광 말대로라면,
그녀의 어머니는 벌써 완쾌되었을 것입니다.

    이 '넌센스 코미디' 행진엔 종교도 함께 했습니다.
어느 무명 화가가 그린 달마도가 불티나게 팔려나가자,
달마 대사를 스승으로 받들어 모시는 몇몇 스님들께서도,

            -뭔 소릴 하는 거여?
        달마도라면 우리가 원조(元祖)인디!-

라며 팔을 걷어붙이고(딴 뜻은 없고, 옷에 먹물이 묻을까봐),
앞 다투어 '달마도 그리기' 경연(?)에 뛰어들었습니다.
어떤 스님께선 자신이 그린 달마도의 판권을 몇 푼 안 되
는 돈을 받고 장사꾼에게 넘겨준 뒤, 그 그림의 인쇄 복사
본이 온갖 허무맹랑한 말로 포장되어 진품, 정품이란 이름
으로 팔려나가 수많은 사람에게 금전적인 피해를 주고 있
음에도 불구하고 그저 묵묵히 '묵언(默言) 수행'을 하고 있
으며, 이와 같은 일이 우리 사회에 미치는 악영향이 얼마

나 큰지를 잘 알면서도 불교 종단의 책임 있는 자리에 있는 그 누구도 사실을 바르게 알리려는 노력을 하지 않고, 도리어 이 열풍이 침체된 불교를 널리 알리는 좋은 계기라고 생각하는지, 절을 찾는 신도들에게 '부적(符籍)'처럼 부지런히 달마도를 그려주고 있습니다. 이런 말과 함께.

-잘 간직하면 좋은 氣도 받고, 복도 받을 꺼,-

달마도는 예로부터 스님들의 수행의 일부였습니다. 석가모니께서 깨달은 진리를 얻기 위한 구도(求道) 정신이 예술로 표현된 것이 달마도란 말씀입니다.
1500여 년 전, 달마께서 몸소 실천하고 전해준 '무심(無心)'과 '선(禪)의 세계'를 상징하는 달마도가, 언제부턴가 복을 구하고, 귀신을 쫓는 액(厄)막이로, 또 땅속의 수맥파를 차단하고 병도 낫게 하며, 대학 입학시험에 합격케 하는 부적으로 둔갑한 모습에서, 우리 사회의 초라하고 병든 심성을 읽을 수 있다고 한다면 지나친 해석일까요?
그렇거나 말거나, 오늘도 전국 곳곳의 '달마선원', '달마의 집', '달마원'에선 여전히 손님맞이로 분주합니다.
자신이 불교를 믿든 안 믿든, 또 그림에 예술적 가치가 있든 없든, 달마도에서 자신의 내일을 바꿔줄 신비한 氣가 나온다고 믿는 사람들이 있는 한, 우리 사회에서 달마도의 인기는 앞으로도 계속 될 것이고, 또 다른 형태의 '달마도 열풍'도 이어질 것입니다.

                    *   *   *

　　20여 년 전 어느 날,
각종 기행(奇行)과 자칭 '행위예술'로 뭇 사람들의 머리를
무척 헷갈리게 하고, '괜히 왔다가는구려'란 열반송(?)을
남겨놓고 홀연히 사라진 걸레 중광(重光)께서 사과를 깎고
있는 제게 한마디를 던지십니다.

　　"동생, 칼 중에 가장 무서운 칼이 뭐고?"

　　갑자기 뭔 말씀? 또 난데없이 웬 칼?
안 도는 잔머리를 굴려봅니다.
일본도? 사시미칼? 아니면 조자룡의 헌 칼?
아둔한 제 머리론 도저히 모르겠는지라, 괜히 어설프게
대답하느니 얼른 자수(?)하는 편이 낫겠다 싶어,

　　"모르겠는디요?"
　　"잘 생각해봐요."
　　"……."

　　제 대답을 기다리기가 갑갑하신지,
당신께서 북치고 장구까지 치십니다.

　　"지금 동생이 들고 있는 칼이라네."

무슨 칼? 사과를 깎고 있는 이 과도(果刀)?

"이까짓 게 제일 무서운 칼이라고요?"
"그래, 손 가까이 있는 칼이 정말 무서운 칼이지,
 사람의 <마음>이란 언제 어떻게 변할지 모르니
 오늘은 과일을 깎고 있지만, 언젠가는 사람을
 해칠 수도 있지."

　이 달마도 해프닝은,
방송이란 '칼'이 제 역할을 못할 때,
어떤 일이 벌어지는가를 극명하게 보여준, 매우 초라하고
서글픈 사건이었습니다.
이 사건을 계기로 氣이야기가 나오면 들어볼 생각도 않고,
손사래에 도리질까지 치는 분이 많아진 것도 사실입니다.

*뱀 다리 (蛇足)
　이후 청광선사는 가짜 진주가루를 써서
달마도와 독수리 그림을 그린 후, '순금(純金) 달마도'라고
선전하며 팔다가 수십억 원의 사기(詐欺) 사건에 연루 되어,
2011년 경찰에 불구속 입건되었습니다.
그런데 이 글을 읽은 어떤 분께서 제게 하실 지도 모를 질문.
-그렇다면 좋은 氣가 나오는 그림은 정말 없는 거여?-
정답은, "있습니다!" 어디에 있냐고요?
이 책의 맨 끝, '맺는 말'을 읽으면 알 수 있습니다.

고 수

　제가 氣란 것이 정말 대단하다는 사실을 알게 된 것은, 오랜 세월 氣수련을 해서 내공(內功)이 두텁게 쌓여 '날고 긴다'는 氣 고수(高手)에게서가 아니라, 30여 년 전, TV 다큐멘터리 프로그램을 제작하는 과정에서 만났던, 판소리 공연장에서 북을 치는 고수(鼓手),
토박이 우리말로 '북재비'를 통해서였습니다.
이 북재비 노인을 만나기 전까지 제가 상상하고 알고 싶었던 氣란, 기이(奇異)하고 불가사의(不可思議)한, 그렇기에 상식을 뛰어넘고 비밀스러운 '그 무엇'이었습니다.

　제 생각에, 우리 사회에서 氣란 말에 관심을 갖게 된 것은, 80년대에 출간된 한 권의 실명(實名) 소설부터라고 여겨집니다. 당시는 나랏님의 말씀을 고분고분 안 들으면, 누구든지 무조건 잡아다가 두들겨 패고, 학교(?)에 가둬놓고 '무상급식'을 해대는 바람에, 모두들 마음 둘 곳이 없어 풀죽고 氣죽어 지내던 시절이었고, 한창 나이인 30대 초반의 저 또한 예외가 아니었습니다.

54

그러던 어느 날, 이 소설이 서점에 등장하자, 풀 죽어 있던 사람들의 氣가 살아납니다. 당시 100만권 넘게 팔렸다는 이 소설은, 권(權)씨 성을 가진 주인공이 높은 성벽을 단숨에 뛰어넘고, 축지법(縮地法)을 써서 먼 길을 한걸음에 다녀오는 등의 대단한 능력을 지니게 된 것이 모두 氣수련 덕분이라는 내용이 나오는데, 주인공에게 정말 그런 재주가 있었는지 어떤지는 제 두 눈으로 보지 못해 뭐라고 단정 지을 수는 없지만, 여하튼 그 책은 당시 많은 사람들의 밤잠을 설치게 했고, 젊고 호기심 많은 제 눈을 붙잡기에도 충분했습니다.

그 뒤로 봇물 터지듯 쏟아져 나온 氣 관련 책을 사서 읽느라, 호(胡)주머니 돈깨나 날린 기억이 아직도 생생합니다.

*   *   *

'1고수 2명창(一鼓手 二名唱)'이란 말이 있습니다.
이 말은 -서양 사람들은 무척 높이 평가하지만, 정작 우리들은 잘 모르고, 그래서 지루하고 단조롭다고 외면하는- 판소리를 이해하는 데 있어 매우 핵심적인 말입니다.

대부분의 사람들은 판소리라는 공연 예술의 주인공이 명창(名唱, 소리꾼)이라고들 알고 있습니다.

무대 한가운데 혼자 떡 버티고 서서 수많은 관객을 상대로 마이크도 없이, 수십 년 갈고 닦은 소리(노래)와 아니리(해설)와 발림(몸짓)만으로 2시간 넘게 사람들을 웃기고 울리는 소리꾼은 과연 주인공답습니다.

이에 비해서 제 눈에 비친 그 북재비 할배께선 겉모습부터 꾀죄죄하고, 가끔 공연이 있는 날이면 허름한 두루마기를 걸친 뒤, 북을 둘러 메고 공연장에 들러, 잘 차려입은 소리꾼 옆에 앉아 북통을 치다가, 심심하면 '얼씨구 좋지!' 한마디 던지는, '유통기한'이 지나도 벌써 지난 퇴역 국악인, 그 이상도 이하도 아니었습니다.
그런데 나중에 알고 보니, 그게 아니었습니다.
그동안 제가 판소리에 관해 알고 있었던 것들은
매우 잘못된 것이었습니다.
뭐가 잘못됐냐고요?

제가 알고 있던 것과는 달리,
정작 무대를 이끌고 있는 사람은,
잘 차려 입고 무대 정면에서 목청을 높이는
소리꾼이 아니라, 북재비 할아버지였던 겁니다.
다시 말씀드리면, 무대 한가운데 서서 소리를 하는 소리꾼은 '연주자'였고, 한 손에 북채를 쥐고 있는 그 할배께서 그 공연의 '지휘자'이자 '협연자'였던 겁니다.

아무리 기량 넘치는 소리꾼일지라도,
두 시간 넘게 공연을 하다보면 중간에 지치기도 하고,
때로는 소리의 빠르기를 잊기도 합니다.
그럴 때 북채를 튕기고 추임새를 넣음으로써,
소리의 장단과 박(拍, rhythm)을 조절해가며
소리꾼을 이끌어가는, 공연에서 결코 없어서는 안 될
협연자가 바로 고수(鼓手)인 것입니다.

  게다가 그의 시선(視線)은 소리꾼에게만 가는 게 아니라,
소리꾼의 소리를 듣는 청중의 눈빛과 반응을 살펴가며,
그들의 흥을 돋우기 위해 북채를 튕기고 '쿵 딱 얼씨구'
추임새를 넣습니다. 그렇게 북재비의 북소리와 추임새 덕
분에 단조롭고 지루한(?) 소리판은 살아있는 '소리 마당'이
됩니다. 그러니 북재비가 오른손에 쥔 북채는 탕약(湯藥)을
짤 때 쓰는 막대기가 아니라, 어엿한 지휘봉이란 말씀!
이런 사실을 알고 나서야 제 궁금증이 풀립니다.

      -어째서 공연이 끝나고 나면,
        그날 무대의 주인공인 여류 명창이
        꾀죄죄한 북재비 할아버지께 그토록
        깍듯이 예의를 갖춰 인사하는지,
        그리고 어떻게 해서
        '1鼓手 2名唱'이란 말이 생겼는지-

예로부터 판소리로 이름난 명창들은, 자신의 기량을 맘껏 발휘하기 위해선 훌륭한 고수(鼓手)가 곁에 있어야 한다는 걸 너무도 잘 아는지라, 어떻게 해서든 소문난 고수를 모시고 함께 공연하길 원했고, 그렇게 치른 공연의 결과도 만족스러운 것이었습니다. 그래서 솜씨를 인정받은 고수는 늘 최고의 명창들과 함께하곤 했으니, 한 사람의 고수에 여러 명의 명창이 따라붙기 마련이었던 것입니다.

TV 국악 다큐멘터리 제작을 위해 제가 만난 고수(鼓手)는, 평생을 북과 함께 살아온 60을 넘긴 국악인이었는데, 북을 잘 치는 고수로만 여겼던 그 할배께서, 제가 미처 생각지도 못한 氣의 고수(高手)임을 알게 된 것은, 판소리 공연이 끝나고 나서 며칠이 지난 뒤였습니다. 그날 그분을 통해서 들었던 이야기는, 아직도 제 머릿속에 또렷이 남아 있습니다.

할배께서 멍석을 깔고 나무를 열심히 깎고 있습니다.

"뭘 만들고 계세요?"
"북채"
"저 옆에 있는데, 왜 또?"
"응, 올 한해 쓰려면 여남은 개 더 장만해둬야 해."
"예? 여남은 개씩이나?"

여러분께선 혹시 '북채'를 만져보신 적이 있나요?
나무를 30cm 남짓 깎아 만든 물건이 북채입니다.
북채는 반드시 탱자나무 가지를 깎아서 만듭니다.
그 까닭은 탱자나무의 재질이 워낙 단단하기 때문인데,
제가 만져본 느낌에도 무척 야물어서, 웬만한 충격에도
결코 부러질 일이 없어 보였습니다.
    그래서 북을 취미로 배우는 사람들은 한 개를 장만하면
평생토록 쓸 수도 있는 물건이 북채인데,
이 할배께선 자주 있지도 않은 판소리 공연에 대비해서
여남은 개나 미리 마련해둬야 한다는 겁니다.

    "아니, 이 단단한 북채가 부러진다고요?"
    "응, 사람의 氣가 실리면 별거 아녀!"
    "오잉? 사람의 氣?"

이어지는 할배의 말씀은 이랬습니다.

        -소리판이 무르익어 소리꾼의 장단이
          자진모리로 넘어가고, 관객들의 긴장감도
          덩달아 고조되어 갈 즈음,
          소리꾼의 박과 박 사이를 비집고 들어가서
          어느 순간 북통을 '딱' 내리치면,
          단단한 탱자나무 북채도 엿가락 부러지듯
          '뚜욱뚝' 부러져 버린다.-

정신이 '버어쩍' 들었습니다.

가죽 북통을 치는데 탱자나무 북채가 부러진다?

좀처럼 믿기지 않는 얘기였지만, 그 말은 사실이었습니다. 실제로 할배의 방 한쪽 구석엔, 그동안 공연 중에 맥없이 부러져나간 북채 토막들이 제법 쌓여있었으니까요.

평생 氣수련을 한번도 받아본 적 없는 왜소한 노인의 몸에서 한순간 터져 나와, -야물디 야문- 탱자나무 북채를 두 동강내는, 그 氣라는 것!

그게 제가 처음으로 접한 氣의 참모습이었습니다.

대부분의 사람들은 氣를 '기(技)'라고 생각합니다. 그래서 온갖 技(재주)를 다 동원해가며 氣를 모으기 위해, 氣를 씁니다. 저도 처음엔 氣가 技인 줄 알았었습니다.

그런데 알고 보니, 氣는 재주나 기술이 아니었습니다.

"응, 사람의 氣가 실리면 별 거 아녀!"

이 말속엔 이분께서 벌써 氣에 통(通)한, 고수(高手)임이 여실히 드러나고 있습니다. 남들은 하나를 가지면 평생 쓸 북채를, 한해에도 여남은 개씩 부러뜨리는 대단한 氣를 지닌 그 북재비 할아버지에게 氣란, 의식적으로 찾고, 쓰고, 갈고 닦고, 어쩌고 하는 인위적인 것이 아닌, 일상생활처럼 자연스러운 것이었습니다.

재동 할배

　서울 종로에서 인사동 거리를 따라 걷다보면 안국동 로터리가 나옵니다. 거기서 창덕궁 쪽으로 3백여 미터 걸어가다 길을 건너면, 헌법재판소 쪽으로 난 길 입구에 오래된 이층 한옥의 약국(藥局)이 보입니다. -재동약국- 서울 중심부 대로변에 아직도 이렇게 '촌티 질질 흐르는' 집이 아직 버티고 있다는 게 무척 신기합니다.

　약국 안으로 들어서면 나이 지긋한 노부부께서 손님을 맞는데, 남편 되시는 할아버지기 이야기의 주인공입니다. 일흔을 넘긴 자그마한 체구에, 항상 웃는 얼굴입니다. 할머니의 표정도 편안해보입니다.

　그런데 요즘이야 두 분 모두 늘 웃는 모습이지만, 예전엔 그렇지 못한 날이 더 많았답니다. 왜냐고요? 두 분 사이의 불화(不和) 때문입니다. 아니, 함께 늙어가는 처지에 뭔 '불화' 씩이나?

이 약국은 40년 넘게 일궈온 두 분의 평생직장인지라, 하루 종일 서로 얼굴을 맞대고 지냅니다. 그러다 보면 사소한 일로 티격태격 '칼로 물 베기'도 있기 마련인데, 대개의 부부싸움이 그렇듯이, 하루에 몇 차례 벌어지는 말다툼의 원인은 단 한 번의 예외도 없이 남자 쪽, 그러니까 할배께서 제공합니다.
이 댁의 부부싸움은 이렇게 시작됩니다.

약국에 손님이 찾아옵니다.
할머니가 반갑게 맞습니다. 손님이 자기의 증세를 이야기하고 어떤 약을 먹어야 할지를 묻습니다. 할머니가 이런저런 약을 내놓습니다. 손님이 할머니의 설명을 들어가며 약을 고르려 할 때쯤, 옆에서 이야기를 듣고 있던 할배께서 두 사람 사이를 비집고 끼어듭니다.

"내가 보기엔 그 증상엔 약을 안 먹어도 되니,
  이쪽으로 잠깐 와 보슈."

할머니의 낯빛이 싸악 바뀝니다.
약국 한쪽에 놓인 긴 나무의자에서 두 남자의 이야기가 한창 무르익는 동안, 할머니는 애꿎은 쓰레기통만 발로 찹니다. 딱히 화풀이할 곳이 없기 때문입니다. 잠시 뒤, 손님이 할아버지께 허리를 굽혀 정중히 인사를 하곤 약국 문을 나섭니다. 물론 빈손입니다.

약국엔 정적만이 흐르고, 두 분 사이의 분위기도 심상치 않습니다. 쓰레기통을 차는 것만으로는 화가 덜 풀렸는지, 할머니께서 드디어 칼(?)을 빼듭니다.

"도대체 당신은 아군이요, 적군이요?
왜 제 발로 찾아온 손님까지 내쫓는 거요?
그 놈의 氣인지 뭔지, 증말……."

멋쩍어진 할배께서 슬그머니 약국 문을 열고 나갑니다.
이러기를 하루에도 수차례,
이게 지난 날 이 약국의 풍경이었습니다.

이 할아버지의 호(號)는 은암(恩岩).
서울 한복판 종로의 북촌마을에서 태어났고, 태어난 집에서 평생을 살고 있는 진짜 순 서울 토박이이신 이분의 아버지는 지난날 장안에서 소문난 한의사였고, 이승만 전(前) 대통령의 주치의를 맡을 정도로 명의(名醫)였답니다.

이 댁에는 손님이 늘 끊이질 않았는데, 할배의 기억으로는 자신이 어렸을 적에 자주 들른 분들 중에는, 80년대 중반 우리 사회에 氣 열풍을 몰고왔던 소설의 실제 주인공 봉우(鳳宇) 권태훈 옹과, 죽염(竹鹽)과 유황오리를 발명(?), 전국적으로 유황오리 음식점의 확산에 지대한 공헌을 한, 전설적인 한의사 인산(仁山) 김일훈 옹도 있었답니다.

할배의 부친께서는 젊어서 산에 들어가 어느 도인(道人)으로부터 氣 수련하는 법을 배웠고, 그 뒤로 그 도인께서 서울에 올라와 자신의 집을 찾을 때면, 은암 할배도 예를 갖춰 인사를 올리곤 했는데, 할배의 기억으론 40대 중반의 남성이었답니다.

그런 집안 내력이 있는지라, 은암 할배 역시 어려서부터 아버지로부터 氣 수련과 함께, 약초를 고르는 법이나 환자를 관찰하는 법 등을 전수받았는데, 그중에서도 가장 기억에 남는 것이 '숨 쉬는 법'이랍니다.

지금도 대부분의 氣수련단체에서 제일 먼저 가르치는 것이 '숨쉬기 운동'인데, 할배께서 부친으로부터 배운 숨쉬기 운동은 보통 사람의 상상을 초월하는 것이었습니다. 할배 말씀으론, 숨쉬기 운동을 매맞아가며 배웠다는 겁니다. 아니, 갓난애도 안 배우고 할 줄 아는 그 쉬운 숨쉬기를 매까지 맞아가며 배웠다니, 이게 뭔 일?
할배의 설명은 이렇습니다.

어린 은암의 코끝에 창호지 조각이 붙어있습니다.
아버지 앞에서 어린 은암이 서서히 숨을 내쉬고
들이마십니다. 만약 숨을 내쉬고 들이마시는 동안
창호지가 흔들리면, 두들겨 맞는 겁니다.

매를 한 대라도 덜 맞으려고 氣를 써보지만, 야속한 창호지는 가만있질 않습니다. 그렇게 두들겨 맞아가며 숨 쉬기를 무려 일 년. 그러던 어느 날, 드디어 창호지에 흔들림이 없습니다. 이것을 본 할배의 아버지 왈,

"이제야 성질 더러운 것이 잡혔다!"

그날 이후 겨우 매 맞을 일은 없어졌는데, 그때부터 아버지께서 가르치는 정식 氣수련이 십 년 넘게 이어집니다. 이렇게 어려서부터 氣와 함께 자라난 은암 할배는, 그 후 대학교에서 약학을 전공했고, 서른 살 무렵 이 약국의 문을 열어, 약사인 부인과 함께 오늘까지 한 자리에서 수십 년째 손님을 맞고 있는 것입니다.

십여 년 전부터 은암 할배께선, 자신이 어려서 아버지로부터 배운, 거의 고문(拷問)에 기꺼운 숨쉬기 운동에 한(恨)이 맺혔는지, 틈만 나면 사람들에게 무료로 '은암식 호흡법'과 氣수련법을 가르치기 시작했고, 자신의 살림집까지 개방해가며 새벽바람에 사람들을 모아 놓고 氣를 넣어주고 있으니, 할배야 당신이 좋아서 그런다손 치더라도, 할머니는 이게 무슨 '사서 고생'이람?

게다가 약국을 찾는 손님들에겐 약을 팔 생각은 않고,

손님 증세에 따라 氣를 넣어주는 일에만 氣를 쓰며,
제 발로 걸어 들어온 손님마저도 빈손으로 내쫓아?
그것도 수 십 년째 이 지경이니,
할머니께서 '칼로 물 안 베게' 생겼습니까?

　하지만 그렇게 사서 한 고생 끝에 보람이란 것도 있기는
있는지, 얼마 전엔 그동안 할배로부터 '숨 쉬는 법'을 배운
제자들이 가르침에 보답하는 뜻에서 스승의 氣수련법을
잘 정리해서 책까지 냈으니, 요즘 할머니를 바라보는 할배
의 입가에 뿌듯한 웃음꽃이 필만도 합니다.

　어디 그뿐인가요?
이 약국의 이웃이 헌법재판소라는 큰 집인데, 그 집에서
일하는 스트레스 엄청 받는 '사(事)자' 돌림의 양반들께서
스트레스를 풀려고 '드링크' 한 병이라도 마시러 약국에
들를 때면, 할배께서 이분들을 향해 허공에 손짓을 몇 분
하고 나면 한결 머리가 가벼워지는 걸 경험하고 돌아가곤
했는데, 이 소문이 입에서 입으로 퍼져, 요즘도 근무시간
중에도 회의를 하다가 머리가 잘 안 돌아가면, 후다다닥
달려와서 잠시 치료(?)를 받고 돌아가곤 한답니다.

　그런데 돌아가면서 감사의 표시로 할배의 손에 흰 봉투
를 쥐어드리면 한사코 마다하는지라, 어느 날부터인가는

이 약국에서 파는, 제법 비싼 '산삼 어쩌구'라고 적힌 작은 '물약 병'을 한 박스씩 사서 돌아가는 게 관례가 됐고, 그 때부터 할머니의 인상도 조금씩 펴지기 시작해서 오늘에 이르게 된 것입니다. 할머니께선 할배를 바라보며 속으로 이런 말을 하고 있을지도 모릅니다.

-저 영감이 뭘 알긴 아나벼?
높으신 이웃 양반들이 헐레벌떡 찾아와 잠시
헛손질을 받고나선 비싼 드링크를 한 박스씩
사가는 걸 보면, 참 알다가도 모를 일이여,
어쨌거나 요즘은 영감이 좀 덜 밉구먼.-

제가 만나 본 은암 할배는 氣의 고수(高手)였습니다. 다른 건 다 빼고라도, 氣를 이해하는 그분의 〈마음〉이 氣의 본질에 가까웠습니다. 그래서인지 할배로부터 氣를 배우고 氣치료를 받은 많은 이들은, 자신들이 지난 날 뾰족한 방법 없이 겪었던 몸과 〈마음〉의 고통에서 말끔히 해방됐노라, 침 튀기며 이야기하고 싶어 합니다. 또한 할배의 氣를 체험한 많은 이들은, 할배를 자기네 회사로 모신 뒤, 떼를 지어 氣강의를 듣고, 구박까지 받아 가며 새삼스레 숨쉬기 운동부터 배우기를 자청합니다.

그런데 은암 할배의 약국 건물 이층엔, 우리 사회에서 氣를 상품화해서 가장 돈을 많이 번, '단○○'라 이름하는

氣수련 단체가 세(貰)들어있는데, 제가 할배를 찾았을 당시
에는 문을 닫아놓은 상태였습니다.
저도 이십여 년 전에 氣가 뭔지 배워보겠다며, 이 단체에
수백만 원(당시엔 제법 큰돈이었습니다.)을 바치고 평생회원
으로 가입한 적이 있었습니다. 딱 세 번 가보고 말았지만.
제가 할배께 묻습니다.

　"2층에 있는 저 단체는 왜 문을 닫았나요?"
　"몰러, 쟤들은 나하고 사이가 안 좋아."
　"왜요?"
　"그 사람들이 가르치고 있는 걸 본 적이 있는데,
　 내가 보기엔 많이 잘못 됐더라구.
　 그래서 그게 아니라고 했더니,
　 그 뒤론 삐쳐서 나하곤 말도 잘 안 해."

　이 이야기를 듣고, 저는 속으로 웃었습니다.
할배께선 그네들이 뭘 하든지 그냥 가만 내버려두고
다달이 세(貰)나 받고 계셨으면 좋았을 것을,
굳이 안 해도 될 말을 해서 '동티(動土)'를 냈으니까요.
　그런데 그 氣수련 단체도 실수를 하긴 한 겁니다.
아니, 바로 아래층에 氣 고수가 버티고 있는데,
바보가 아닌 담에야 어느 누가 이층까지 기어올라가서
氣를 배우겠습니까? 세들기 전에 복덕방 영감에게
집주인이 어떤 사람인지 미리 알아봤어야 하는 건데...

제가 은암 할배께 당신의 '氣 철학'을 여쭤봅니다.
답은 무척 간단하고 '사이다'처럼 청량(淸涼)합니다.

"氣를 알면 〈마음〉도 편해지고 몸도 건강해져요.
　내가 오랜 세월 부지런히 氣를 수련했더니,
　내 몸에 氣가 남아돌아서, 그걸 나눠주는 거예요.
　氣는 본디 내 것이 아니고, 우주(宇宙)의 것이니까."

　은암 할배께선 전화로도 남들에게 氣를 전하고 있었습니다. 멀리 있어 자신을 찾기 어려운 사람들에겐 전화가 연결되면 자기에게 남아도는 氣를 날려 보내주곤 합니다.
그곳이 바다 건너 미국일지라도…….
그런데 여러분께선 이게 믿어지십니까?
전화로 氣를 주고받는다는 게?

*뱀 다리 (蛇足)
　이 글은 지난 2009년, 제가 은암 선생을 취재하고 나서
쓴 글이지만, 생활 속의 氣를 이해하는 데 적절한 예(例)라
생각되어, 당시에 쓴 글을 수정(修訂)하지 않고 올렸습니다.
현재 은암 선생은 약국 경영 일선에서 물러나,
후학들에게 '심기신(心氣身) 수련'을 지도하고 계십니다.

그린 마일

스티븐 킹(Stephen King)이란 작가가 있습니다.
이미 알고 계신 분도 있겠지만 아직 잘 모르는 분들을
위해 짧게 소개해드리면, 자신이 쓴 소설이 무려 3억
5천만 권 이상 팔린 세계 제1의 베스트셀러 작가이자,
극작가, 음악가, 배우, 칼럼니스트, 게다가 그의 작품이
영화나 TV 드라마로 70편 넘게 제작되었으니,
글로 돈을 무척 많이 벌어들이는 작가 중 한 사람입니다.

그의 작품은 주로 공포(horror) 소설이 많은데,
처음에는 평범한 이야기 전개로 독자들의 눈을 나른하게
해놓곤, 뒤에 가서 등골이 오싹해지는 갑작스런 반전(反轉)
으로 뭇 사람들의 얼을 빼놓는, 어찌 보면 좀 못된(?) 취미
를 지닌 작가입니다.
　그가 쓴 수많은 작품 중에 유일하게 6부에 걸친 연작 소
설이 하나 있는데, 평소 그의 주특기인 공포물이 아닌, 그
래서 누가 읽어도 하나도 무섭지 않은 이 소설의 제목이,
『그린 마일, The Green Mile』입니다.

氣 이야기를 하다 말고, 뜬금없이 웬 소설 타령이냐고 의아해 하시는 분들도 계실 텐데, 앞으로 이 책에서 제가 소개할 이야기들에 좀 더 깊이 공감하기 위해선, 이 소설의 내용을 먼저 아실 필요가 있다고 생각되기에…….

평소 책읽기를 즐기지 않는 사람을 배려해서인지는 몰라도, 6부작의 이 긴 소설도 영화로 만들어졌는데,
영화의 제목 역시 〈그린 마일〉입니다.
이 영화는 스티븐 킹의 또 다른 소설 『쇼생크 탈출』을 영화로 제작해서 재미를 본 적이 있는 감독(F. Darabont)이 만들어 1999년 12월 초에 개봉했는데, 그해 크리스마스 시즌에 수많은 미국인들로 하여금 극장 매표소 앞에 긴 줄을 서게 했던 유명한 영화입니다.

이미 이 영화를 본 분도 계시겠지만, 아직 못 본 분을 위해 내용을 간략히 말씀드리면, 어뜻 보면 미국식 기독교 영화 같지만, 실제 내용은 절박하고 막다른 비극적 상황에서 인종과 신분을 초월한, 인간과 인간 사이에서 펼쳐지는 아름다운 이야기인지라, 〈E.T〉를 제작한 스티븐 스필버그 감독도 관람 중에 네 번이나 눈물을 흘렸다고 고백할 만큼, 가슴 찡한 영화입니다.

굳이 흠을 잡는다면, 영화의 상영시간이 3시간 조금 넘

는지라, 성격 급한 분이나 화장실을 자주 들락거리는 분들
이 보기에는 조금 거북할 수도 있겠지만, 그래도 꾸우우욱
참고 보신다면 별로 손해날 일은 없으리라 여겨집니다.

스티븐 킹이란 흥행 보증수표가 쓴 원작에, 주연 배우는
물론이고 감독, 조연까지 거의 나무랄 데가 없는 작품임에
도 불구하고 이 영화가 '오스카 상'을 받지 못한 까닭이,
제 생각엔 상영시간이 너무 길어 심사위원의 인내심을
자극했기 때문이 아닐까 싶습니다.
사실 결혼식의 주례사부터 시작해서,
요즘에 어느 누가 긴 걸 좋아하겠습니까?
그래도 이 영화가 대단한 것은, 소설을 바탕으로 만든
영화가 원작(原作)의 감동을 떨어뜨리는 경우가 많은데,
이 영화는 원작을 더욱 돋보이게 한 예이기 때문입니다.

〈그린 마일〉은 '죽음으로 가는 길'을 뜻합니다.
이 영화의 배경은 1932년 대공황을 겪고 있던 미국의
어느 시골 교도소. 〈그린마일〉이란 제목은,
그 교도소의 사형수들이 감방에서 끌려 나와
이 세상과 작별을 고할 전기의자가 있는 방까지 걸어가는
복도의 바닥이 초록색이기에 붙여진 것입니다.
그 짧은 거리의 초록색 복도가 사형수에겐 500마일처럼
길게 느껴졌을지도 모를 일입니다.

72

이 영화의 줄거리는, 수많은 사형수들의 죽음을 지켜보면서 그네들 삶의 마지막 순간까지도 인간적인 배려를 아끼지 않는 사형수 감방의 교도관 '폴(톰 행크스)'과, 그가 살아오며 지녔던 인간에 대한 생각을 송두리째 흔들어 놓는, 여자 어린이 둘을 죽인 혐의로 사형수가 된 흑인 '존 커피(마이클 던컨)' 사이의 우정과 기적을 다룬 내용입니다.

그렇다 보니 영화 배경이라고 해봐야 어둡고 칙칙한 사형수 감옥이 대부분이고, 주요 등장인물마저도 열 손가락으로 꼽을 수 있을 정도로 모든 것이 단조롭기만 한 이 영화가, 어떻게 3시간 넘게 수많은 사람의 눈을 사로잡을 수 있고, 또 어떻게 진한 감동까지 안길 수 있는지,
아무리 생각해도 신기할 따름입니다.

그런데 요즘 우리 사회는 좀 별난 데가 있는 것이,
기독교 냄새를 물씬 풍기는 이 영화가 한국에서 개봉되었을 때, 정작 우리네 '예수천국 불신지옥'을 믿는 사람들
사이에선 이 영화를 놓고 -이단(異端)이네, 아니네- 말싸움이 그치질 않았고, 영화, 공연물의 윤리 심의를 담당하는 - 많이 배우신, 하지만 소갈머리는 밴댕이처럼 좁은-
양반들께서는, 이 영화를 청소년들이 보면 큰일(?) 나는 '불량영화'로 묶어놓았으니 말입니다.
미국에선 크리스마스 연휴기간에 부모와 자식들이 손잡고 함께 보고, 함께 '찐한 감동을 먹었던' 영화였건만……

이 영화엔 몇 차례 믿기 어려운 기적들이 등장합니다.
폴이 몇 년째 심하게 앓고 있는 요도염(尿道炎)이 사형수
존의 손짓 한 번으로 말끔히 없어지고, 구둣발에 짓밟혀
다 죽어가던 생쥐에게 존이 입김을 불어넣자 꿈틀 되살아
나며, 악성 뇌종양으로 죽음을 앞둔 교도소장의 아내가 존
의 도움으로 기적같이 낫는 등, 상식을 지닌 사람의 머리
론 여간해서 납득하기 힘든 일들이 수시로 벌어집니다.
그런데 이처럼 허무맹랑한 '기적 버라이어티쇼'에도 불구
하고, 관객들은 영화에 빠져듭니다.
그리고 감동을 '먹습니다'.

대부분의 소설이나 영화는 90%의 진실에,
10%의 거짓을 적당히 섞어 넣음으로써, 독자나 관객으로
하여금 10%의 거짓마저도 진실이라고 믿게 만듭니다.
만약 거짓이 너무 많아서 현실성이 떨어진다면,
어느 누가 아까운 시간과 호주머니 돈을 써가며
소설이나 영화에 빠져들겠습니까?

그런데 놀랍게도 〈그린 마일〉은 이와 정반대입니다.
이 영화를 본 사람들은 〈그린 마일〉의 90%가 당연히
거짓이라고 생각합니다. 그리고 이 영화의 내용이 거짓임
을 조금도 의심하지 않습니다. 그러면서도 관객들은,
'아! 저런 기적이 현실에도 일어났으면.'하고 바랍니다.

마치 로또(Lotto)복권의 1등 당첨을 꿈꾸듯……
저 역시 이 영화를 보면서,
작가의 그런 상상력이 마냥 부러웠습니다.

-아, 거짓말도 저렇게 하면 참 멋지구나!-

그런데 만약, 만약에 말입니다.
그 영화의 90%가 진실이라면 여러분께선 믿으시겠습니까? 다시 말씀드려서, 이 영화의 원작 소설을 쓴 스티븐 킹조차 현실에서는 불가능할 거라 여겼을 소설 속의 기적들이, 오늘 대한민국 땅에서 '현재진행형'으로 벌어지고 있다면, 여러분께선 어떻게 생각하시겠습니까?
별 미친 놈의 헛소릴 다 듣겠다고요?

그런데 그게 헛소리가 아니랍니다.
꿈에서라도 일어났으면 싶었던 그런 일들이
우리네 현실에서 여실(如實)히 벌어지고 있었습니다.
더구나 제가 '도끼눈'을 부릅뜨고 지켜보는 상황에서!

그리고 그런 '기적'이 지금도 계속 되고 있기에,
제 어쭙잖은 글재주에도 불구하고,
지금 이 글을 쓰느라 밤잠을 설쳐가며
氣를 써대고 있는 것입니다.

'관견(管見)'이란 말이 있습니다.
중국의 장자(莊子)가 처음 쓴 이 말을 우리말로 풀면,

-대롱(管)을 통해 바라보기(見)-

이 말이 뜻하는 바는,
겉보기에는 제 아무리 통이 커 보이고 마음공부가 깊다고
소문난 도인(道人)들께서도, 실상은 모두가 자신이 만들어
놓은 대롱의 구멍을 통해 세상을 바라본다는 뜻입니다.

예를 들어, 음료수 빨대 대롱(管) 정도 둘레의 시야를
가진 사람은, 제 아무리 氣를 써본다 해도,
빨대 대롱만큼의 세상밖에 '볼(見, seeing)' 수 없다는
한계를 지적한 말입니다.
만약에 그 대롱을 치워버린다면, 모든 걸 한눈에
'꿰뚫어볼(觀, watching)' 수도 있을 텐데!

어쨌거나 아직 이 영화를 못 본 분들께선,
제 말에 속는 셈치고, 이 영화를 보신 뒤에 이 책의
〈기적 같은 일들〉을 읽으신다면, '저 인간의 말을 듣길
참 잘했다'라고 생각하실 거라 믿어 의심치 않습니다.

46억 년 지구의 역사는 우리에게 이야기합니다.

76

-지구 위에 살아있는 모든 것들은,
머지않아 〈그린 마일〉을 걸어갈 것이라고,
그리고 그 길을 걷는 데는 예외가 없다고,
여러분도, 저도!-

　이 책의 제4장 〈기적 같은 일들〉에선,
자기 이외엔 어느 누구도 쉽게 믿으려하지 않고,
그래서 인간관계가 점점 더 메말라가는 요즘 세상에서,
남들의 몸과 〈마음〉을 정확히 꿰뚫어 볼 수 있기에
자신의 몸을 던져가며, 아파서 괴로워하는 사람들을 위해
이십년 넘게 참사랑의 씨앗을 심고 있는,
어느 여성의 〈한국판 그린 마일〉을 소개하겠습니다.

　공자(孔子)께선 하늘이 내린 품격과 능력을 지닌 인물을
일컬어 '천품(天稟)'이라고 했습니다.
天稟은 날 때부터 어떤 능력을 '부여받은(gifted)' 존재에게
합당한 표현입니다.
그렇기에 天稟은,
어떤 분야에서 남다른 능력을 지닌 사람을 말할 때 쓰는
표현인, 달인(達人)이나 고수(高手), 도사(道士)와는 격(格) 자
체가 다른 존재입니다. 왜냐하면 天稟은, 갈고 닦고 배우
고 노력해서 이룰 수 있는 '한계 너머(beyond the limit)'에
있는 사람이기 때문입니다.

이런 관점에서 본다면,
이 책에서 소개하는 本然이란 여성은 天稟입니다.
왜냐하면 그녀는 태어나서 여태까지,
자신이 지닌 능력을 얻기 위해
어떠한 공부나 수련도 한 적이 없기 때문입니다.

　　또한 제가 그녀를 취재한지 3년이 지날 무렵,
영화 〈그린 마일〉의 흑인 사형수 존과
그녀의 〈마음〉이 겹쳐 보였기에…….

2. 氣

"사람이 태어나는 것은 氣의 모임이다,
氣가 모이면 삶이 되고, 氣가 흩어지면 죽음이 된다."
(人之生, 氣之聚也, 聚則爲生, 散則爲死)   -장자(莊子)

氣가
뭔가 신비롭고 대단한 것일 것이라고
기대하는 분들께는 이 장(章)의 글들이
싱겁게 느껴질지도 모르겠습니다.
전들 어쩌겠습니까?
그것이 氣의 정체인 것을.
하지만 여러분께서
조금 예민한 감각을 지니셨다면,
다음 글들을 통해
氣의 본질에 대한 이해는 물론이고,
앞으로 등장할, 氣가 연출해내는
깊이를 가늠할 수 없는 세계를
예감할 수도 있을 것입니다

지금으로부터 3천 5백여 년 전,
아시아 대륙의 동쪽, 오늘날 중국이라 부르는 누런 땅(黃
土) 사이로 흐르는 누런 강(黃河, the Yellow River) 유역에,
누런 색깔을 귀하게 여기고, 얼굴색마저 누르스름한 족속
들이 살고 있었습니다. 그들에겐 죽어서 돌아갈 곳도
'누런 샘물(黃泉)'이었습니다.

　그 당시로 봐선 매우 놀랍게도, 그들에겐 자신들의 생각
을 나타낼 수 있는 글자도 있었습니다. 전해오는 이야기에
따르면, 이 글자는 태곳(太古)적 '누런 왕(黃帝)' 시대에 창
힐이란 사람이 만들었다고들 하는데, 제 짧은 생각엔,
그 많은 글자를 한두 사람이 만든 것 같지는 않고,
오랜 세월에 걸쳐 여러 사람이 지혜를 모아 만든
'퓨전(fusion) 발명품'이라고 여겨집니다.
　이 글자를 누가 만들었든 간에, -한글이나 서양 글자와
는 달리- 글자에 뜻까지 포함하고 있어, 배워 읽는 재미가
제법 쏠쏠한 게 이 글자입니다.
서기 100년경 한(漢)나라에서, 그때까지 만들어진 이 글자
9,000여 개를 처음으로 체계적으로 정리해서 책으로
만든 것을 자랑하고(?) 기념하기 위해, 사람들은
-한나라 글자- 한자(漢字)라고 부르기 시작합니다.

氣　81

'氣'도 그들이 처음 만든 글자입니다.

서양 사람들에겐 氣에 상응할 만한 적당한 말이나 글자가
없기에, 그들이 氣이야기를 할 때, 중국 발음 '치(氣, qi)'
나, 일본말 '키(き, ki)'를 흉내 내어 쓰고 있습니다.

그러므로 氣가 뭔지 바르게 알기 위해선, 누런 땅에 살던
사람들이 만든 氣란 글자가 과연 무엇을 뜻하는지부터
알아둘 필요가 있습니다.

氣의 본디 모습은 '气'입니다.

그렇다면 气는 무엇을 표현한 글자일까요?

우리네 이름난 출판사에서 펴낸 자전(字典)이나 옥편(玉篇),
인터넷 사전 등에서 气를 찾아보면 '뭉게뭉게 피어오르는
구름의 모양'을 본떴다는 둥, 별의별 말들이 많습니다.

한자 전문가란 사람들이 해대는 말도 별반 다르지 않습니
다. 그러나 그런 헛소리들은 귀 기울여 들을 만한 게 못 되
고, 아래 그림에서 보듯이, 气는 '솥뚜껑(宀)'과 '솥(凵)'
사이에서 폭폭 새어나오는 '김(一)'을 나타낸 글자입니다.

우리들의 氣에 대한 이해는,
이렇게 첫 단추부터 잘못 끼워져 있습니다.

　그런데 무슨 솥에 발이 달려있냐고요?
한자가 처음 만들어질 당시는 청동기시대였고, 그 시기에
구리(靑銅)로 만든 솥을 보면, 대부분 발이 셋 달려 있습니
다. 이는 전쟁에 나가서 밥을 지어먹을 때, 매번 솥을 걸
부뚜막을 만들기가 번거로우니까, 아예 '삼발이 솥(鼎,정)'
을 만들어서, 그 밑에 불을 때서 밥을 지어 먹었기 때문입
니다. 이 솥(气) 안에 무엇을 넣고 끓이는가에 따라 새롭게
두 글자가 생겨나는데, 바로 '汽'와 '氣'입니다.

　먼저 汽는 솥 안에 물(氵)이 담긴 모습이니,
물을 끓일 때 나오는 김, 즉 '수증기'를 뜻합니다.
1814년 영국에서 처음 발명된 'train'이란 수레가 얼마
뒤 일본에 전해졌을 때, 일본 사람들은 이 'train'이란 새
수레에 자기네 이름을 붙이려고 고민하다가, 석탄을 태워
물을 끓일 때 나오는 수증기에 착안해서 – 수증기(汽)의 힘
으로 움직이는 수레(車)– '기차(汽車)'라고 이름 지었습니
다. 요즘은 KTX를 비롯해 대부분의 기차가 수증기이 아
닌 전기(電氣도 일본에서 만든 말임)의 힘으로 움직이고 있지
만, 이 수레의 첫 조상을 기념하는 뜻에서 우리는 여전히,
–긴 거는 기차, 기차는 빨라– 기차(汽車)라고 합니다.

다음으로 '氣'란 글자는 무엇을 뜻할까요?
氣는 솥에 물(氵)을 끓일 때 나오는 김인 汽와는 달리,
쌀(米)을 넣고 밥을 지을 때 나오는 김을 나타냅니다.
둘 다 '뭔가를 움직이게 하는 기운'인 건 똑 같습니다.
　　그러나 물을 끓일 때 나오는 김(汽)은 기계나 기차를
움직이게 할뿐이지만, 쌀을 넣고 끓일 때 나오는 김(氣)은,
인간을 살아 움직이도록, 즉 '기운이 나게' 도와줍니다.
솥 안에 물(氵) 들었는지, 쌀(米)이 들었는지에 따라,
같은 김이라도 전혀 다른 뜻의 글자가 되는 것입니다.
그래서 氣는, 눈에 보이지는 않지만,

'무언가를 살아 움직이게 하는 힘, 즉 기운'

을 뜻합니다.
생명체에 氣가 없으면, 병들거나 죽게 됩니다.
이것이 '氣'란 글자가 담고 있는 첫 번째 속뜻입니다.
여러분께선 이 氣의 첫 번째 의미를, 곧이어 소개할 글
'정 · 氣 · 신'을 읽을 때까지 잊지 마시길!
氣란 글자 속에 쌀(米)이 들어있다는 것도 함께!

　　요즘 우리 주변에서 氣에 관해 알고 싶어 하는 사람들이
읽을 만한 책은 대부분 일본 사람들이 쓴 책입니다.
(제 경험으론, 그 책들도 영양가 없기는 매한가지였지만.)

우리나라 사람이 쓴 제대로 된 氣에 관한 책을 찾기가,
'하늘에 별 따기'란 말씀!
왜 그러냐고요?
당연하죠.
氣에 대해 제대로 아는 사람이 별로 없으니까요.

　여러분 중에 혹시 동서양의 학자나 의사들이
함께 모여 대체의학(代替醫學)이나 氣에 관해 토론하고
연구하는 자리에, 이 땅의 氣 전문가께서
한 자리 끼어들어 앉아있었다는 말을 들어보셨나요?
동양 쪽은 몽땅 중국과 일본 사람뿐이랍니다.
그런 모임에서 우리를 부르지도 않지만,
불러줘도 고민입니다.
마이크 잡고 말 한마디 잘못하면, 쏟아지는 질문의
'융단폭격'을 당하는 데가 국제학술토론 자리이니까요.

　앞에 소개한 1장(章)을 포함해서
이 장에서 소개하는 이야기들은,
엄밀히 말해, 제3장 〈마음〉을 이야기하기 위한
기초 설명이자 무척 긴 '예고편'이라 할 수 있는데,
여러분께 제가 미리 분명히 말씀드릴 수 있는 것은,
우리가 지금까지 보고 듣고, 배워 알고 있는 것들은,
실제론 '빙산(氷山)의 일부분'이란 사실입니다.

앞으로 등장하는 놀랍고, 때로는 신비한 사례를 통해, 여러분 중에는 이전에 생각해왔던 삶의 개념이 온통 뒤바뀌는 매우 충격적인 경험을 할 분도 계시리라 확신합니다. 단(但),

-여러분의 머릿속에,
일생에 도움이 안 되는
편견(偏見)과 선입견(先入見)만 없다면!-

천氣누설

이 글의 제목은, '천氣누설(漏泄)'입니다.
점쟁이나 역술인들이 하는 천기(機)누설이 아니란 말씀!

'천기(天氣)'란, 온 우주에 깃들어,
'천지간에 존재하는 모든 것들을 움직이게 하는 기운(氣)'
을 뜻합니다. 반면에 '천기(天機)'는, '인간의 삶과 관련된,
매우 중대한 '비밀(機)'을 일컫는 말입니다.
앞의 것은 우주만물이 대상이고, 뒤의 것은 인간들을 위한
것이니, 天氣와 天機는 격(格) 자체가 다른 말입니다.
그래서 비밀이나 조짐(兆朕)을 뜻하는 天機는, 돈을 받고
-물이 새나가듯 슬쩍- 누설(샐 漏, 泄)할 수도 있지만,
天氣는 우주와 대자연의 원리이자 진리(眞理)인 까닭에,
돈을 받고 떠들어대고 말고 할 성질의 것이 아닙니다.
그래서 天氣엔 '누설'이란 표현도 적절치 않습니다.
하지만 지금 저는 여러분께 天氣를 누설하려고 합니다.

제가 굳이 누설이란 표현을 쓰는 까닭은,
지금부터 여러분께 드릴 이야기는,
과거 어느 누구도 이와 같은 내용으로 氣를 정의(定義)하고
설명한 적이 없는지라, 제 딴에는 '비밀스럽게' 전하는
느낌도 있기 때문입니다.

*　　　*　　　*

　-해가 지고, 달이 뜨고, 바람 불고, 눈, 비 오고,
　　어떤 날은 맑은 하늘에서 날벼락까지 떨어지고-

　까마득한 옛날 사람들에게 하늘에서 펼쳐지는 자연현상
은 무척 신기하고, 한편으론 두려운 것이었을 겁니다.
그런데 유심히 살펴보니, 하늘이 떠는 '난리법석'이 그냥
심심해서, 또는 우연히 생기는 현상이 아니란 사실도 어렴
풋이 알게 되었을 겁니다.

　그래서 날벼락에 안 맞아죽고, '밤새 안녕?' 하며 살펴
다보니, 별 수 없이 하늘의 변화와 그날 그날의 날씨를 눈
여겨 지켜볼 수밖에 없었을 것이고, 또 그러다보니 하늘의
움직임엔 일정한 규칙이 있다는 것도 알았을 겁니다.

하지만 하늘의 움직임이란 것이, 하찮은 인간의 힘으론 어찌해볼 수 없는 것이란 엄연한 사실도 알게 되자, -굶어죽거나 얼어 죽지 않기 위해선- 하늘의 변화와 움직임, 즉 '天氣'에 눈을 뜨는 것 말고는 뾰족한 방법이 없었을 것입니다. 이것이 인간이란 동물이 우주 천지 만물의 氣에 관심을 갖게 된, '섬마'이자 '걸음마'입니다.

오늘날 氣가 의미하는 바는 여러 가지입니다.
앞서 저는 氣가 지닌 첫 번째 의미가, **'무언가를 살아 움직이게 하는 힘, 즉 기운'**이라고 말씀드렸습니다.
이와 함께 그 옛날 누런 강(黃河) 유역에 살던 족속들에게 氣가 지닌 두 번째 의미는,

'날씨가 변하는 상태나 모습'

즉 **'기상**(氣象, weather)'입니다.
그래서 3000여 년이 흐른 오늘날에도,
-'氣상위성을 이용해서 일氣예보를 하는 대한민국 氣상청'에서처럼- 氣란 말이 아시아 동쪽 여러 나라에서 널리 쓰이고 있는 겁니다.
다시 말씀드리지만, 만약 여러분께서 氣의 실체를 알고 싶다면, 氣에 담긴 첫 번째와 두 번째 의미를 **'정·氣·신'** 이란 제목의 글을 읽을 때까지 기억하시길!

예나 지금이나, 눈만 뜨면 해를 볼 수 있습니다.
아침이면 떴다가 저녁이면 지는 해는, 늘 한결같이 동그란
모습입니다. 그런데 밤하늘을 밝혀주는 달은, 날이 바뀜에
따라 모양이 차고 이지러집니다. 무척 신기합니다.

그래서 까마득한 옛날,
누런 땅에 사는 누군가가 매일 밤 '달마중'을 나갑니다.
그렇게 하릴없이 넋을 놓고 달을 바라보길 몇 날 며칠.
이지러졌던 달이 다시 차기까지 날수를 세어보니
거의 29일이 걸립니다. 이 29일을 한 달로 정하고,
그렇게 12번을 되풀이하고 나니, 처음 달을 바라보기
시작했을 때와 얼추 비슷한 그맘때입니다.
그렇게 해서 12달을 모아 일 년(年)으로 정하고,
달을 보고서 만든지라 '태음력(太陰曆)' -짧게 줄여-
'음력'이라고 부릅니다. 바야흐로 인류 역사(歷史)상
최초로 '달력(曆)'이란 물건이 등장한 것입니다.

한자 曆(력)은 '시간의 흐름'을 뜻합니다.
역(曆)을 처음 발명하고 나서 제법 세월이 흐른 뒤,
어느 해부터인가 '역'이 약간 '맛이 가기' 시작합니다.
고장 난 시계처럼 달력(曆)이 잘 안 맞게 됐다는 말씀!
예를 들면, 몇 해 전엔 섣달(12월)에 눈이 왔는데,
올해 섣달은 눈은커녕 나뭇잎이 파랗기만 합니다.

이게 도대체 뭔 일이래?

그래서 또다시 하염없이 '달바라기'를 한 결과, 달이 한 번 차고 이지러지는 29일을 한 달로 정해서 1년으로 하면, 매년 11일가량 날수가 모자란다는 걸 알아챕니다.

그래서 응급조치로 몇 년에 한 번(정확히는 19년에 일곱 번), 윤(閏)달이라 이름하는 '썩은 달'을 더 만들어 달력에 끼워 넣게 됩니다.

옛날 어른들께서 쓰던 말에, 늘 똑똑한 척하지만, 알고 보면 어리석은 사람을 가리키는 '윤(閏)똑똑이'란 말이 있는데, 이는 19년에 일곱 번 돌아오는 윤달에만 똑똑한 사람이니, 결국은 '헛똑똑한 사람'이란 뜻입니다.

이렇게 음력을 가지고 법석을 떨던 그 시절,
또 한쪽에서는 누군가가 해가 뜨고, 꽃이 피고, 비 오고, 천둥, 번개에 바람까지 불고, 눈 내리는 하늘을 하염없이 쳐다봅니다. (그런데 이번엔 밤하늘이 아닙니다.)
그렇게 오랜 세월 '해바라기'를 한 끝에,
신통하게도 뭔가 새로운 걸 알아냅니다.
지금 생각해 봐도 참으로 대단한 발견입니다.
뭐냐고요?
해가 뜨고 지는 하늘의 움직임(天氣)이 365일을 주기(週期)로, 규칙적으로 바뀐다는 걸 알아낸 겁니다.
마침내 태양력(太陽曆), '양력'이 탄생하는 순간입니다.

그런데 이와 비슷한 시기인 기원전 3천 년경,
지구 서쪽의 이집트(Egypt) 사람들은, 하늘만 쳐다봤던
동쪽 사람들과 달리, 오랜 세월 강(江)을 뚫어지게 바라보
다가, 마을 앞을 흐르는 나일(Nile)강에 홍수(洪水)가 날 때,
하늘에 떠있는 해의 위치가 매년 똑같다는 걸 발견하곤,
동쪽 사람들과 똑같은 태양력을 만들어냅니다.

　허구(許久)한 날, 해만 쳐다본 동쪽 사람이나, 매년 물난
리를 겪으면서도 태양력을 발명한 서쪽 사람이나, 양쪽
모두 집중력 하나만은 정말 대단하다고 하겠습니다.
컴퓨터도 없던 시절에 그걸 어떻게 알아냈고, 또 그것을
알아낼 때까지 얼마나 오랜 세월을 하늘만 쳐다봤을까요?

　그런데 더 놀라운 건, 그 다음입니다.
동쪽의 누런 땅 사람들은 한술 더 떠, 한 해 365일의
날씨가 정확히 24토막으로 나뉘어 변함없이 돌고 돈다는
사실도 알아냅니다. 정말 놀랍고 대단하지 않나요?
이것을 알아낸 그들 자신도 무척 놀라고 기뻤을 겁니다.
그래서 부모가 자식을 낳으면 이름부터 짓듯이, 이 '자랑
스런' 24토막에, 오는 순서대로 이름을 지어줍니다.
-입춘, 우수, 경칩, 춘분. 청명, 곡우, 입하, 소만…… -
그리고 나서 15일 간격으로 어김없이 찾아오는 이것들을
모두 통틀어, '氣'란 이름으로 부릅니다.

이제 氣만 알고 있으면, 농사짓는 건 '어린애 팔비틀기'입니다. 이것이 氣란 말이 인간들의 삶의 현장에 구체적이고, 쓸모 있는 모습으로 등장한 첫 사례입니다.

氣가 둘 모이면 '달(月)'이 되고, 여섯이 모이면 '절(節)'이 됩니다. 예전에 서울로 유학(遊學)간 자식들이 시골에 계신 부모님께 생활비를 올려달라고 편지를 쓸 때면, 어김없이 편지 앞 부분을 장식하던 그 화려한 꾸밈말!

- 부모님 전(前) 상서(上書)
양춘가절에 옥체후 일양 만강하옵시고-

여기에 등장하는 '절'이, 바로 이 절(節)입니다.
한 해엔 절이 -봄, 여름, 가을, 겨울- 넷 있습니다.
이를 '계절(季節)'이라고도 부릅니다.
또 계절과 24개의 氣를 합쳐 '24절기(節氣)'라고 합니다.
절(節)을, 토박이 우리말로는 '철'이라고 합니다.
어떤 아이더러 '철났다'라고 말한다면, 이 아이가 드디어 봄, 여름, 가을, 겨울을 구분할 줄 안다는 걸 뜻합니다.

한편 氣가 여섯이 모여 이뤄진 절(節)과는 반대로, 氣를 닷새 간격으로 더 잘게 쪼갠 것을 '후(候)'라고 하고, 氣와 합쳐 '기후(氣候)'란 말도 쓰게 됩니다.
기후의 토박이 우리말은 '날씨'입니다.

여러분께선 지금까지 氣를 설명하는 제 글이 따분하다고 느끼셨습니까?
아마도 氣가 뭔가 신기한 '그 무엇'일 거라고 기대했던 분들께는 무척 지루하고, 그래서 재미없는 내용이었을 겁니다. 하지만, 여러분이 상상했을지도 모를 '신통방통한'
'氣'란 말의 속뜻과 본질은,
제가 지금까지 설명 드린 내용이 맞습니다.

그리고 앞으로 이 책에서 소개할, 어찌 보면 황당하게 느껴질지도 모를 '신비로운 氣'의 실체를 알기 위해선,
제가 지금까지 말씀드린 내용을 - 숙지(熟知)까지는 아닐지라도- 적어도 이해(理解) 정도는 하실 필요가 있습니다.
지금까지 말씀드린 내용을 한 번 더 정리합니다.

> -하루가 다섯이 모여 후(候)가 되고,
> 후(候)가 셋이 모여 氣가 되며,
> 氣가 둘 모여 '한 달(月)'이 되고
> 氣가 여섯이 모여 계절(節)이 되며,
> 절(節)이 넷 모여 4계절,
> 즉 일 년(年)이 됩니다.-

이렇게 온 우주에 깃들어, 변함없이 돌고 움직이는
하늘과 땅(天地)의 기운이 바로, '天氣'입니다.

보름마다 어김없이 찾아오는 氣는 요즘도 벼농사를 짓는 데 없어서는 안 될 소중한 것입니다.

왜냐고요?

농부가 '24절氣'를 몰랐다간 굶어죽기 십상(十常)입니다. 왜냐하면 매 절氣마다 해야 할 농삿일을 단 한 차례라도 미루거나 어겼다가는, 그 해 가을 농부의 손아귀엔 쭉정이만 가득할 게 뻔하니까요.

그렇기에 부지런한 농부는 1년 4계절 24절기 내내 한시도 쉴 짬이 없고, 가을이 되면 거짓 없는 하늘과 땅은, 그런 농부에게 애쓴 만큼의 보답을 하는 것입니다.

어떤 사람들은 옛 사람들이 음력(陰曆)을 써온 것을 미개(未開)한 탓이라고도 말하는데, 제 생각엔, 그런 말을 하는 사람들이야말로 머리가 '덜(未) 열린(開)' 사람입니다.

지금도 그렇지만, 옛 선조들께선 농삿일에는 정확한 태양력인 24절氣를 썼고, 지구와 달이 서로 끌어당기는 힘인 인력(引力)으로 인해 생기는 바닷물의 변화를 때맞춰 알아야 하는 바닷일에는 2천 년 넘게 음력을 함께 써온, 어느 누구보다 氣를 잘 알고 있고, 天氣를 일상생활에 활용해 온, 지극히 지혜로운 분들이었기 때문입니다.

우주를 감싸고 있는 큰 기운인 天氣가 있기에, 날마다 氣후가 바뀌고, 24절氣가 돌고 돌아 한 해가 오고갑니다.

氣는 언제나 그렇게 우리 곁에 있어왔습니다.
어떤 이들은 氣가 눈에 보이지 않는다는 이유로,
또는 손에 안 잡힌다는 이유로,

    -氣란 것은 없다! 사기(詐欺)다!-

라고 외칩니다.
그렇다면 그런 분들은 빛이나,
하늘에 가득한 '공氣(하늘 空)'마저도 없다고 할 분이니,
그분들은 태양 없이도 잘 살고, 공기를 마시지 않고도
살 수 있는 '별난 종자(別種)'임에 틀림없습니다.

    -철도 모르는 철부지(不知)에,
     윤(閏)똑똑이들 같으니라구!-

氣 철학

    누런 땅에 살던 누런 사람들 곁에 달력(曆)이 자리하게
되자, 이로부터 어둠과 빛, 즉 '음양(陰陽)'의 원리와 함께,
천지만물이 생기고 번성하고 없어지는 과정을 '나무, 불,
흙, 쇠, 물(木火土金水)' 다섯 원소(元素)가 물고 물리는 관계
로 보는 '오행(五行)'의 원리가 싹트게 됩니다.
또 이와 함께 음과 양, 오행을 바탕으로 '易(역)'이라 이름
하는 철학(哲學)도 생겨납니다.
철학이란 말에서 哲의 뜻과 음은 '밝을 철'입니다.
음양오행의 원리를 깨닫고 나니, 누르스름한 족속들의
세상을 살아가는 지혜가 훨씬 '밝아'졌나봅니다.

-歷(역), 曆(역), 易(역)-

    우리말 발음은 셋 다 똑같지만,
'歷'은, 대학 졸업을 앞둔 '취준생'들이 취직을 하기 위해
수없이 써대는 이력서(履歷書)에서처럼, 지나간 **과거**를,

'曆'은 양력, 음력 등 달력에서처럼 '**현재**'를,
'**易**'은 세상만물이 氣를 지니고 태어나서, 자라나고, 번성,
멸망하고, 또다시 태어나는 원리를, '괘(卦)'라 이름하는
64개 '아이콘(icon)'을 이용해서 '**미래**'를 예측하는
사상(思想)이자, 철학을 말합니다.

　이렇게 음양오행의 원리에서 출발한 역(易)은, 누런 땅
에 처음으로 나라다운 모습을 한 주(周,1046 b.c.~256 b.c.)
나라 때, '주역 (周易: 주나라의 역)'이란 새 이름으로 더욱
체계적으로 정리되어 오늘날까지 전해지게 됩니다.

　주나라가 망하고 뒤이어 전개된 춘추전국시대에 이르러
봇물 터지듯 등장한 -물에 빠져도 입만 동동 뜰- 수많은
사상가(諸子,제자)와, 별의별 잡다한 학문을 연구한답시고
모여든 엄청 많은 패거리들(百家,백가)에 의해, 주역은 다양
한 의미, 다양한 모습의 '氣 철학'으로 진화, 발전합니다.

　이왕 氣 철학이란 말이 나온 김에, 조금 재미없긴 하지
만, -지금 아니면 여러분께서 이런 내용을 접할 기회도 많
지 않으실 것 같아서- 지금부터 저는 그 당시 많은 '제자
백가' 그룹에 한 자리 차지하고 앉아, 중구난방(衆口難防)에
백가쟁명(百家爭鳴)하던 유명인사들 중에서, 氣에 대해서
'한 말씀'하신 분들의 기록을 모아 전해드리겠습니다.

미리 말씀드릴 것은, 제가 지금까지 '누런 땅'이라고 불렀던 곳은, 주나라 이후로 더 이상 누런 땅이 아닙니다. 이때부턴 어엿한 나라 이름들이 있어왔으니까요.

그런데 요즘 그 땅에 사는 사람들은,

-중화 요리, 중화 인민공화국에서처럼- 자기들이 세계의 중심(中)에 핀 꽃(華, 화)이라고 우겨댑니다.

이 말 속엔, 자기의 주변 것들은 - 우리 민족까지 포함해서- 모두 싸잡아 '잡초(雜草)'라고 여기는 듯한 느낌이 들어, 저 자신 이 말을 쓰는 것이 영 내키지 않지만, 지금부턴 저도 이 누런 땅을 '중국(中國)'이라고 부르겠습니다.

그들과 달리, 우린 '동방예의지국'이기에!

현재 중국에 남아있는 책 중에서, 氣란 글자가 등장하는 가장 오래된 기록은 『도덕경, 道德經』입니다.

이 책은, 날 때부터 늙어서 태어났다고 전해지는, 그래서 이름마저도 '노자(늙을 老)'린 사람이 기원전 6세기경에 지었다고 전해지는데, 다 합쳐봐야 5,000자 남짓한 이 책이, 출판(?)될 때부터 시작해서 오늘까지 수많은 사람들로 하여금 평생 붙들고 씨름하게 하는 걸로 봐선, 이 책 속엔 사람을 끌어들이는 뭔가가 있기는 있나봅니다.

『도덕경』엔 氣란 말이 두 차례 등장합니다.

5,000여 자 중에 딱 두 번 등장하는 게 조금 아쉽기는 하

지만, 이 氣란 말은 『도덕경』을 바르게 이해하는 데 있어,
-반드시 알아야 할- 지극히 중요한 낱말입니다.
그 둘 중 하나가 아래 소개하는 짧은 글귀인데, 이 말 속엔
그 당시 중국 사람들이 생각한 우주와 천지 만물이 생기는
과정이 매우 간결하고 명쾌하게 담겨있습니다.
원문이 한문(漢文)이라서, 평소 한자에 별 관심이 없거나,
한자를 잘 모르는 분들께선 조금 낯설어할지도 모르겠는
데, 그렇더라도 제가 드리는 설명을 천천히 따라오시면,
이해하는 데에 큰 어려움은 없으리라 생각됩니다.
한문 공부가 아닌지라, 음역(音譯)은 생략합니다.

"道生一, 一生二,

二生三, 三生萬物,

萬物負陰而抱陽, 沖氣以爲和"

(도가 하나를 낳고, 하나가 둘을 낳으며,

둘이 셋을 낳고, 셋이 만물을 낳으니,

만물은 어둠을 짊어지고 빛을 품고

따뜻한 氣로 조화를 이룬다.)

　위의 번역을 번역계통의 전문용어로는 축자역(逐字譯)이
라고 합니다. 축자역이란, '글자(字) 본래의 뜻을 좇아서
(逐) 우리말로 바꾸는 방법'을 말하는데, 축자역만으로는

100

글의 뜻도 잘 살지 않고, '하나, 둘, 셋 어쩌구' 하는 것이
어린이가 유치원에서 숫자 배울 때 부르는 노래 같은지라,
제가 원문의 뜻을 살려 다시 우리말로 바꿔보면,

"도에서 우주가 생겼고,
우주에서 어둠과 빛이 생겼으며,
어둠과 빛에서 氣가 생기고,
氣에서 온갖 것들이 생겨나니,
세상만물은 어둠과 빛에 둘러싸여,
따뜻한 氣를 통해서 서로 조화를 이룬다."

이제 이해가 되십니까?
아직도 감(感)이 안 오는 분들께선 그냥 '통과'하시길.
그래도 굳이 알고 싶으시다면,
'一'은 우주, '二'는 음양, '三'은 氣라고 알아두시면 OK!

여기서 '도(길, 이치 道)'라 함은 하늘의 이치, 즉 '天道'를
말하는 것으로, '만물의 근원, 우주운행의 원리, 천지만물
의 창조주' 정도로 이해하시면 될 듯.
결국 노자가 생각한 氣란,
우주의 어둠과 빛(陰陽)에서 생겨나,
세상만물을 있게 하고, 또 그것들을 조화롭게 하는
'부드럽고 따뜻한 기운(沖氣)'입니다.

이와 함께 『도덕경』에는 氣가 한 차례 더 등장합니다.

"氣를 모아 부드럽게 해서 아이처럼 될 수는 없는가?"
(專氣致柔 能嬰兒乎)

이 글귀는, 이후 -병에 걸리지 않고 오래 살 수있도록 몸 관리를 잘 하는- 양생설(養生說)의 근거가 되었고, 당(唐)나라 때에 이르러선, 氣를 몸 안에서 잘 돌리기 위한 호흡법과 체조법 등이 널리 유행하게 되었으며, 한발 더 나아가 안 늙고 안 죽는(不老不死) 것을 최종 목표로 하는 도교(道敎)나 선도(仙道) 같은 종교가 중국에 쫙 퍼지게 됩니다.

『도덕경』에 이어, 노자의 후계자 격인 장주(莊周)가 쓴 책이라고 알려져 있는 『장자, 莊子』에는 天氣, 지氣(땅 地), 운氣(구름 雲), 음양의 氣 등 갖가지 자연의 氣가 등장하고,

"사람이 태어나는 것은 氣의 모임이다.
氣가 모이면 삶이 되고, 氣가 흩어지면 죽음이 된다."
(人之生, 氣之聚也, 聚則爲生, 散則爲死)

라는 유명한 구절도 들어있습니다.

또한 노자와 같은 시대에 살았다고 알려진 공자(孔子)의 언행(言行)을 모아 훗날 제자들이 쓴 책인 『논어, 論語』에

네 차례 등장하는 氣는 -평소 공자의 사상이 그러했듯- 주로 인간과 관련된 氣를 이야기하고 있습니다. 그중에서 한 부분을 소개하면 다음과 같습니다.

"군자(君子)에겐 세 가지 조심할 일이 있으니(有三戒),
젊어선 혈氣가 불안정하니 여자를 조심하고(戒之在色),
장년엔 혈氣가 왕성하니 싸움질을 경계하며(戒之在斗),
늙어선 혈氣가 쇠약하니 뭐든 챙기려는 욕심(戒之在得)
을 경계하라."

다음으로, 공자의 뒤를 이은 맹자(孟子)께선,

"氣는 온몸에 가득 차 있다."

(氣體之充也)

라고 주장하면서, 인간은 누구나 '호연지기(浩然之氣: 천지 간에 가득한 넓고 큰 기운)'를 기를 것을 강조하고 있습니다.

이렇게 천지와 자연에 있는 氣를 닮고, 보존하고, 기르는 공부가 송(宋, 960 a.d.~1279)나라 때 이르러선 유학자(儒學者)들의 보편적인 수양법의 하나로 자리하게 됩니다. 그런데 氣의 개념이 처음과는 달리, 관념적이고 추상적인 쪽으로 변하게 된 시초도 송나라 때인데, 유학자 주희(朱熹)에 의해 집대성된 '주자학(朱子學)'이 그것입니다.

내일모레 죽을지언정 대의명분(大義名分)을 중시하고,
'理(리: 이치, 본질)'와 '氣(나타나는 현상)' 둘에 의해
자연과 사회, 인간의 관계를 설명하는 이기론(理氣論)을
근본으로 하는 주자학은,
바다 동쪽 고려(高麗)로 '수출'되었고,
이어 등장한 조선(朝鮮)시대엔,
-理와 氣가 하나인가? 아니면 둘인가?-를 놓고
허구한 날, 패거리 '쌈박질'을 하다가,
결국 일본에 나라까지 내주는
氣 막히는 꼬락서니의 '씨앗'이 되기도 합니다.
정작 공자께선 '싸움질'을 경계하라고 하셨거늘!

끝으로 제자백가(諸子百家) 중의 하나인 음양가(陰陽家)는,
음양오행(陰陽五行)에 의해 天氣의 이치를 밝히려했고,
이런 노력은, 주역(周易)과 더불어 인간의 길흉(吉凶)을
예측하고 대비하는 역술(易術), 풍수(風水), 점술(占術),
사주(四柱), 명리(命理), 작명(作名) 등 온갖 재주(技,기)와
꾀(術,술)로 꽃피게 됩니다.

이밖에도 의학, 氣공, 권법(拳法: 싸움기술) 등에 이르기까
지 수없이 많은 갈래로 갈라지게 되어, 오늘날엔 도대체
氣의 실체는 물론이고, '氣 철학'이 뭔지조차 알 수 없을
정도로 헷갈리는 지경에까지 이르게 됩니다.

서울 미아리 고개에서 '대학 합격점(占)'을 봐주고, 바람난 남편을 돌아오게 해주며, 선거에 당선되게 해준다는 부적(符籍)을 파는 집의 간판에도, '철학관'이란 이름이 버젓이 등장하는 세상이란 말씀입니다.

*뱀 다리 (蛇足)

　지금까지 5000년 넘게 이어져온
중국의 氣 철학을 말씀드리느라,
헐레벌떡 달려온 저도 숨이 차지만,
눈 시리고 골 아픈 한자에
-재미 1도 없는- '철학 어쩌구'를 읽느라,
여러분께서도 고생 많으셨습니다.
그런데 또.....

침

　서방 세계의 TV 화면에 처음 보는 놀라운 장면이 펼쳐
집니다. 머리에 쇠바늘을 수십 개 꽂은 환자가 '내 배 째
라!'는 듯, 편안한 표정으로 수술대 위에 드러누워 있고,
곧이어 의사들이 마취도 않고 그 환자의 배를 칼로 쨉니다.
그런데 정작 수술대 위의 환자는 태연히 웃고 있습니다.
이를 지켜본 서양 사람들은 자기들의 눈앞에서 벌어지는
기묘한 광경에 모두 멀쩡한 자신의 눈을 의심합니다.

　방금 소개한 장면은,
1972년 미국 대통령으로선 처음으로 중공(中共, 당시의 중
국)을 방문한 닉슨(R. Nixon)에게 중공 사람들이 준비한
'깜짝쇼'의 일부인데, 이는 얼마 뒤 전화도청 사건으로 대
통령 자리에서 물러나게 된 닉슨씨가, 미국 탁구선수들을
데리고 중공에 가서 보았던 가장 기억에 남는 장면 가운데
하나였을 겁니다.

그 당시 가난에 찌든 중공 사람들은, 세계 최고 부자 나라이자 문명 국가인 미국의 대통령을 맞으면서, 무엇을 보여줄 것인가를 놓고 무척 고민했을 겁니다.

-가진 건 없고, 만만하게 보이긴 싫고.-

그래서 생각해낸 것이 자신들에겐 일상적인 것이지만, 서양사람들로선 감히 상상도 할 수 없는, 마취도 하지 않고 환자를 수술하는 '깜짝쇼'였을 것입니다.

그 당시 미국은 중공을 '대나무(竹)의 장막'이라고 부르고 있었는데, 이 말에서 알 수 있듯이, 미국이 중국에 대해서 아는 게 '쥐뿔'도 없었던 때가 그 시절이었습니다.

*　　*　　*

'一灸, 二鍼, 三藥 (일구, 이침, 삼약)'

예로부터 중국 의술(醫術)에서 내려오는 이 말을 쉽게 풀면, '가장 으뜸이 뜸(灸)이요, 그 다음이 침이고, 셋째가 약'이란 말입니다. 병에 걸려 아플 때, 먼저 약을 써봐서 안 들으면 다음으로 침을 맞고, 침마저도 효과가 없을 때 마지막으로 뜸을 뜨라는 뜻의 이 말에서, 쇠바늘을 아무데나 쿡쿡 찌르는 것처럼 보이는 침(鍼)이, 중국에선 약(藥)보다 훨씬 더 무게가 나가는 걸 알 수 있습니다.

자동차의 '보닛(bonnet)'을 열듯 환자의 몸을 열어 과학적으로 진단, 처방, 수술, 회복시키는 서양 의학과는 달리, 눈으로 보거나 손목을 한 번 잡아본 뒤, 살갗에 불을 지피거나, 쇠바늘을 찌르고, 이상한 풀을 뜯어 먹이는 -그래서 서양 사람들의 눈엔 무척 한심(寒心)해 보이는- 방법으로 환자를 치료하는 게, 중국이나 우리의 전통 의술(醫術)입니다.

그렇다면 앞서 소개한 TV 화면에 등장한 환자는
마취를 않고 배를 쨌는데도 정말 안 아팠을까요?
정답은, 'Yes!'입니다.
침을 이용한 깜짝쇼의 비밀을 알기 위해선, -머리가 무척 복잡해질 것을 예감하지만- 여러분께선 먼저 경락(經絡)과 혈(穴)이 뭔지를 알아야 합니다. 왜냐하면, 경락과 혈을 모르고선 침을 '한 방'도 놓을 수 없기 때문입니다.

누런 땅 족속들이 알아낸 '天氣'가 인간들의 삶에
처음 쓸모있게 자리한 것이 벼농사였고,
天氣가 흐르는 원리인 음양오행(陰陽五行) 철학을
사람의 몸에 그대로 적용한 것이 중국 의학이며,
중국 의학의 토대를 이루는 것이, 바로 경락과 혈입니다.

그러니 경락과 혈은 -이 둘을 모르고선 동양 의학에 대해 입도 뻥긋해서도 안 되고, 할 수도 없는- 수천 년을 내

108

려온 중국 의학의 '알파이자 오메가'요, 진수(眞髓)인 셈입니다. 경락과 혈이 무엇인지 알기 위해서, 여러분께선 잠시 과거로 시간 여행을 떠날 필요가 있습니다.

자기 조상들이 만든 글자에 한자(漢字)란 이름을
붙여가며 으스대던 한(漢)나라 때인 기원전 1세기.
굳이 참견 안 해도 될 일에 '입 바른' 소릴 해가며 나대는
바람에, 임금한테 미움을 사서 그 벌(罰)로 남자에게 가장
중요한(?) '그것'이 잘리게 되자, 자살(自殺)하고픈 충동을
겨우겨우 삭여가며 오직 오기(傲氣) 하나로 쓴,
130권, 52만 6,500여 자에 달하는 역사책이 있습니다.
글쓴이는 사마천(司馬遷), 책 제목은 『사기, 史記』.

사마천의 피맺힌 한(恨) 때문인지, 아니면 이 '남성'에
대한 동정심 때문인지는 몰라도, 요즘도 지구촌의 많은 남
성들이 이 책을 사보곤 해서, 이 책은 2천 년 넘게 전 세계
책방의 '스테디셀러(steady seller)'로 자리하고 있습니다.

흥미로운 것은, 이 책의 〈열전, 列傳〉편에는 그 옛날 황
제(黃帝) 때부터 사마천이 살고 있던 당시까지, 뭐든지 한
분야에 뛰어난 사람들 -철학자, 갑부(甲富), 족집게 도사(日
者), 자객(刺客, sniper), 미인(美人), 코미디언(滑稽) 등- 일흔
명이 줄줄이 등장해서, 읽는 이들에게 쏠쏠한 재미를 주고

있는데, 그중 한 사람이 의사 '편작'이란 인물입니다.

  그와 얼추 비슷한 시기인 기원전 5세기 그리스에 살았던 히포크라테스와 함께 동, 서양을 대표하는 명의(名醫)로 알려져 있는 편작(扁鵲)을, 대부분의 사람들은 그의 이름이라고들 알고 있는데, -그게 아니고-
전국(戰國)시대 당시의 중국에선 아픈 사람들을 치료하는 의사를 '편작'이라고 불렀습니다.
제가 지금 여러분께 소개하려는 편작은, 그중 실력 면에서 대표선수격인 진월인(秦越人)이란 사람입니다.
들리는 소문엔, 죽은 사람도 살렸대나 어쨌대나…….
경락과 혈에 대한 여러분의 이해를 돕기 위해,
〈열전〉에 기록된 그의 일화(逸話)를 소개합니다.

〈# 장면 하나〉
  이웃 나라 태자(太子)가 죽었답니다.
그 말을 전해들은 편작이 한마디 합니다.

  "걘 죽은 게 아니고 까무러친 건데……."

태자가 죽자, 자기 목숨도 덩달아 위태로워진
태자의 주치의가 '밀져야 본전'이다 싶어,

  "그럼 네가 한번 살려 봐라."

라며 딴죽을 겁니다.

110

그 말을 들은 편작이 사람들을 시켜 숫돌에 쇠를 갈아 뾰족하게 만든 뒤, 태자 몸에 마구 찔러댑니다. 그랬더니 죽었던 태자가 눈을 뜹니다. 이에 신이 난 편작이 약을 먹이고 어쩌고 하니까, 20일 뒤에 멀쩡히 낫습니다. 발 없는 [말:] 이 [말] 을 타고 사방팔방 달려갑니다.

　　　　　　-편작은 죽은 사람도 살려낸닷!-

이에 편작이 대꾸합니다.

　　　　-그건 나중에 서쪽에서 태어날 예수란 사람이
　　　　보여줄 묘기(?)이고, 나는 그저 음氣가 쇠하고,
　　　　양氣가 끊긴 그의 몸에 침을 놓아서, 아직 안 죽은
　　　　사람을 살렸을 뿐이라니깐!-

이것이 침(鍼)을 언급한 중국 최초의 기록입니다.

〈# 장면 둘〉

　제(齋)나라의 높은 양반인 환후(桓候)에게 편작이 아는 체를 합니다.

　　"당신 지금 병들었는데……"

환후가 성질을 냅니다.

　　"쓸데없는 소리 말어!
　　하여간 편작이란 돌팔이들은 없는 병도 만들고는,
　　자기가 치료해서 나았다고 하고 싶어 저런다니까!"

닷새 뒤, 편작이 또 입을 엽니다.

　"당신 병이 혈맥(血脈)으로 옮아갔는데……,"

　"난 병이 없다니깐, 자꾸 헛소리여?"

닷새 뒤 편작이 또 다시 한마디를 던집니다.

　"이젠 병이 장위(臟胃)으로 번졌는데……,"

　이젠 말 같지도 않은지, 환후가 대꾸도 않습니다.
또 닷새 뒤, 편작이 환후를 보자마자 잽싸게 도망갑니다.
그러고 나서 닷새 뒤, 환후가 죽습니다.
뒷날 편작이 그때의 일을 회상합니다.

　"처음 환후를 봤을 때, 약으로 치료할 수 있었다,
　그 다음 혈맥에 이상이 있었을 땐, 침(鍼)으로
　손쓸 수 있었다, 그 다음 병이 장위로
　옮아갔을 때, 약술로 치료할 수 있었다,
　그런데 끝내 병이 뼛골(骨髓)에 이르렀을 때,
　내가 손을 쓸 방법은 없었다, 그래서 도망갔다."

　그런데 이 일로 편작도 꽤 충격을 '먹었던지',
편작 자신도 못 고치는 병이 6가지(六不治)가 있음을
고백했노라고, 『사기』는 적고 있습니다.

그렇다면 천하의 편작도 못 고치는 병이 도대체 뭐래?
아래 소개하는 그의 말은 2500여 년이 지난 오늘까지, 병
없이 오래 살고픈 사람들에게 시사(示唆)하는 바가 큽니다.
여러분의 뒷골이 땅길까봐, 한문 원문(原文)은 생략하고,
알기 쉬운 표현으로 조금 바꿨습니다.

　-환자가 꼴값 떨며, 자기 병의 이치를 따지지 않는 경우
　-병보다 돈을 더 아까워하는 경우
　-너무 쇠약해서 약발이 안 받는 경우
　-돌팔이를 믿고, 진짜 의사의 말을 안 믿는 경우
　-체온이나 음식 등 일상의 기본을 오랫동안 소홀히 한 경우
　-음양(陰陽)의 균형이 깨지고, 오장(五臟)의 氣가 없는 경우
　　　"이 여섯 중에서 하나만이라도 정도가 심하면,
　　　　　　　　난 못 고친닷!"

　방금 소개한 〈열전〉의 편작 이야기 속에는,
우리가 주목해야 할 두 가지가 있습니다.
하나는 편작이 환자에게 침(鍼)을 놓고 있다는 사실이고,
또 하나는 '혈맥(血脈)'과 '장위(臟胃)'란 표현을 쓰고 있다
는 점입니다.
　편작이 한 말 중에 혈맥은 서양 의학에서 말하는 혈관
(血管)과는 다른 말입니다. 혈관은 피가 흐르는 대롱(管)이
기에 우리 눈에 보입니다. 반면에 편작이 말한 혈맥(血脈)
은 '피를 움직이게 하는 기운', 즉 '혈氣'입니다.

그래서 혈氣는 우리 눈에 보이지 않습니다.
하지만 '혈氣 왕성하다'란 말은 들어보셨죠?

『사기』에 따르면, 편작이 젊었을 적에 누군가가 건네준
이상한 '공짜' 약을 한 달가량 먹고 난 뒤로, 신기하게도
그의 눈에는 사람의 몸속이 훤히 보이기 시작했고, 몸 안
에 흐르는 氣도 느끼게 되었으며, 氣의 흐름에 문제가 생
기면, 병(病)에 걸린다는 사실도 알게 되었답니다.

몸 안에서 '氣가 흐르는 길'을 중국 의학에선
'경락(經絡)'이라고 합니다. 피가 혈관 속을 흐르듯이,
혈氣는 경락을 통해 전달됩니다.
경락이란 말에서 경(經)은, 우리말로 '세로 줄'입니다.
지도에서 동경, 서경이라고 할 때, 그 경(經)!
다음으로 낙(絡)은 '가로 줄'을 뜻합니다.
그래서 경락은 -혈관이 몸 구석구석까지 퍼져 있듯이-
우리 몸속에서 가로 세로로 연결되어,
혈氣를 몸 구석구석까지 보내주는 통로입니다.

우리 몸엔 세로줄인 경이 12개 있는데, 경은 '5장6부'
와 연결되어 있습니다. 그리고 경에 연결된 가로줄 낙이
15가닥 있는데, 이 낙은, 5장6부에서 경으로 전달된 氣를
받아서 몸에 그물처럼 퍼져있는 낙맥(絡脈)을 통해 몸 구석

구석까지 氣를 보내는 역할을 합니다.

　그래서 중국 사람들은 이 경락을 눈에 보이는 핏줄보다
더 중요하게 여겼고, 더불어 중국 의학에선 예나 지금이나
이 경락을 통해 흐르는 氣가 인간 생명활동의 핵심이라고
여기고 있는 것입니다.

　이 경락과 함께 알아두셔야 할 것이 '혈(穴)'입니다.
경락에는 氣가 가장 잘 반응하는 지점이 좌우(左右) 합쳐서
670 군데 있는데, 이 지점이 바로 '혈'입니다.
우리 몸 어딘가 氣의 흐름이 막히면 병에 걸리게 됩니다.
그러면 氣가 막힌 증상이 몸에 있는 670개의 혈 어딘가에
나타나게 되는데, 증상이 나타난 혈을 찾아 쇠바늘(鍼)을
꽂거나 불을 지펴(灸) 병을 치료하는 의술을,
침구술(鍼灸術), 또는 침구의학이라고 부릅니다.
제가 앞서 소개한 〈# 장면 하나〉에서 보셨듯이, 편작도
이 혈에 침을 놓아 죽어가는 태자를 살렸던 겁니다.

　혈맥과 함께 편작은 '장위(臟胃)'란 말도 쓰고 있습니다.
장위는 우리 몸의 '5장6부(5臟6腑)'를 달리 표현한 말입니
다. 우리가 흔히 쓰는 5장6부란 말, 이거 결코 예삿말이
아닙니다. 이 5장6부는 중국의술을 이해하는 데 있어 매
우 중요한 요소이기 때문입니다. 그런데 지난 날,
저는 이 말만 들으면 '요따위' 의문이 머리에 떠올랐는데,

-중국 사람들은 무슨 기준으로
우리 몸속의 내장을, 어떤 건 5장이라고 하고,
또 어떤 건 6부라고 나눴을까?
싱거운 인간들 아녀?-

그런데 나중에 그들이 그렇게 나눈 까닭을 알고 나선, 옛날 중국 사람들의 지혜가 무척 놀랍고 두렵기까지했던 기억이 있습니다. 여러분도 아래의 제 설명을 읽고 나면, 지난날 제가 느꼈던 것과 비슷한 느낌을 갖지 않을까 싶습니다. 그러니 이제부터 제 설명에 주목(注目)하시길!

여러분께선 앞서 소개한 『도덕경』에서,
'도(道)에서 음(陰,어둠)과 양(陽,빛)이 생겨났고,
음양에서 생겨난 氣에 의해서 천지만물이 생겨났으며,
천지만물은 음과 양에 둘러싸여 따뜻한 氣로 조화를
이룬다'란 내용을 기억하시죠?
『도덕경』에서 이야기한, 우주만물이 생겨나고 움직이는 음양의 원리가, 우리 인체에 그대로 적용된 모습이 氣가 흐르는 경락과 혈이며, 또 이제 말씀드릴 5장6부입니다.

중국 사람들이 우주의 생성원리를 '음양'으로 본 것은, 지금으로부터 4천 500여 년 전, 전설상의 황제인 복희(伏羲) 때부터라고 하니 -그 전설을 믿든 안 믿든-

116

천지만물이 음과 양에 의해 생겨난다는 그들의 생각은 매우 오래되고 뿌리 깊은 것이라 하겠습니다.

이 음양의 원리에 5행(五行)의 원리가 합쳐져,

'천지의 모든 생명들은
음양오행의 氣를 받아 태어나고 죽는다.'

라는 '역(易)' 철학이 생겨났고, 이 역은 대대로 중국 사람들이 살아오는 동안 함께하는, 삶의 좌표(座標)였습니다.

5장6부 역시, 그네들이 심심해서 두 가지로 나눈 것이 아니라, 음양오행의 원리에 따라, 사람 몸속의 장기(臟器)를 체계적으로 분류한 것입니다. 5장6부를 바르게 이해하기 위해선 '장(臟)'을 말씀드리기 전에, 먼저 '부(腑)'가 무엇인지부터 설명드려야 합니다.

6부(腑)는 우리가 먹고 마셔댄 음식물을 영양소로 만드는, -위, 쓸개, 소장(腸), 대장, 방광, 삼초(三焦)- 여섯 장기를 말합니다. 이 '부'는 음양 원리에서 양(陽)에 속합니다. 그런데 '삼초(三焦)'는 실제로는 우리 몸에 없는 기관이니, 눈으로 볼 수 있는 건 다섯(五行)입니다.

'부'가 부지런히 만들어낸 영양소는 혈관을 통해 장(臟)으로 보내집니다. -장(腸,창자)이 아닙니닷!-

5장(臟)은 '심장, 간장, 비장, 폐장, 신장' 다섯을 말하고, 음양 원리에선 음(陰)에 속합니다.

조금 쉽게 다시 말씀드리면, 입으로 들어온 음식물을 영양소로 만드는 '腑(부)'는 '고기 肉(육)' 변에, '관청 府(부)'가 합쳐진 말로, 은행으로 비유하면, 손님들을 상대로 돈을 주고받는 '은행 창구' 같은 역할의 장기(臟器)입니다.

다음으로 '臟(장)'은 '창고 藏(장)'이 합쳐진 글자이니, '부'가 부지런히 만든 영양소를 쌓아두는 창고, 은행으로 치면 '돈을 보관하는 금고(金庫)' 같은 역할을 하는 장기란 걸 알 수 있습니다.

한쪽은 부지런히 만들고, 다른 한쪽은 밤낮으로 창고에 쌓은 뒤, 氣로 바꿔주고…….

그렇게 해서 우리는 '생氣 있게' 살아 움직이는 겁니다.

여기서 우리가 주목해야 할 점은, 인체를 해부하는 데서 출발한 서양 의학과 달리, 중국 사람들은 몸 어디 한 군데 째보지도 않고, 뱃속의 각 기관들이 하는 일과 쓰임새를 '귀신같이' 알고 있었다는 사실입니다.

뿐만이 아니라, 눈으로 보지도 못한 몸속의 장기를 영양소를 '만드는 쪽(腑)'과 '쌓아두는 쪽(臟)'으로까지 분류하고, 그것들에서 드러나는 氣의 이상유무(異常有無)에 따라

118

서 병을 진단하고 치료하고 있었다는 점은,
애초부터 氣란 개념조차 없는 서양 사람들에겐 -죽었다가
깨어나도 알 수 없는- 절묘한 수수께끼일 것입니다.

　서양 의학에선 이렇게 음식물을 섭취하고 노폐물을
배설하는 과정을 '신진대사(新陳代謝, metabolism)'란 말로
표현합니다. 이는 말 그대로, '새 것(新)과 묵은 것(陳)이
바뀌고(代) 물러나는(謝) 과정'을 뜻합니다.
이 표현에서 알 수 있듯이, 서양 사람들은 신진대사를
그저 우리 몸속의 내장들이 영양소를 만들고 노폐물을
버리는 과정으로만 보고 있는 것입니다.

　그런데 중국사람들은, 까마득한 옛날부터
이것을 단순히 -먹고, 마시고, 싸고, 피를 만들고 하는-
동물적인 운동뿐만이 아니라, 눈에 보이지 않는 생명의
움직임, 즉 '氣의 흐름'으로 봤던 겁니다.
그래서 그 옛날 편작은,
-서양사람에겐 귀신 씨나락 까먹는 소리와 다를 바 없는-
음양오행의 원리에 따라 환후의 몸에서 혈氣의 이상을
느꼈고, 장위(臟胃)의 문제를 알았던 것입니다.
그 장위가 바로 방금 말씀드린 5장6부이니,
5장6부에서 나오는 氣에 이상을 느낀 편작은, 환후가
머지않아 죽으리라는 것까지도 알 수 있었던 겁니다.

편작이 보여준 이와 같은 '氣 막히는' 치료 원리는,
한나라 때 체계적으로 집대성(集大成)되어
『황제내경, 黃帝內徑』이란 이름의 책으로 세상에 나옵니다.
이 책은 한대(漢代) 이후 오늘에 이르기까지
중국, 대만, 한국, 일본 등지에서
가장 권위 있는 의학 백과사전이자,
침구학 고전(古典)으로 굳게 자리하고 있습니다.

　그리고 『황제내경』이 등장한 한나라 이후로,
경락을 통해 흐르는 氣와 5장6부의 기운을 살펴가며
뜸과 침, 약을 써서 병을 치료하는 의술을,
-한(漢)나라의 의학-
한의학(漢醫學, Chinese medicine)이라고 합니다.

빛

 지난 날 제가 氣를 찾아 길 떠나 헤매는 동안,
제 머릿속에서 떠나지 않는 의문이 하나있었습니다.

　　-지구 동쪽에 사는 중국과 이웃 나라 사람들이
　　긴 세월 살아오면서 자연스럽게 느끼는 氣를,
　　어째서 서양사람들은 전혀 모르고, 또 못 느낄까?-

 똑같은 인간인데 한쪽은 있다고 하고,
다른 한쪽은 모르겠다고 하고…….
氣를 연구한다는 학자나 전문가들 역시 이 부분에 대해
명쾌한 설명을 하는 경우는 없었습니다.
전문가란 양반들이 내놓는 견해(見解)란 것도 겨우,

　　-氣는 눈에 보이지도, 손에 잡히지도 않기 때문에,
　　매사에 과학적이고 실증적인 그들의 특성상,
　　氣란 개념이 자리할 틈새가 없지 않겠나…….-

과연 그럴까요?

이 말은 얼핏 들으면 그럴 듯하지만, 이는 지난 100여 년간 서구화의 물결에 휩쓸리며 살아오면서 서양식 사고방식, 즉 '과학적으로 증명되지 않는 것을 믿는 행위는 시대에 뒤떨어졌고 미신(迷信)이다'란 생각에 세뇌(洗腦, brainwashing)되어 하는 말일 가능성이 매우 높습니다.

어느 날 갑자기 우리의 삶에 들이닥친 서양 문물과
서양 의학은, 우리가 수천 년 굳게 믿어왔던 모든 것들을
그들의 잣대에 맞춰 다시 생각하게 하였고, 학교에서도
서양식으로 가르치고 배워왔습니다.
그래서 언제부턴가 氣란 것은 서양의 과학으로 증명할 수
없기 때문에, 그걸 있다고 믿는 우리가 허황되고 잘못일
수도 있다는 생각이, 우리네 생각의 밑바닥에 깔려있음도
부인(否認)하기 어렵다는 말씀입니다.

만약 氣란 것이 정말 없다면, 동쪽에 사는 우리는
수천 년 조상 대대로 내려온 것 -종교, 철학, 과학, 의학,
문학 등-을 모두 버리고 새롭게 다시 시작해야 옳습니다.
반대로 氣가 실재한다면, 서양의 첨단 과학과 의학은
처음부터 다시 검토되어야 맞습니다.
그런데 앞서 '침'이란 글에서 살펴보았듯이, 氣는 분명히
존재합니다. 그리고 이 순간에도 氣는 모든 생명의 삶에
지대(至大)한 영향을 미치고 있습니다.

122

그렇다면 서양 사람들이 氣의 존재를 모르는 진짜 이유는 뭘까요? 매사에 분석적이고 과학적이라는 서양 사람들에겐, 氣란 것을 느끼고 이해할 수 있는 두뇌 영역이 아예 없는 걸까요? 아니면 그들의 사고(思考) 구조가 동쪽 사람들과 애초부터 다른 걸까요?

결론부터 말씀드리면, 매우 안타깝게도 서양 사람들은 첫 단추를 잘못 끼웠습니다. 그네들이 氣를 느끼고 이해하는 걸음마부터 문제가 있었단 말씀입니다.

아득한 옛날, 서양 사람들도 동쪽 사람들과 똑같이
天氣를 느꼈고, 天氣에 의해 천지와 세상만물이 생겼다고
생각한 명확한 증거가 있습니다.
이런 저의 주장이 허튼소리가 아님을 증명하기 위해선,
서양사람들이 쓴 天氣에 관한 옛 기록을 찾아야만 합니다.
어디에 그런 기록이 남아 있냐고요?
네, 있고말고요. 다음 글을 함께 보시죠.

**'그때 땅은 아무것도 없이 비어있었고,
어둠이 그 깊은 곳의 표면을 덮고 있었으며,
신령(神靈)이 물 위에 맴돌고 있었다.
신께서 '빛이 있으라'고 하니 빛이 생겼고,
그 빛이 좋은 걸 보시고는, 어둠에서 빛을 떼어내어
낮이라 하고, 어둠을 밤이라 부르셨다. 첫째 날이었다.'**

(Now the earth was formless and empty,
darkness was over the surface of the deep,
and the Spirit of God was hovering over the waters.
And the God said, 'Let there be light,'
and there was light. God saw that the light was good,
and he separated the light from the darkness.
God called the light 'day,'
and the darkness he called 'night.' the first day.)

윗글은 어느 회사에서 만든 자동차 이름 '제너시스 (Genesis)'와 똑같은 제목의 서양 책 첫 부분을 우리말로 옮긴 것입니다. 태초(the beginning)에 신이 천지(the heavens and the earth)를 창조하는 과정을 담은 이 책은, 기원전 10세기경 서양 사람들이 天氣에 관해 적어 놓은 가장 오래된 기록입니다.

이 책은 이어, '신께서 물과 물 사이를 갈라내어 생긴 넓은 공간을 하늘이라고 불렀고, 뒤이어 생겨난 육지와 바다에 식물과 물고기, 새와 가축 등 온갖 생명체를 만드신 뒤, 마지막 날, 우리의 모습 그대로 남녀 인간을 만들어 땅 위의 모든 것들을 다스리게 하셨다'라고 적고 있습니다.

제가 윗글을, 이미 우리말로 번역되어 있는 『구약성경』

의 〈창세기, 創世記, the Genesis〉에서 인용하지 않고
제 임의대로 번역해서 옮긴 까닭은,
기존의 〈창세기〉 번역서에서 드러나는 표현들
-혼돈, 공허, 흑암, 운행, 궁창 등-이 요즘 사람들이
이해하기에 부적절하다고 생각되어, 아직 〈창세기〉를
읽어보지 않은 분들만이라도 쉽게 이해할 수 있도록
도와드리려는 뜻에서입니다.

저는 앞서 여러분께 노자의 『도덕경』에 나오는, 천지만
물이 생겨나는 내용이 담긴 글을 소개했었습니다. 기억력
이 썩 좋지 않은 분들을 위해 한번 더 소개하면,

-도에서 우주가 생겼고,
우주에서 어둠과 빛이 생겼으며,
어둠과 빛에서 氣가 생기고,
氣에서 온갖 것들이 생겨나니,
세상만물은 어둠과 빛에 둘러싸여,
따뜻한 氣를 통해서 서로 조화를 이룬다.-

제가 두 글을 여러분께 비교해서 소개하는 까닭은,
두 글을 기록한 시간, 장소는 물론, 종족까지도 전혀 다름
에도 불구하고 천지에서 만물이 생기는 과정을 설명한
부분이 놀랍도록 비슷하기 때문입니다.

단지 표현에 있어, 천지창조를 주재(主宰)한 '주인공'을 나타내는 말이 『도덕경』에선 '道(도)'이고, 〈창세기〉에선 'God(신)'인데, 『도덕경』의 '道'가 의미하는 바가 어떤 '절대적인 존재나 가치'이니, 〈창세기〉에 나오는 'God'과 비교해봤을 때, '그게 그거'입니다.

그리고 이 두 글에서 결코 놓치면 안 되는 것이, 양쪽 글에 세상 만물을 생겨나게 하는 것이 등장하는데, 한쪽은 '氣', 다른 한쪽은 '빛(light)'입니다. 말만 다르다 뿐이지, 세상 만물을 생기게 하고 번성케 하는 쓰임새는 똑같습니다. 또 둘 다 우리 눈에 보이지 않는 것도 똑같습니다.

그런데 이어지는 글에선 뭔가 달라지기 시작합니다. 여러분도 조금만 눈여겨보신다면, 어느 한쪽이 틀린(非) 것이 아니라, 서로 다른(異) 점이 눈에 띄기 시작할 것입니다. 『도덕경』에선, '하나에서 어둠과 빛이 생겨났고, 만물은 어둠과 빛에 둘러싸여 있고'처럼, **빛(陽)보다 어둠(陰)을 앞세워가며 어둠의 의미를 강조**하고 있지만, 〈창세기〉에선, '신께서 빛이 좋은 걸 보시고, 빛에서 낮을 만드시고'처럼, **어둠은 뒤로한 채 빛을 앞세우고, 빛만이 좋은 것**이라고 기록하고 있습니다.

게다가 『도덕경』엔 '음, 양, 氣' 셋이 있지만,
〈창세기〉엔 오직 '빛'만 있을 뿐입니다.
여러분께선 이 부분을 어떻게 생각하실지 모르겠지만,
제 생각에, 이것은 작아 보이지만 '매우 큰' 차이입니다.

처음 천지가 생겨나는 과정은 양쪽 모두 같았으나,
그 다음부터 한쪽은 어둠과 빛에 둘러싸인 만물이 氣를
통해 조화를 이룬다고 **생각하고** 있고, 다른 쪽은 오직 빛
을 통해서만 만물이 생육, 번성할 수 있노라 **믿고** 있습니
다. 다시 말해, 한쪽은 천지만물이 생겨나는 원리를 '음,
양, 氣' 셋이 조화를 이루는 **철학**(哲學)로 인식하고 있고,
다른 한쪽은 신께서 선물하신 '빛'만이 최고인, **종교**(宗敎)
로 믿고 있는 것입니다.

그렇다면 혹시 오늘날 동서양의 종교는 물론이고 천문,
지리, 철학, 과학, 의학, 문학 등 '학(學)'이란 글자가 붙는
모든 분야에서 드러나는 양쪽의 다른 모습은, 어찌 보면
그 옛날 '바늘구멍'만 했던 이 작은 차이가, 오늘에 이르러
'낙타' 크기만큼 벌어진 결과가 아닐까요?

동쪽에는, 노자(老子)의 『도덕경』 이후로도 인간을 포함
한 세상만물의 변화를 음양(陰陽)과 氣의 변화로 인식하고
사유(思惟)하고 탐색한 더 많은 기록들이 남아있지만,

서쪽에선 〈창세기〉 이후로 현재까지,
'어둠'이 지닌 의미를 더 깊이 탐구하고 분석한,
어떤 기록도 찾을 수 없게 됩니다.
오직 빛만 있을 뿐입니다.
아! 딱 한 군데 있습니다.

　서기 1세기 후반,
요한(John)이란 사람이 쓴 글 중에서, 첫 부분에 천지창조
에 관한 이야기를 하면서 빛과 어둠이 함께 등장하는 구절
이 있기는 한데, 여기서 묘사한 '어둠'은 〈창세기〉보다
더 초라하고 우스꽝스러운 모습입니다.
〈요한복음〉 제1장 5절입니다.

'빛이 어둠속에서 빛나고 있건만,
어둠은 그걸 모르고 있더라.'

(The light shines in the darkness,
but the darkness has not understood it.)

　이제 서양 사람들에게 '어둠'은 동쪽 사람들과는 달리,
더 이상 천지창조의 주역(主役)도 아닐 뿐더러, 찬란한 빛
의 영광도 모르는, 어리석고 불필요한 존재일 뿐입니다.
그래서인지는 몰라도, 빛을 향한 서양 사람들의 '짝사랑'
과 관심은 실로 대단한 것이었습니다.

128

1646년 영국에서 처음으로 'electricity'란 말을 쓰기 시작한 이래로, 우리에게 空氣(하늘 공)만큼이나 중요한 것으로 자리한 電氣(전기, electricity)란 氣도, 그네들의 빛에 대한 집요한 관심과 연구의 대표적 성과물입니다.

뿐만 아니라, 오늘날 우리가 누리고 있는 수많은 문명의 혜택은 분명 서양 사람들의 노력에 힘입은 바가 큽니다. 무엇이든 세밀히 관찰하고, 쪼개고, 나누고, 파헤치고, 실험하는 그들의 기질은 정말 높이 사야 할 태도임에 틀림없습니다. 하지만 제가 보기엔, 그토록 과학적인 서양사람들도 그 옛날 〈창세기〉에서 만큼은 뭔가를 '덜 나누고 놓친 게' 틀림없습니다. 그게 뭐냐고요?
그것을 알기 위해선 여러분과 저는 까마득한 태초(太初)의 첫날로 다시 돌아가야 합니다.
앞서 소개한 〈창세기〉의 한 구절을 다시 보시죠.

'신께서 어둠에서 빛을 떼어내어'
(he separated the light from the darkness)

분명히 어둠에서 빛을 '떼어냈다(separated)'라고 기록했습니다. 이 말은 빛의 어머니이자, 고향이 '어둠'이란 말입니다. 다시 말해 태초 어둠 속에는 '빛의 씨앗'이 자라고 있었고, 어둠이 없었다면 빛도 없었다는 이야기입니다.

만약 서양 사람들이 〈창세기〉의 천지창조 과정을 정말 그렇다고 믿고 있었다면, 자신들을 포함해서 모든 생명체가 있게 한 '빛'을 알기 위해서, 먼저 어머니 뻘인 '어둠'에 대해 알아보는 것이 과학적이고 이치에도 맞습니다.
하지만 그들은 그렇게 하지 않았습니다.

저는 지금도 이 부분을 이해하기가 무척 힘듭니다.
오늘날 지구상에 최신 과학문명을 꽃피운 그들이,
또 그토록 합리적이라고 자부하는 서양 사람들이,
어째서 빛에만 열광하고,
빛이 생겨난 어둠엔 무관심했을까요?

오늘의 그들이 있게 한 과학적 태도로 본다면,
빛이 있게 된 근본인 어둠이 무엇인지 궁금해 하고,
어떻게 어둠에서 빛이 나오게 됐는지,
따져보고 파헤쳤어야 옳지 않나요?
하지만 그들은 그렇게 하지 않았습니다.
그래서 그들에게 어둠은 단지, 빛의 영광을 가리는
불길한 것이고, 내쫓아야 할 '사탄(Satan)'일 뿐입니다.

그렇다면 좋습니다.
어둠은 그렇다 치고, 그토록 과학적이고 실증적인
서양 사람들이 빛의 정체는 제대로 알아냈을까요?

여러분께선 '빛'이 뭔지 혹시 아십니까?
빛이란 낱말을 사전에서 찾아보면,

  -태양이나 고온의 물질에서 발하는 전자파(電磁波),
    또는 파장(波長)이 있는 전자氣파-

라고 풀고 있습니다.
두 설명 모두, 빛을 '파(波)'라고 정의하고 있습니다.
'파'는 파동(波動, wave movement)의 준말입니다.
파동은 토박이 우리말로 '물결의 움직임'입니다.
그러니 빛, 즉 전자파 또는 전자氣파는, '전氣의 성질을
띠고 물결처럼 움직이는 것'이란 뜻인 셈입니다.

   옛 기록에 따르면, 빛을 파동이라고 생각한 최초의
사람은 그리스의 철학자 '아리스토텔레스'입니다.
그가 빛을 유심히 관찰해보니, 물결이나 소리(音波)처럼
직진하다가, 때론 꺾이기도 하고, 반사되기도 하는 걸
알아냈고, 그래서 그는 빛의 성질이 '물결의 움직임'과
비슷하다고 여겼던 겁니다.
   그 후로 빛에 대한 아리스토텔레스의 생각은, 훗날 영국
의 '뉴턴(I. Newton)'이란 과학자가 잠시 딴죽을 걸긴 했지
만, 많은 실험결과를 근거로 19세기 초까지 불변의 진리
로 자리합니다. 그래서 제가 위에 인용한 사전에서도,
빛을 '파(波)'라고 정의하고 있는 것입니다.

그런데 19세기 중반, 엉뚱하게도 빛이 '파'가 아니라 '알갱이(粒子)'라는 주장이 터져 나오기 시작합니다.

이때부터 빛의 '파동설'과 '입자설'을 두고 두 패로 갈려 티격태격하기를 수십 년, 19세기의 마지막 해인 1900년, 무척 똑똑했다고 정평이 나있는 아인슈타인(A. Einstein)이란 물리학자가 빛은 파동이 아니라 열(熱)이 있는 알갱이(量子, quantum)라고 주장하고 나옵니다.

이름하여 '광양자설(光量子說)'.

쉬운 말로, '빛은 에너지 알갱이인 것 같다'란 생각입니다.

아인슈타인의 갑작스런 주장에, 오랜 세월 빛이 파동이라고 믿고 있던 많은 서양 사람들의 머리가 헷갈리기 시작합니다. 그때서야 가만 살펴보니 빛에서 열이 나는 증거도 있습니다. 그래서 고민합니다.

-대관절 빛의 정체가 뭐야?-

그렇게 고민하다가 1925년,
다음과 같은 결론을 내립니다.

-자연계에는 이중성(二重性)과 모순된 점이 많다,
빛 또한 그러한데, 빛의 본질은 전자기파가 맞지만,
에너지를 주고받는 문제에 있어서만큼은
'광자(光子, photon)'라는 에너지 알갱이로 보기로 한다,
그러니까 앞으론, 빛에는 두 가지 성질이 다 있닷!-

이것이 현대 이론물리학 중 하나인, '양자역학(量子力學, quantum mechanics)'의 골자(骨子)입니다.
서양에선 아리스토텔레스 이후 19세기 말에 이르기까지, 많은 연구와 실험을 통해 빛을 파동이라고 믿고 가르쳤건만, 얼마 전부터는 졸지에 '에너지 알갱이'라는 겁니다.

이로써 2천 년 넘게 믿어왔던 빛에 대한 서양 사람들의 확신은 뒤죽박죽이 됐습니다. 이런 난처한 상황에서 그들이 찾아낸 돌파구가 '양자역학'이란 미봉책(彌縫策)입니다.

–빛은 파동이기도 하고, 때론 알갱이도 된다.–

오랜 세월 그들이 밝혀내기 위해 애써온 빛에 대한 결론치고는 무척 체면을 구기는, 옹색하고 초라한 모습입니다.
하지만 어쩌겠습니까?
이것이 지금까지 열심히 –나누고 쪼개서 아는 공부–
과학만을 신봉해온 그들의 한계인 것을!

앞으로 또 어떤 똑똑한 사람이 나타나서,
빛에 관한 어떤 새로운 주장을 펼칠지,
무식하고 '비과학적인' 저는 그저 지켜볼 따름입니다.
미봉책, –꿰맬 彌, 꿰맬 縫–
꿰맨 것은 언젠가 또 찢어지고 터집니다.

그렇다면 빛과 氣 사이엔 어떤 차이가 있을까요?
이쯤에서 여러분께, 서양 과학의 도움을 받아 지금까지
밝혀진 氣의 특성을 말씀드릴 필요가 있습니다.

살아있는 생명체는 물론이고, 자연에 존재하는 모든 것
들에는 각자 고유의 氣가 있습니다. 그게 빛이건 전氣이건
자氣(자석 磁)이건 간에, 세상 모든 것에는 氣가 있습니다.
그 氣가 지닌 특성 중 하나가 파동(波動)입니다.
그래서 氣는 이쪽에서 저쪽으로, 또 이 사람에게서
저 사람에게 전달되고, 공명(共鳴)하며, 증폭(增幅)됩니다.
그러므로 氣는 빛이나 전氣와 특성 면에서 똑같습니다.

여러분께선 제2차 세계대전 당시의 독일을 무대로 한
영화 〈양철북, The Tin Drum〉을 혹시 보셨는지 모르겠는
데, 그 영화에서 주인공 꼬마가 '악' 소리를 지를 때, 벽에
걸린 괘종시계의 유리가 산산조각 나는 장면이 있습니다.
앞서 제가 여러분께 보길 권했던 영화 〈그린 마일〉에서
도, 흑인 사형수 존 커피가 다른 사람에게 자신의 초능력
을 쓰는 장면에서 천장에 매달린 백열전구가 산산조각 나
곤 합니다.

실제로 어떤 연회장에서 성악가의 노래가 계속되는 동
안, 멀리 떨어진 포도주 잔이 이유 없이 깨지는 경우가 있

는데, 이 역시 성악가가 초능력자라서가 아니라, 성악가의
목소리 파동과 포도주 잔의 파동이 일치해서 생긴 '증폭
현상' 때문입니다.
이렇게 氣가 파동의 특성을 지녔기에,
앞서 소개한 '재동 할배'께서 멀리 있는 사람에게
전화로 氣를 보낼 수 있었던 겁니다.

氣가 지닌 또 하나의 성질이 '열(熱) 에너지'입니다.
이는 간단한 실험을 통해 누구나 쉽게 알 수 있습니다.

> 손을 비빈 뒤, 양 손바닥 사이에 간격을 두고
> 의식을 집중합니다. 다른 사람이 양 손바닥
> 사이에 손을 넣으면, 뜨거운 기운을 느끼게 되고,
> 기감(氣感)이 좋은 사람은, 뭔가가 흐르고 있는
> 느낌을 받습니다.

만약 손을 비빈 사람이 氣수련을 한 사람이라면,
그 느낌은 훨씬 강하고, 때론 전기에 감전된 듯 찌릿한
느낌 때문에 넣은 손을 황급히 빼기도 합니다.
氣치료 과정에서도 환자의 아픈 곳에 손을 얹으면,
치료하는 사람의 손이 곧 차가와집니다.
이는 치료사의 氣가 손을 통해 환자의 아픈 부위에
전달되어 열을 빼앗겼기 때문입니다.

이런 사례는 매우 기본적인 것으로,
이를 통해 氣의 특성이 파동이자,
열 에너지 알갱이(粒子)임을 알 수 있습니다.

   서양 사람들이 수천 년에 걸쳐서 '빛'만 좇다가, 1925
년에서야 최첨단 현대물리학이란 이름으로 내린 결론인,
'빛은 파동이고, 열 에너지의 입자이기도 하다.'와,
중국 사람들이 '어둠과 빛'을 함께 좇아 알게 된 음양의
원리와 氣를 통해 이미 수천 년 전부터 알고 있던 사실인,
'氣는 파동이며 열(熱)이다' 중에서,
어느 쪽이 더 지혜로운 걸까요?

   여러 차례 말씀드리지만, 저는 서양 의학이 인류의 건강
에 기여해온 것에 어느 누구보다도 경의(敬意)를 표합니다.
하지만 이 세상에는 서양의 첨단과학과 의학으로도
손 쓸 수 없는 '빙산(氷山)의 아홉'이 분명히 존재합니다.
'하나'가 아니라 '아홉'입니다.
지금의 첨단과학과 서양의학이 앞으로 제 아무리 더
발전한다 하더라도, -氣를 모르는 한-
결국 '절름발이' 운명일 것임에 틀림없습니다.
여러분께서 제4장의 '골 때리는 병'이란 글을
읽어보시면, 이미 절름발이 모습을 드러내고 있는
21세기 서양의학의 실체를 똑똑히 확인할 수 있습니다.

서양 사람들이 지금부터라도 氣에 눈을 뜨고,
더는 서양의학, 한의학, 대체의학 등으로 편 가르지 않고,
모두가 힘을 합쳐 동서양 의학과 氣가 접목되는 그날이,
약 20만 년 전,
현생 인류인 '호모 사피엔스(Homo Sapiens: '지혜로운 사람'
이란 뜻의 라틴어)'가 지구 위에 첫 모습을 드러낸 이래로,
진정 '지혜로운 사람'이란 이름에 걸맞는,
또 모든 인류의 안녕(安寧)에 도움이 될,
'天氣 의학(Universal Medicine)'이
탄생하는 날일 것입니다.

*뱀 다리 (蛇足)
　제가 예전에 읽었던 기억으로, 미국 의사들이 많이 읽는
〈미국의학저널, American Medical Journal〉의 조사에 따르면,
미국에서만, 의사의 잘못된 판단으로 진료나 수술 과정에서
연간 약 44만 명의 환자가 사망한다는 통계가 있었습니다.
이런 의사의 잘못을 -의학, 법률 용어로-
'오진(誤診, malpractice)'이라고 합니다.
제 생각엔, 병원이나 의사들은 매우 폐쇄적(?)이기에,
의료사고를 가급적 외부에 드러내길 꺼려한다는 점을 감안하면,
오진으로 사망하는 환자의 숫자는 더 많다고 볼 수 있을 것입니다.
이것이 최첨단 시설과 의료진을 자랑하는,
미국 의학계와 서양의학의 '민낯'입니다.

氣 공

중국의 아침은 이릅니다.
요즘 중국으로 떼(group)관광을 떠나는 분들께서
조금만 부지런을 떤다면, 중국 사람들의 아침이 얼마나
일찍 시작되는지 어렵지 않게 볼 수 있습니다.

어둠이 채 가시지 않은 새벽 시간,
아이, 어른 가릴 것 없이 수많은 사람들이 공원이나
거리에 나와 느린 동작으로 네 활갯짓을 해댑니다.
그 요상한 보건체조를 일컬어,
그들은 '氣功(공들일 공)'이라고 부릅니다.
우리에게도 잘 알려진 태극권(太極拳), 파룬궁(法輪功)을
비롯해, 도대체 중국에 얼마나 많은 氣功이 있는지 중국
사람들마저도 잘 모를 정도입니다.
예로부터 전해져온 뿌리는 몇몇이지만, 오늘에 이르러선
모두가 각자에 맞는 방법을 나름대로 개발, 응용하고 있기
에, 중국엔 별의별 氣功이 다 존재합니다.

138

예전에는 중국 사람들도 氣功을 특수한 전문가들이나 하는 '알쏭달쏭'한 기술로 여겼었지만, 최근에는 중국 정부까지 나서서 누구나 할 수 있는 쉬운 방법을 여럿 개발해서 보급에 열을 올리고 있는 것이 氣功입니다.

그렇다면 중국인들이 이토록 氣功에 열광하는 까닭이 뭘까요? 두 말할 것도 없이, 氣功이 그들에게 훌륭한 건강 유지 효과를 보여주고 있기 때문입니다. 한마디로, 중국 사람들의 생각에, 氣功은 '자기들 몸에 좋은 것'입니다.

그런데 이쯤 되면 어떤 분들께선 고개를 '갸우뚱'하셔야 맞습니다. 왜냐고요?
이 글을 읽고 있는 분들 중에는, 氣功이 몸에 좋은지 나쁜지는 둘째 치고, 氣功이란 말뜻마저 잘 모르고 있을 수도 있기 때문입니다. 氣功이란 말뜻을 잘 모르는 것이 여러분의 잘못만은 아닙니다.
우리 사회에서 氣功을 배우라고 떠들고 꼬드기는 사람들은 많아도, 정작 氣功을 사람들에게 올바르게 알리려는 사람은 찾기 어려운 게 현실이기 때문입니다.

氣功이란 쉽게 말해서, '천지의 氣가 자신의 몸 안에서 잘 돌도록 공(功)을 들이는 운동'을 뜻합니다.
-내氣功, 외氣功, 연氣功, 경氣功, 정功(靜), 동功(動) 등-

세상엔 많고 많은 氣功이 있지만,
크게 보면 원리는 하나입니다.
우리 몸에 氣가 흐르지 않는 경우는 크게 세 가지입니다.

-몸이 저항할 때 (몸과 마음의 스트레스)
-숨을 제대로 쉬지 않을 때
-제대로 먹지 않을 때

이 세 경우 모두, 어딘가 '막히고 끊어진' 느낌이 듭니다.
어딘가가 막히고 끊어져 있으면 몸과 마음이 편치 않을 것
입니다. 그래서 수많은 氣功 수련단체에서 공통적으로
강조하는 점이 한 가지 있는데, 바로 '흐름(flow)'입니다.

호흡이 됐든, 몸동작이 됐든 - 물 흐르듯, 또 물결치듯-
'막힘이 없이 흘러야 한다'는 것입니다. 제가 앞서 소개한
재동할배께서 어려서 아버지로부터 창호지 조각을 코끝에
대고 숨 쉬는 법을 일 년 넘게 두들겨 맞아가며 배운 까닭
도 '막힘없는 흐름'의 원리에 따른 것입니다.
또 이른 아침부터 공원에 나와서 마치 춤을 추듯 느릿느릿
활갯짓을 해대는 중국 사람들의 동작에도 막히거나 끊어
짐이 없습니다.
우리의 눈엔, '저게 무슨 운동이 될까?' 싶지만,
이 역시 氣功의 기본원리를 충실히 따르고 있는 겁니다.

140

    중국의 옛 문헌에서는 氣功을
'도인', '토납', '행氣' 세 가지로 구분하고 있는데,
도인(導引)은 몸을 움직여 건강을 유지하는 체육요법이고,
토납(吐納)은 묵은 기운을 입으로 내뱉고(吐),
코로 신선한 기운을 들이마시는(納) 호흡 운동이며,
행氣는 -한자 뜻 그대로- 도인과 토납을 통해 축적된 氣를
자기 몸에 이롭게 잘 돌려쓰는(行) 일을 말합니다.

    먹는 것과 함께, 사람이 누구로부터 배우지 않고도
할 수 있는 것이 '숨 쉬기(呼吸)'입니다.
서양사람들은 인간이 숨을 쉬는 목적이,
공氣 중에서 몸에 필요한 산소(酸素)를 빨아들이고,
불필요한 이산화탄소를 배출하기 위해서라고 말합니다.
    하지만 중국 사람들에게 호흡이란, '날숨(呼,호)과 들숨
(吸,흡)을 통해서 천지에 가득한 氣를 빨아들이는 움직임'
입니다. 그래서 호흡은 돈 한 푼 안 들이고 누구나 할 수
있는, 가장 손쉬운 氣功입니다.

    氣功은 크게 '연氣功'과 '경氣功'으로 나뉩니다.
얌전히 앉아서 오직 숨 쉬는 법만을 갈고 닦는 것을,
연氣功 (부드러울 軟)이라고 부릅니다.
그런데 그렇게 가만 앉아 숨만 쉬는 게 심심했던지,
체력이 허락하는 사람들은 조금씩 몸동작을 섞어가며

호흡하고 나니, 몸이 훨씬 개운하고 활氣찬 걸 느낍니다.
그래서 개발된 것이 도인(導引)입니다.
도인은 '호흡과 몸동작을 통해 氣를 끌어들여(引)
바르게 인도하는(導)' 운동을 말합니다.

연氣功과 달리, 몸이나 도구를 이용해 초인적인 힘을
발휘하는 것을 '경氣功(딱딱할 硬)'이라고 하는데, 중국사람
들이 즐겨하는 태극권(太極拳)이나, 각종 무술 氣功, 그리고
아래에 소개하는 일본의 '신체도(新體道)'가 그것입니다.

*　　　*　　　*

-사범(師範)과 제자들이 무대(舞臺)에 등장합니다,
사범이 무대의 한쪽 귀퉁이에 서고, 열 명 정도의
제자들이 떼 지어 사범을 향해 공격 자세를 갖춥니다,
미동(微動)도 않고 서있던 사범이 '악!'하고
기합(氣合)을 넣자, 3m쯤 떨어진 곳에 있던 도복을
입은 공격자 하나가 공중제비를 돌며 넘어지더니
바닥에서 버둥댑니다,
사범은 털끝만큼의 움직임이나 흔들림도 없는데……,
곧바로 다른 공격자가 공격을 해오자 사범이 공격을
막아내고, 공격자는 상처 입은 뱀처럼 몸을 비틀어
댑니다, 이러기를 몇 차례, 어느 누구도 사범의
눈앞으로 다가서려는 사람이 없습니다,

이렇게 첫 싸움판의 정리가 끝나자,
이번엔 사범이 움직입니다, 마치 오랑이가 걷듯,
전통춤의 춤꾼이 춤을 추듯, 그의 두 손은 둥글고
부드럽게 움직이며 공중에 곡선을 그립니다,
그 모습엔 경직성이나 공격성이 조금도 보이지
않습니다, 그런데도 공격자들은 마치 전기충격에
몸을 떨듯 버둥대고, 외치는 목소리마저도
잦아들더니 모두가 바닥에 쓰러지고,
무대 위엔 침묵이 흐릅니다,-

위에 소개한 장면은 1984년 11월,
일본 쓰꾸바(筑波) 대학과 프랑스 국영방송이 공동 개최한
〈과학, 기술과 정신세계〉란 제목의 국제학술회의에서,
이틀간 氣에 관한 토론이 있고 나서 사흘 째 되던 날,
일본 측이 마련한 무술시범을 지켜본 프랑스 기자(記者)가
쓴 참관기를 제가 간략히 정리한 것입니다.
이 광경을 지켜본 서양 학자들의 입에서 디져 나온 말들.

　-난생 처음 본 이 곡예(曲藝)의 이름이 뭐래?
　이걸 우리더러 믿으라고? 터무니없지,
　여기엔 분명 뭔가 속임수가 숨겨져 있을 거야!-

하지만 이날 벌어진 광경에는 어떤 속임수도 없었습니다.
일본 신체도(新體道)의 창시자 아오끼(青木) 사범은 자신의
氣를 -총을 쏘듯- 상대방에게 쏘아 공격자들을 던져대고,

氣공　143

쓰러뜨렸던 것입니다.
이것이 무술에 적용한 경氣功의 실제 모습입니다.

　氣수련을 하는 전문가들이 즐겨 쓰는 말 가운데,
'소주천(小周天)'이란 말이 있습니다. 소주천은 氣수련을
하는 사람들이 호흡법을 연마(硏磨)해서 다다르게 되는
높은 경지를 일컫는 말인데, 이는 '인간의 육체를 작은(小)
우주라고 가정하고, 호흡을 통해 몸에 들어온 氣를 아랫배
에 있는 단전(丹田)에 모아 등줄기를 따라 머리 꼭대기로
올린 뒤, 앞 이마로 통과시켜 다시 단전에 도달하도록,
몸 전체로 氣를 한 바퀴 돌리는(周) 과정'을 말합니다.
소주천을 할 수 있는 사람은 몸 전체의 氣가 잘 정돈되어,
병을 앓던 사람은 낫게 되고, 본디 건강한 사람은
병을 얻는 일이 없게 된다는 것입니다.

　'소주천'에서 더 나아가면, 몸 안의 氣를 자유자재로
흐르게 할 수 있고, 타인의 氣도 느낄 수 있으며,
천지의 氣와 통하는 경지에 이르게 되는데,
이를 '대주천(大周天)'이라고 합니다. 그러니까 우리 주변
에서 남의 병을 치료해주고, 남에게 氣를 가르치는 도사들
께선 모두가 대주천 단계에 오른 분들이란 이야기인데,
안타깝게도, 제가 만난 분들 중에서 진짜 그 단계에 올랐
다고 느낄 수 있는 분들은 매우 드물었습니다.

144

그런데도 하나같이 자신은 수십 년 내공(內功)을 쌓은 최고의 氣도사이고, 어떤 도사께선 자기는 어느 날 단군 (檀君) 할아버지로부터 계시를 받았기 때문에 -마르지 않 는 샘물처럼- 氣를 운용(運用)한다는 둥, 맨 정신으론 믿기 어려운 말만 어지럽게 늘어놓습니다.

  그래서 제가 며칠을 지켜봅니다.
  그런데 도사께서 아픈 사람을 치료한 날은, 치료가 끝난 뒤 어디론가 사라집니다. 주변을 한참 둘러보고 나서야 겨 우 찾아냅니다. 오전에 한두 사람을 치료하곤 氣진맥진, 후미진 구석에 아무도 모르게 처박혀 있었던 겁니다.
  자기 혼자 쓰기에도 넉넉지 않은 氣를 환자에게 주느라 바닥이 났으니 그럴 만도 합니다. 제가 만나본 바로는, 그렇게 말과 실제가 다른 분들의 관심은 오직 한 가지.

  －이떻게 하면 빨리 이름을 닐려,
  회원을 많이 모집해서 돈을 많이 벌까?－

  그러던 어느 날, 저는 本然을 만났습니다.
  첫 만남에서 그녀가 보이는 모습은, 여러 면에서 제가 그 동안 만나보았던 氣도사들과는 많이 달랐습니다.
  그래서 호기심도 발동하고, 혹시 있을지도 모를 트집거리 라도 찾아볼 요량으로 '관찰(觀察)'을 시작합니다.

절로 뚫린 눈(肉眼)으로 '그냥 본(見)' 것이 아니라,
'유심히 꿰뚫어봤다(觀)'는 말씀!

첫째, 本然은 말이 별로 없었습니다.
여느 氣고수들의 입이 잠시도 쉴 사이가 없었던 것과 달랐
습니다. 제가 묻는 말엔, 답이라고 해야 기껏 '네. 아니오.'
인 반면에, 몸과 〈마음〉 어딘가가 아파서 자신을 찾아온
사람들의 말은 ‒끝도 없이‒ 다 듣고 앉았습니다.
우리가 병원에서 흔히 겪는 '3시간 대기, 3분 진료' 풍경
과는 '하늘과 땅'입니다. 결국 그녀의 능력도 능력이지만,
本然은 사람의 〈마음〉을 치료하는 상담자였습니다.

그녀는 처음 만난 상대방의 몸과 〈마음〉과 모두 읽어냅
니다. 처음 만난 날, 절더러 회충약을 먹으라고 꼬드긴(?)
게 좋은 예입니다. 그녀는 제 몸속에 있는 또 다른 생명체
의 움직임, 즉 파동(波動)을 낱낱이 느끼고 있었던 겁니다.
이는 수십 년 세월 동안 온갖 방법 다 써가며 갈고닦아
소주천, 대주천에 통했다는 氣도사에게서도 결코 보기
힘든 일입니다. 하지만 그녀는 태어나서 단 한 차례도
氣수련을 받아본 적이 없습니다.
게다가 많은 도사들께서 자신을 신비롭게 치장하기 위해
즐겨 쓰는, 지리산, 계룡산, 모악산에서의 계시(啓示)도
받은 적이 없습니다.

146

2007년의 그녀는 그저 평범하기 그지없는,
30대 중반의 여성이었습니다.

　그녀는 아픈 사람을 치료하는 과정에서 어떤 도구도
사용하지 않고, 어떤 종교적인 행위도 없으며, 어떤 외부
의 도움도 받지 않습니다. 늘 혈혈단신(孑孑單身)입니다.
그리고 오직 명상(冥想)과 자신의 손을 이용한
'어루만짐'이 전부입니다. 그런데 그 어루만짐이
-시쳇말로- 장난이 아닙니다.

　처음 본 사람의 아픈 부위를 족집게처럼 정확히 찾아내
고, 그곳을 어루만지기 시작하면,
아픈 이의 입에선 단말마(斷末魔)의 비명이 새어나옵니다.
목사고, 스님이고, 의사고, 박사고, 예외가 없습니다.
점잖은 체면에 얼마나 고통스러우면…….
그 고문(?)의 세기는, 저도 당해봐서 잘 압니다.

　그런데 한 시간 남짓의 고문이 끝나고 나면, 아픈 사람
의 표정이 바뀌어 있습니다. 얼굴빛도 밝아지고, 내가
언제 아우성을 쳤냐는 듯 웃기까지 합니다. 아픈 부위의
막혔던 氣가 뚫려 온몸을 돌고 있기 때문입니다.
그런데 여기까지는 -그럴 수도 있겠거니- 대수롭지 않게
넘길 수도 있지만, 정말 중요한 건 지금부터입니다.

지난 수십 년간 하늘의 氣, 땅의 氣, 동식물의 氣, 물건의 氣에다 사람의 氣까지, 천지간에 존재하는 氣란 氣는 조금씩 다 맛보고 다녔노라 꼴값 떨던 제가 마지막까지 몰랐던 '2%'를, 그녀는 진즉부터 알고 있었습니다.
그리고 그녀에 대한 '탐구생활'을 통해,
저도 그 2%를 알고 나니, 그동안 제가 알고 있다고 여겼던 98%는 정말 아무것도 아니었습니다.

무슨 말씀이냐면, 누군가가 제 아무리 수십 년 氣를 닦았고, 내공(內功)을 두텁게 쌓았다 할지라도, 이 2%를 모르면, -氣에 관한 한- 잘해야 그저 한 분야의 도사(道士)나 고수(高手), 달인(達人) 소릴 들을 수 있을 뿐입니다.
그런 분들은 쉽게 비유해서, 대학입시 전문학원의 '단과반(單科班)' 선생님이지, '종합반(綜合班)' 선생님일 수 없단 말씀입니다. 그러니 제가 그동안 만나본 분들은 모두가 단과반 고수들이었던 셈입니다.
그런데 本然은 그 2%를 포함한 모든 것을 갖춘 氣의 종합반 '天稟(천품)'입니다. 그리고 그 2%에서 비롯된 차이는 '하늘과 땅(天壤之差)'입니다.
도대체 그 2%가 뭐냐고요?

'죽은 사람의 氣'입니다.

'죽은 사람의 氣'를 모르고선,

결코 氣를 안다고 이야기할 수 없는 것입니다.

우리는 사람이 죽으면,

그걸로 '모든 게 끝!'이라고들 말합니다.

저 역시 학교에서, 책에서 그렇게 배웠고, 믿어왔습니다.

그런데 氣를 찾아 길 떠난 뒤로, 제가 배워서 알고 있는

상식(常識)으론, 또 제가 알고 있는 氣의 세계론, 도저히

이해할 수 없는 이상한 사례를 무수히 접하게 됩니다.

그런 사례가 늘어날수록 의구심은 더해갑니다.

하지만 제가 만난 그 어떤 氣도사께서도

그 부분에 대한 명확한 해답을 갖고 있지 못했습니다.

   그런데 알고 보면 이것은 너무도 당연합니다.

이 부분만은 누구에게 배우거나, 본인 스스로 갈고 닦아

터득할 영역(領域)이 아니었던 겁니다.

4천여 년 전부터 오늘날까지 氣를 탐구해온 氣의 종주국

인 중국에서도 이 부분만은 '노코멘트(no comment)'입니다.

중국에서 전해 내려오는 그 어떤 책에서도,

이 부분을 명쾌하게 언급한 경우가 없습니다.

그저 잘해야, 풍수(風水) 이론에서

'동기감응(同氣感應 : 죽은 조상의 氣가 후손의 氣와 일치해서, 후
손의 삶이나 건강에 영향을 미치는 일'을 일컫는 말)' 같은 말로
슬쩍 에둘러 건드리는 게 고작입니다.

왜냐고요?

잘 모르니까요.

하지만 이 부분을 모른다면, 결코 천지의 모든 氣를 알고
있다고 할 수 없는 것입니다. 제가 여러분께 분명히 말씀
드릴 수 있는 것은,

'천지간의 모든 氣 중에서,
살아있는 사람에게
가장 자주, 가장 크게 영향을 미치는 氣는,
바로 죽은 사람의 氣입니다.'

-여러분이 믿든 안 믿든- 이 말은 '진실(truth)'입니다.

지금까지 本然의 치료과정을 지켜본 바로는, 몸과 〈마음〉
이 아파서 그녀를 찾는 분들의 90% 이상이, 죽은 사람의
영혼에서 나오는 氣로부터 영향을 받고 있었습니다.

-그분들이 어떤 병에 걸렸든 관계없이!-

그러니, 죽은 사람의 영혼에서 나오는 氣를 처리할 줄
모른다면, 그 氣로 인해 아픈 사람의 고통을 잠재울 방법
또한 없다는 이야기가 됩니다.

이는 무척 놀라운 일입니다.

저는 앞서, 氣는 파동(波動)이라고 말씀드렸습니다.

파동은, 같은 파동을 만났을 때 서로 공명(共鳴)합니다.

그러니 죽은 사람의 영혼이 보내는 파동을 읽거나 느끼지 못한다면, 그 파동을 처리할 방법이 없는 것입니다.
이는 방송국의 주파수를 모르면 그 라디오 방송을 들을 수 없는 것과 같은 이치입니다.

우리 주변에 죽은 사람의 영혼과 교통(交通)할 수 있는 능력을 지녔다는 사람은 꽤 많습니다.
무당(巫堂), 퇴마사(退魔師), 최면술사(催眠術師)로 시작해서 신부, 목사, 스님에 이르기까지, 제가 그동안 만나 본, 그 계통의 고수들만도 열 손가락을 훨씬 웃돕니다.

하지만 그런 능력을 가진 분들이 죽은 사람의 영혼과 접속하기 위해선, 많은 시간과 노력, 그리고 많은 비용을 필요로 하는 경우가 태반(太半)일 뿐더러, 그들만의 종교적 행위 -온갖 음식이 차려진 상차림, 촛불, 향, 징과 북소리, 십자가, 목탁, 염불, 할렐루야 외침, 작두 타기, 복숭아 나뭇가지로 때리기, 소금, 팥알 던지기 등-가 뒤따릅니다.

그런데 그렇게 긴 시간 '난리굿(?)'을 떨고 나선, 그걸로 끝입니다. 그토록 공을 들였건만, 그 현장에 영혼이 실재(實在)했는지, 그 영혼이 누구였는지, 또 영혼을 어떻게 처리했는지에 대한 아무런 명확한 근거도 없이, 그저 '원하는 대로 되었으려니' 짐작하곤, 그걸로 끝입니다.

하지만 本然은 달랐습니다.

제가 아래 소개하는 이야기는, 本然을 취재한 많은 사례 중에 비교적 단순한 경우이지만, '죽은 사람의 영혼에서 나오는 氣가 실제로 있나?'라고 의심하시는 분의 물음에 대한 답으로 적절하다고 생각되어 소개합니다.

　

　

*　　*　　*

　

　

한 여성이 本然을 찾았습니다.

평소 우울증과 어깨통증에 시달리고, 남편과의 불화(不和)도 끊이질 않아, 최근엔 잠시 집에서 나와 친구 집에 머물고 있는데, 친구가 함께 지내기 어려울 정도로 불안정한 모습을 보이기에, 본인은 원치 않음에도 불구하고, 친구가 강제로 本然에게 데리고 왔답니다.

차를 마시고 나서 처음 만난 어색함이 조금 가실 즈음,

여성이 등받이 없는 의자에 앉고, 本然이 뒤에 섭니다.

本然이 여성의 머리에 손을 얹고 눈을 감습니다.

오직 정적(靜寂)만 있을 뿐, 주위엔 어떤 소리도 없습니다.

그렇게 10여 분이 흐르자,

여성이 통나무가 굴러 떨어지듯 방바닥에 쓰러집니다.

本然의 손이 그녀의 가슴으로 옮겨갑니다.

그리고 또다시 침묵이 흐릅니다.

잠시 뒤, 여성이 눈을 뜨고는 매우 날카로운 눈빛으로 本然을 쏘아 봅니다. 제가 보기에, 치료 받기 전에 보았던 여성의 모습과는 딴판입니다. 입을 씰룩이며 여성이 말합니다.

"넌 나빠!"

대뜸 반말입니다. 本然이 대답합니다.

"왜?"

"그냥 나빠!"

"내가 보기엔 네가 나쁜데?"

그 말엔 여성이 아무 대꾸도 않습니다. 本然이 묻습니다.

"그런데 너 이 여자분 몸에 언제 들어왔어?"

"오래 됐어."

"너 몇 살이야?"

"여섯, 일곱? 잘 모르겠어요."

"너 이분의 몸에 들어온 곳이 어디였어?"

"낭민동……."

"낭민동이 어디야?"

"잘 몰라."

本然이 옆에 앉아 있는 여성의 친구에게 묻습니다.

　"친구 분이 사는 동네가 '낭민동'인가요?"
　"아닌데요?"

本然이 더 묻지 않고 다시 여성과 대화를 합니다.

　"너, 내가 좋은 곳으로 보내 줄 테니 이제 나와,
　엄마와 아빠가 계시고 토끼랑, 꽃이랑, 구름이
　있는 데로 보내줄게."
　"아직 싫어!"
　"아니, 지금 나와야 해! 내가 약속 지킬게!"

　이어 몇 분간 여성이 한없이 슬피 울어대고,
本然은 여성의 가슴과 어깨 위를 계속 어루만집니다.
그러다 갑자기 그녀의 손이 바삐 움직입니다.
여성의 어깨 쪽에서 무언가를 움켜잡는 듯하더니,
자신의 지갑에 있는 플라스틱 카드를 꺼내,
손에 움켜 쥔 것을 카드에 옮겨 담는 몸짓을 합니다.
잠시 뒤, 여성이 울음을 그치고 눈을 뜹니다.
맥없이 축 늘어져 있는 여성에게 本然이 묻습니다.

　"좀 어떠세요?"
　"아무것도 모르겠어요,

근데 정신이 개운하고 어깨도 편하네요."
"아까 '낭민동'이란 곳을 말하던데, 거기가 어디에요?"
"낭민동? ······ 아! 낙민동!
제가 결혼해서 처음 신접살림을 살던 동네인데,
근데 거길 어떻게 아세요?"

여성의 친구조차도 모르고 있는, 대화 중에 등장한 어느 동네 이름은, 우리말 발음규칙인 자음접변(子音接變) 현상 때문에 낭민동으로 들렸을 뿐, 틀림없는 부산광역시 동래구 낙민동(樂民洞)이었습니다.
치료가 끝나고 나서 本然이 제게 한 말.

"어린아이의 파장이 여성의 어깨에 자리 잡고 있었어요,
그래서 늘 어깨가 아팠던 것이고, 처음 신혼살림을
차렸던 곳에서 아이 파장이 들어온 뒤론 남편과의
사이도 좋지 않았던 거죠."

本然은 죽은 사람의 영혼을 '파장(波長, wave)'이라고 말합니다. 자기로선 그것 이외에 적당한 표현이 없답니다. 2007년 그녀를 처음 만나고 얼마 지나지 않아, 그녀에게 '언제 어떻게 죽은 사람의 파장이 있다는 걸 알게 됐느냐?'고 물으니, 십 수 년 전, 자신에게 사람들의 병을 치료하는 능력이 있음을 알게 되고나서 아픈 사람들을 돌보다 보니, 어떤 경우엔 아픈 사람의 몸속에서 '이상한 움직임'

이 느껴지더랍니다

처음엔 그것이 뭔지도 모르고, 그 이상한 것을 빼내기
시작했답니다. 그런데 그것을 빼내고 나면 환자의 증세가
급격히 좋아지기에, 도대체 그것이 무엇인지를 좀 더 세밀
하게 관찰해 보니, 그것은 누군가의 〈마음〉이더랍니다.

   그리고 그 〈마음〉과 대화를 해 보니,
그 〈마음〉은 자기가 원하는 바를 털어놓더랍니다.
그래서 그 〈마음〉을 달래서 원하는 곳으로 보내주다보니,
그것이 이미 죽은 사람의 〈마음〉임을 확실히 알게 됐고,
자신이 느끼기에 그것은 분명히 - 물결치는 움직임-
파동(波動, wave movement)과 흡사하기에,
그런 파동이 나오는 존재를,
'파장(波長, wave)'이라고 부르기 시작했답니다.

   그녀가 말하는 파동이,
한의학에서 말하는 '氣의 흐름'입니다.
氣의 특성에 대한 연구나, 한의학을 따로 공부한 적이
없는 그녀가, 자신이 느끼는 氣의 흐름을 '파동'이라고
표현하는 것은, 우리가 주변에서 흔히 듣는 말들
 - 귀신, 잡귀, 영가, 영혼, 악령, 마귀, 사탄 등- 과
비교하면, 무척 합리적이고, 정확한 표현인 셈입니다.

치료를 마친 뒤, 여성의 친구가 제게 다가와 건네는
말을 듣고는, 조금 전 치료과정에서 本然과 대화한 파장의
존재를 다시금 실감(實感)했는데, 그녀가 한 말은,

"그렇잖아도 제 친구가 밥을 먹다가 숟가락을
내던지며 안 먹겠다고 해서 당황한 적이 여러
번 있었는데, 그때 제 친구가 하는 행동이 마치
예닐곱 살 아이가 하는 짓과 똑같았어요."

*뱀 다리 (蛇足)
　　1970년대, 약장수나 뱀 장수가 시장에서 좌판을 벌일 때,
약방의 감초처럼 등장하는 볼거리가 있었으니,
이름하여 '차력(借力)'.
한자말 그대로, -뭔가의 힘(力)을 빌려서(借)-,
맨손으로 못을 박고, 맨주먹으로 차돌을 깨고,
이빨의 힘으로 자동차를 끌곤 하는 이 묘기는,
氣功과는 전혀 다릅니다.
저와 인터뷰를 한 차력사들이 정의(定義)한 '차력'이란,
'약(藥)의 힘을 빌리거나, 신령(神靈)의 힘을 빌려
정신집중을 통해 몸과 기운을 굳세게 하는 기술'이었습니다.
그런데 약이라?
제가 어떤 약이냐고 물었으나,
'유황(硫黃)'을 슬쩍 내비칠 뿐,
끝내 속 시원한 답을 들을 수 없었습니다.

정 · 氣 · 신

앞서 저는 氣가 지닌 두 가지 뜻을 말씀드렸습니다.

1. 무언가를 살아 움직이게 하는 힘, 즉 기운
2. 날씨가 변하는 상태나 모습, 즉 기상(氣象)

이제 드디어 여러분께 氣의 세 번째 의미를 말씀드릴
차례입니다. 앞의 두 의미는 한자(漢字)의 종주국이자,
氣의 고향이라고 할 수 있는 중국에서 정한 것이지만,
氣의 궁극적인 의미인 세 번째 뜻을 알기 위해선,
세월을 거슬러 이 땅에 살았던 한 분을 만나봐야 합니다.

신분차별이 엄격했던 시절,
양반댁 서자(庶子)로 태어나서 의사 자격시험에 합격해
30여 년간 임금의 주치의로 일하면서,
요즘으로 말하면, 9급 공무원에서 국무총리 직에까지
오른, 전설적인 인물이 있습니다.

158

게다가 일흔 여섯의 나이로 죽기 5년 전인 1610년,
일본과 전쟁을 치르는 와중에도 14년간의 노력 끝에,
중국 한나라 때부터 명나라 때까지 발간된 200여 권의
의학서적과 국내 의학서를 모두 참고해서 25권의
'임상의학 백과사전'을 완성했으니,
이 책이 현재 국보로 지정되어 있고, 2009년 유네스코
세계기록유산으로 등재된, 귀암(龜巖) 허준(許浚)선생의
－바다 동쪽 땅의 보배로운 의학 교과서－
『동의보감, 東醫寶鑑』입니다.

　이분이 지닌 의사로서의 실력과 『동의보감』의 가치는
여러분께서 잠깐 시간을 내어 인터넷 '파도타기(surfing)'
를 해보면 상세히 알 수 있을 터이고, 지난 날 제가 이 책
을 보고 깜짝 놀란 까닭은, 총 25권 중 책의 목차(目次)만
무려 두 권이었기 때문이었습니다.
제가 지금 쓰고 있는 이 책의 차례(次例)가 달랑 두 페이지
인 것에 비하면, 책을 낼 당시 일흔이 넘는 나이에도 불구
하고, 허준 선생께서 얼마나 체계적이고 치밀한 성격의
소유자이었는지를 미루어 짐작할 수 있다 하겠습니다.

　허준 선생(이하 존칭 생략)과 관련해서 시중에 떠도는
이야기들, 예를 들면 '신토불이(身土不二)'란 말의 출처가
『동의보감』이라고 많은 사람들이 알고 있는데,

이 말은 옛날 중국의 어느 스님이 했던 말을 일본 사람들이 표절(剽竊)해 쓴 것을 우리가 다시 표절한 것으로, 『동의보감』과는 아무런 연관도 없습니다.

또 인체해부 기술을 익히기 위해 제자를 죽이기까지 했고, 돌아가신 스승의 시신(屍身)에 눈물을 머금고 메스(mes)을 댔다는 등의 이야기는 아무런 근거도 없는 허튼 소리입니다.
덧붙여 90년대 TV 드라마에서 펼쳐지는 허준과 예진 아씨와의 애절한 사랑 이야기도, 방송국에서 시청률을 높이기 위해 드라마 작가와 짜고 지어낸 '소썰'이니, 조금도 눈 열고 귀담아 들을 만한 가치조차 없는 엉터리 '가짜정보'이지만, 여러분께서 『동의보감』하면 반드시 기억해둬야 할 것이 하나 있으니, 바로 이 글의 제목인,
'**정**·**氣**·**신**'입니다.

어떤 사람들은 『동의보감』이, 병을 고치기 위해 산이나 들로 나가 풀을 뜯어서 달여 먹는 방법을 가르쳐주는 책으로 알고 있는데, 이 또한 매우 잘못된 것이,
『동의보감』이 지닌 가장 소중한 가치는,
병을 고치는 것보다 병을 예방하고 건강을 유지하는 것에 중점을 둔, 그 당시로선 선진국 중국에서도 찾아볼 수 없는 현대적 개념의 '예방의학' 교과서란 점입니다.

『동의보감』의 제1모토(motto)는 '양생(養生)'입니다.

양생이란, '몸과 〈마음〉을 단련하고 수양함으로써, 병을 미리 막고, 오래오래 잘 살도록 보살피는 일'을 뜻합니다.

쉽게 말해, 요즘 사람들이 잘 먹고 잘 산다는 의미로 즐겨 써대는 엉터리 영어 '웰빙(well-being)'과 같은 말입니다.

이 양생을 함에 있어서, 25권 『동의보감』 전체를 꿰뚫는 중요한 말이 있으니, 그것이 '정·氣·신'입니다.

이 말도 원래 고향은 중국 의학서이지만, 허준은 이 말이 지닌 의미를 한 단계 더 '업그레이드(upgrade)'시켜서, 『동의보감』의 핵심어(key word)로 사용하고 있습니다.

'정·氣·신'은,

우리 몸이 정상적인 리듬을 유지하기 위해 작동하는 '생체 흐름의 체계(mechanism)'를 뜻하는 말입니다.

쉽게 말씀드리면, 눈으로 볼 수는 없지만, 건강을 유지하기 위해 우리 몸속에서 쉬지 않고 진행되고 있는 모든 생명 활동을 압축해서 표현한 말이 '정·氣·신'입니다.

지금부터 여러분께 '정·氣·신'의 뜻을 알려드리기 위해 제가 하나씩 해부해드릴 테니, 부디 눈 열고 읽으시길!

먼저 '精(정)'입니다.

精을 자전(字典)에서 찾아보면, 무려 9개의 뜻이 있습니다.

精에 담긴 뜻이 이렇게 많다는 것은, 이 말이 인간의 삶 속에서 그만큼 중요한 위치를 차지한다는 의미입니다.
그중 몇 가지만 소개하면,

1. 깨끗하다

2. 정기(精氣)

3. 정액(精液)

4. 마음

여하튼 뭔가 깨끗하고, 근본적이고, 중요하고, 세밀하고, 정성스러운 것이 精입니다. 그래서 '**精 · 氣 · 신**'에서 **精**은, '**생명활동의 근본이 되는 물질**'을 뜻합니다.

위에서 소개한 精의 사전적 의미에서, 여러분들께서 특히 주목(注目)해야 할 뜻은, 셋째, '정액(精液)'입니다. 정액 속에는 1~2억(億) 마리의 정자(精子)가 들어있습니다. 정자는 인간을 포함한 모든 동물의 생명의 '씨앗'입니다. 식물도 마찬가지여서 수술의 생식세포를 암술과 합하게 하는 작업을 – 수정(受精)– '精을 받아드린다'라고 합니다. 그러니 모든 생물의 생명의 근본 씨앗이 精인 것입니다.

앞서 제가 여러분께 氣란 한자 속에 '쌀 米(미)'가 들어있다는 것을 기억하시라고 당부한 적이 있습니다. 그런데 精에도 '쌀 米'가 들어있습니다.

어째서 누런 땅에 살던 사람들은
精과 氣란 두 글자 속에 '쌀'을 넣었을까요?

　제 생각엔, 쌀이야말로, 농사를 짓기 시작한 1만여 년
전부터 오늘까지 인간이 먹고, 기운을 내서(氣의 첫 번째 뜻)
살아가는 데 없어서는 안 될 가장 중요한 '먹을 거리'(저는
'먹을 거리'를 '먹거리'로 써도 된다고 규정한 국립국어원의 무식한
행태를 경멸합니다.)이었기 때문일 겁니다.
언뜻 하찮아 보이는 볍씨 하나엔, 이 볍씨가 땅에 떨어져
햇빛과 물과 바람(氣의 두 번째 뜻이 '날씨'임을 기억하시나요?)
의 도움으로 벼로 자라서 더 많은 자손을 퍼뜨리는 데
필요한 모든 정보가 담겨있습니다.
수십억 년에 걸쳐 살아온 볍씨 조상들의 모든 정보가!

　수천 년 전 누런 땅의 사람들이 만든 이 '精'이란 한자
가, 최첨단과학을 자랑하는 서양 사람들이 1920년에야
겨우 만들어 쓰기 시작한 낱말, '지놈(genome)'입니다.
(이 말을 만든 서양 사람들이 모두 '지놈'이라고 하는데, 우리는 어
째서 '게놈'이라고 고집을 피우는지, 전 정말 모르겠습니다.)

　지놈(genome)이란, 부모로부터 물려받은 유전 정보를
지닌 '핵산(核酸, DNA)을 포함한 유전자(gene)의 집합체
(-ome)'를 뜻합니다.

그러니 '정액'이란 뜻을 지닌 精이 곧 '지놈'인 것입니다.
놀랍지 않나요? 서양에서 겨우 100년 전에 만든 말을,
동양에서는 수천 년 전부터 쓰고 있었다는 사실이!

자! 그게 볍씨든 동물의 정액이든, 그토록 소중한 精이
지만, 精은 생명의 기본 '물질'이기에 움직임이 없습니다.
이 精을 살아 움직이게 하는 것이 바로 氣입니다.
우리 몸속에서 진행되는 '精 · 氣 · 신'의 메커니즘에서,
氣는 '精을 '신(神)'으로 전달하는 힘'입니다.
이것이 氣의 세 번째 의미이자, 궁극적인 뜻입니다.

더 건강하게 오래 살아보겠노란 생각(精)에,
'러닝 머신(tread mill)'의 페달을 돌려대는 기운,
또 자동차의 휘발유(精)를 태워 엔진을 돌리는 힘이,
氣입니다.
자연에 존재하는 모든 것에는 氣가 있습니다.
DNA(精)가 RNA(氣)의 도움으로 단백질을 만들어 세포를
살아있게 하듯이, 또 볍씨가 땅에 떨어져 햇빛과 물의 도
움으로 벼로 자라듯이, 인간은 쌀을 끓여 나오는 기운(氣)
을 먹고 살아갑니다. 자연 속의 氣는 그렇게 돌고 돕니다.

다음으로 '神(신)'입니다.
神의 사전적 의미는 다음과 같습니다.

164

1. 신령, 귀신
2. 정신
3. 신기하다

여러분께선 神의 세 가지 뜻 모두를 잘 새겨둘 필요가 있습니다. 왜냐하면 神 속에는 위의 세 가지 뜻이 모두가 함축되어 있기 때문입니다.

'**精 · 氣 · 神**'에서 **神**은,
생명체가 살아가는 데 필요한 모든 정보가 담겨진 精을 어깨에 들쳐 메고 氣가 달려가는 종착역, 즉 인간이 살아가면서 하는 '모든 정신적 활동'을 일컫는 말입니다.
즉 **생명체가 '살아가는 방향'**이 神입니다.
다시 말해, 精이 氣의 도움으로 움직여서 일으키는 〈마음〉이 곧 神인 것입니다.

뭐든 긴 것을 싫어하는 사람들은, 〈마음〉을 한자말로 이야기할 때, '**精 · 氣 · 神**'에서 중간 전달 역할을 맡은 氣는 쏙 빼고, '精神(정신)'이라고 합니다.
우리 주변에서 가끔씩 정신 줄을 놓고 사는 사람들이 즐겨 쓰는 표현인 '아! 내 정신 좀 봐!' 또는 '내가 정신이 나갔어!'란 말은, 그 사람의 氣가 精을 神에게 제대로 전달하지 못했을 때 나오는 표현입니다.

또 이 과정에서 어딘가 흐름이 막히거나 끊길 때면,
우린 '氣가 막힌다'라고 말합니다.

  결국 '精 · 氣 · 神'이란, 한 사람의 몸에서 일어나는
개인적인 생명 활동뿐만 아니라, 부모가 지닌 여러 특징들
-모양, 크기, 머리와 피부 색깔, 성격 등- 이 담긴 DNA
가 RNA의 활동을 통해 자식에게 전해지고, 그 자식이
태어나서 자라고 늙어가는 동안, 부모로부터 물려받은
DNA에 자기의 새로운 특징들을 쌓은 뒤, 자기 후손에게
전하는 총체적 흐름까지 통틀어 일컫는 말입니다.

  허준 선생께서 외치십니다.

    -자기 <마음>을 모르면 병(病)이 든다,
    -神이 움직이면 氣도 따라간다,
     곧 <마음>이 맑으면 氣도 맑아진다,
    -5장6부도 精 · 氣 · 神이 만들어낸 기운의 조합이다,
    -精을 보호하고, 氣를 조절해서 <마음>, 즉
     神을 비우는 것이 양생(養生)의 기본이다,

한마디로, <마음>을 비우고 살라는 말씀!
참으로 옳으신 말씀입니다.
그런데... 말입니다.

166

    광해군의 병을 낫게 해서 의사의 신분으로 국무총리 직에까지 올랐고, '精·氣·神'을 통해 〈마음〉이 어디에서 오는지도 명쾌하게 설명한 명의(名醫) 허준도,

또,

1665년 현미경이란 물건을 만들어 세포를 발견하고, 1863년 고름 덩어리를 만지작대다 DNA를 발견했으며, 1953년 유전(遺傳)이 어떻게 이루어지는지 알 수 있는 'DNA의 나선형 구조'를 발견하곤, 드디어 생명의 비밀을 알아냈다며 환희작약(歡喜雀躍)에, 난리법석까지 떨어대던 서양 사람도,

둘 다 매우 중요한 것 하나를 놓치고 있었습니다.

또 뭐냐고요?

　　-〈마음〉도 유전이 된다.
　　-사람이 죽어도 〈마음〉은 안 죽는다.

는 사실만은,

허준도 서양 의학자들도 몰랐습니다.

氣가 뭔지 아예 모르는 서양 사람들이야 그렇다 치고,

칠십 평생 병을 고치고 의학 교과서 만드는 데 바친

허준 선생께서 이 사실을 몰랐다는 것은,

무척 안타깝고, 매우 애석한 일입니다.

하지만 한편으론 이해가 됩니다.

그분은 의술을 열심히 배워서 익힌 후천적 명의였지,
태어날 때부터 알고 있는 천품(天稟)은 아니었으니까요.
이것이 허준 선생의 한계였던 겁니다.

다음 장 〈마음〉에서 자세히 말씀드리겠지만,
여러분이 살면서 쌓인 기억(記憶)과 〈마음〉이 모여
습관(習慣)을 만듭니다. 이 습관이 그 사람의 행동을
만들고, 그 행동이 또다시 습관이 됩니다.
여러분이 살아가는 시간이 길면 길수록,
여러분의 습관은 더욱 굳어집니다.

그 굳어진 습관을 우리말로는 '버릇'이라고 하고,
불교에선 '업(業)'이라고 합니다.
'직업(職業)'에서의 그 業입니다.
한자 '業'은 '무언가 하는 일'을 뜻합니다.
즉 당신이 평생 살아가며 〈마음〉먹고 하는 일들의
총집합이 業인 것입니다.
당신이 쌓은 業은 사는 동안 결코 없어지지 않습니다.
왜냐하면 業이 곧 '당신'이기 때문입니다.

이 業은 여러분의 조상이 물려준 '精' 위에
또 하나의 '精神'으로 자리하게 됩니다.
그리고 '精子'를 통해서 당신의 자식에게 전달됩니다.

부모들은 자식에게 말합니다.

-좋은 습관을 지녀라,-

하지만 석가모니께선 말씀하십니다.

-좋은 습관마저도 버려라,-

붓다께선 왜 '좋은 습관'마저도 버리라고 하셨을까요?
좋든 나쁘든, 습관이 결국엔 業이 되니까요.
다시 말씀드리는데,
당신이 죽어도 당신의 業은 안 죽습니다.

*　　　*　　　*

혹시 여러분께선
불교와 힌두교(Hinduism)의 차이를 아시나요?
모르신다고요?

-業, 윤회(輪廻), 해탈(解脫)-

세 가지 핵심 교리는, 양쪽 모두 '붕어빵'입니다.
두 종교의 차이는, 단지 '윤회'의 해석에 있습니다.
힌두교의 윤회는 '사람 몸뚱이'가 다시 태어난다는 것이고, 불교의 윤회는 그 사람의 〈마음〉의 집합인 '業'이 안죽고 살아서 계속 돌고 돈다는 점입니다.

이것이 청년 고타마 싯달타(Gautama Siddhartha)가
부모자식, 아내, 다 버리고 가출(?)을 한 뒤,
6년 생고생을 하고 나서,
마침내 붓다(buddha: 인도 말로 '깨친 사람'을 뜻하는 보통명사)
가 되셔서 알아낸 '진리(truth)'입니다.
그런데도 우리네 어떤 스님들은 이렇게 말씀하십니다.

-다음 생(生)에 부자로 태어나고 싶으면,
평소에 보시를 많이 혀야 돼,-

아마도 그 스님들은 힌두교를 믿나봅니다.

3. 마음

"세상 모든 것은 오직 <마음>이 지어내는 것이니,"
　　(一切唯心造)　　　　　-원효(元曉)

마침내 氣를 찾아 떠났던 여행은 모두 끝났습니다.
앞서 말씀드렸듯이, 제가 지금까지 소개한 글들은,
이 〈마음〉이란 장의 '예고편'이었습니다.

이 장에서 펼쳐지는 '본편'인 〈마음〉 이야기를 온전히
이해하기 위해서, 또 복습도 할 겸, 氣란 글자가 담고 있는
의미를 한번 더 곱새겨 볼 필요가 있습니다.

1. 무엇인가를 살아 움직이게 하는 힘, 즉 기운
2. 날씨가 변하는 상태나 모습, 즉 기상(氣象)
3. 생명활동의 근본 물질인 '精'을 움직이게 해서,
**   '神', 즉 〈마음〉으로 전달하는 힘**

이 중에서 마지막 세 번째가 氣의 궁극적인 의미입니다.
그러므로 여러분께서 氣가 무엇인지 알고 싶다면, 氣가
최종적으로 도달하는 〈마음〉에 대한 탐구가 필요합니다.
氣를 써가며 氣 수련을 하는 분들께는 조금 야박하게 들릴
지도 모르겠지만, 氣는 그저 〈마음〉을 일으키게 하는 힘일
뿐, 氣 자체만으론 별 의미가 없다는 말씀!

눈썰미 있는 독자들께선 진즉 눈치를 채셨겠지만, 제가 이 책의 제목인 氣가 아니라, 왜 〈마음〉이란 낱말에만 주구장창(晝夜長川) '꺽쇠 기호'까지 붙여가며 강조해왔는지, 여러분께선 이제 아시겠습니까?

앞의 1, 2장에서 저는,
여러분께 정확하고 검증된 내용을 전달하기 위해,
제 견해나 주장은 가급적 삼갔습니다.
그러나 이 장 〈마음〉에서만큼은 앞뒤 잴 것도 없이,
또 서슴없이 제 의견을 밝힐 생각입니다.
왜냐하면 이 장에서 소개하는 글 내용의 대부분이,
지금까지 동, 서양의 어떤 학자나 전문가도 명쾌하게 설명하거나 주장한 적이 없었고, 또 저보다 앞서 氣와 〈마음〉을 연관 지어 설명한 책이나 논문도 찾을 수 없었기 때문입니다. 그렇기에 어떤 독자께선 제 글에 공감을 못하거나, 못마땅해 하실지도 모르겠습니다. 그러거나 말거나, 저는 제 생각대로 이야기를 펼쳐 나가겠습니다.
제 〈마음〉이니까요~.

하지만 개중에 〈마음〉의 '날이 선(銳敏)' 독자들께선, 그동안 살아오면서 까맣게 몰랐거나, 대충 알고는 있었지만 어렴풋했던 것들이 -밝은 햇살 아래 펼쳐지는 산 아래 풍경처럼- 환해지는 느낌을 받을 수도 있을 것입니다.

〈마음〉을 찾아 길 떠나기에 앞서, 여러분의 이해를 돕기
위해 먼저 이 장의 결론부터 말씀드리겠습니다.

-당신은 당신이 아니다,
  그래서 당신의 〈마음〉도 당신 것이 아니다.
-당신이 죽어도 당신의 〈마음〉만은 죽지 않는다.
  그러므로 당신이 죽는 날은, 당신의 〈마음〉이
  새롭게 태어나는 두 번째 '생일(生日)'이다.

만약 누군가가 위 결론에 100% 공감하신다면,
그분은 굳이 이 장의 글들을 읽으실 필요가 없습니다.
공연한 눈 고생에, 시간낭비일 테니까요.
반대로, 위 결론에 조금이라도 이견(異見)이 있는 분께선,
괴롭더라도 이 장의 글들을 읽으셔야만 합니다.
그런데 글을 다 읽고 나서도, 〈마음〉에 아무런 변화가
없는 분도 계실 겁니다. 매우 불행하게도, 그런 분들은
이번 생(生)을 헛살다 가는 줄만 아시면 됩니다.

과연 몇 분이 될지는 모르겠지만,
위의 제 결론에 100% 공감하는 분께선
더 이상 제 글을 읽지 않아도 될 터이니,
그분들께 미리 작별 인사를 올리겠습니다.

우리가 생일을 축하하며 부르곤 하는 노래,
"Happy Birthday to You!"

당신이 삶의 오솔길에서 멈춰 서는 그날,
부디 함께 이 노래를 부르시길!
"Happy Deathday to You!"

억장이 무너져

몇 해 전 서울에 있는 남대문에 불이 났을 때, 또 얼마 전 제주도로 수학여행을 떠나던 수많은 꽃봉오리들이 바다에서 스러져갈 때, 그 광경을 지켜보던 많은 사람들은 '억장이 무너지는 것 같다'라고 말했습니다.

우리나라 첫 여성 대통령이 남몰래 氣치료까지 받아가며 3년 넘게 해댄 '氣 막히는' 짓거리가 드러나자, 다시 많은 사람들이 '억장이 무너진다'며 한숨을 푹푹 쉬어댔습니다.

그런데, '억장이 무너진다'고?

도대체 '억장'이 뭐기에?

잘 모르면 우리말 사전을 찾아봐야 합니다.

그런데 어럽쇼? 수십 년 전부터 대한민국 학생의 상당수가 이용해온, 이희승이란 대(大)한글학자께서 감수(監修:'잘 살펴 고침'이란 뜻)하신, -베스트셀러이자 스테디셀러- 우리말 사전을 들춰보니, 아무리 눈을 씻고 찾아봐도 '억장'이란 말이 없습니다. 이게 뭔 일?

설마 이 한글학자께서 이 말을 모르셨을 리가 없을 텐데?

그렇다면 국립국어원이란 국가기관에서 오랜 기간,
국민세금 엄청 써가며 만든 『표준국어대사전』을
인터넷으로 검색해봐야지.
아! 다행히 거기엔 이 말이 올라있네요.
이 사전이 풀이한 '억장'은,

　　-억장(億丈)∶ 썩 높은 것, 또는 그런 높이-

달랑 요게 끝입니다.
장(丈)이 뭔지도 설명 않고, 어원(語源) 설명이나 용례(用例)
도 제시하지 않았습니다. 매우 불친절한 느낌입니다.
그런데 흥미로운 것은, 6년 전 이 사전의 '억장'에 대한
설명은 지금과 달랐습니다. 그 당시의 '억장' 풀이는,

　　-한자로 億丈이라고 쓰고,
　　높이가 억장이나 되는 높은 성, 즉
　　억장지성(億丈之城)의 줄임말-

그때나 지금이나 불친절하기는 '도토리 키재기'입니다.
왜냐고요?
요즘은 우리 모두가 프랑스 사람들이 발명한 '미터법
(metric)'이란 세계표준도량형(길이度, 부피量, 무게衡) 단위
를 쓰는지라, 장(丈)이 얼마나 되는 길이인지 잘 알 수가

없으니, 또다시 사전을 검색해서 '장'의 뜻을 알고 나서야 '억장지성'의 높이를 계산할 수 있으니까요.

평소에 뭐든지 번거로운 걸 싫어하시는 분들을 위해서, 제가 장(丈)이란 길이의 단위를 설명 드리면, 장은 10척(尺)입니다.
'척'은 '삼척동자'란 말에서의 척이고, 낚시꾼들이 꿈에서도 그리는 '월척 붕어'의 그 척입니다.

그런데 이번엔 '척'을 잘 모르시겠다고요?
'척'은 토박이 우리말로 '자'입니다.
-한 자(尺) 두 치(寸) 세 푼(分)에서처럼- 집짓는 목수가 줄(線)을 그을 때 쓰는, 그 '자' 말입니다.
자(尺)가 길이의 기본단위인지라, 길이 눈금이 그려진 물건도 -줄 자, 대나무 자처럼- '자'라고 부릅니다.
그렇다면 자는 미터법으로 얼마만큼의 길이일까요?
약 30cm입니다.
그래서 삼척동자는 '90cm 정도 키의 어린이'를 말하고, 월척 붕어는 '길이가 30cm 조금 넘는 붕어'를 뜻합니다.

자! 그러면 지금부터 '억장'을 계산해볼까요?
1장은 10척이니까, 약 300cm, 즉 3m입니다.
그런데 '억장'은 장이 억(億) 개이니,

$3m \times 100,000,000 = ?$
무려 3억 미터나 됩니다.
3억 미터는 30만km이고, 우리가 여전히 가끔 쓰고있는
거리 단위인 리(里)로 치면, 1리가 약 4km이니,
대충 잡아도 70,000리가 넘습니다.

　　그렇다면 『표준국어대사전』에서 말하는 '억장지성'은,
높이가 무려 '7만 리가 넘는 성(城)'을 말하는 것입니다.
남북한을 다 합쳐 우리나라를 '3,000리 금수강산'이라고
부르는 것과 비교해보면, '억장'의 높이가 어느 정도인지
대충 감(感)이 오시나요?
　　『표준국어대사전』에선 억장이란 말과 함께, '억장이 무
너지다'란 말의 뜻을 '높이가 억장이나 되는 성이 무너지
는 것과 같은 큰 고통(苦痛)을 느끼다'라고 했으니,
이는 결국 '높이가 7만 리나 되는 성이 무너지는 큰 아픔
을 느끼다'와 같은 뜻의 말이 됩니다.

　　중국의 진시황 때 흙으로 쌓았던 것을, 명(明)나라 때 지
금의 모습으로 돌을 쌓아 새로 증축한 '세계 7대 불가사
의' 중 하나인 '만리장성(the Great Wall)'의 길이도 겨우(?)
'만 리'입니다.
과장이 조금 심한 걸로 알려진 중국 사람도 아닌, 과학적
이고 합리적이라는 서양 사람들마저도 만리장성의 영어

180

이름에, 그들이 깜짝 놀랄 때나 쓰는 'great'이란 말을 썼습니다. '만 리'는 그만큼 어마어마한 거리인 것입니다.

　그런데 대한민국 『표준국어대사전』에 따르면, '억장'은 높이가 무려 7만 리입니다. 백번을 양보해서 길이가 '7만 리'라고 해도, 이건 너무 심하지 않은가요? 허풍 세기로 유명한 인도나 중국 사람도 대한민국 국립국어원 연구원 앞에선 '깨갱'하고 꼬리를 내릴 일 아닌가요?

　　　　　*　　　*　　　*

　우리의 몸 안엔 내장(內臟)이 있습니다.
내장이라 함은 우리 몸속에 있는 각종 기관(器官)을 모두 일컫는 말입니다. 우리는 그중에서도 특히 중요한 기관만을 모아 '5장6부(五臟六腑)'라고 부릅니다.

　그런데 지혜로운 옛사람들은 이 오장육부에다, 눈에 보이지는 않지만 매우 중요한 장기(臟器) 하나를 추가했으니, 바로 〈마음〉이라는 장기입니다.
　예나 지금이나 사람들은 〈마음〉이란 장기에 병이 나면, 앞의 다섯 장기에 병이 난 것은 델 것도 아닌 고통을 느끼나봅니다. 그래서 옛사람들은 그 장기에도 버젓이 이름을 달아줬는데, 그 장기가 바로,

'마음, 가슴 臆(억)'자를 쓴 '억장(臆臟)'입니다.
한자 '臆'을 유심히 살펴보면 알 수 있듯이, '몸이나 살(肉)
을 나타내는 月'에, '마음, 뜻'을 뜻하는 意(의)를 더한 글자
이니, 굳이 장(臟)이란 말을 안 붙이고 '臆(억)'만으로도,
〈마음〉이라는 장기를 나타낼 수 있습니다.

　　만약 〈마음〉에 탈이 나서 심한 아픔을 느낄 경우,
억장은 실제로는 없는 것인지라, '억장에 탈이 났다'라고
하지 않고, '억장이 무너진다'라고 말합니다.
요즘 우리가 흔히 쓰는 표현 중에
-정치한답시고 나대는 사람들이 하는 짓거리처럼-
도통 믿음이 안 가는 경우에 쓰는 말도
'신뢰가 무너지다'입니다.
여하튼 〈마음〉과 연관된 아픔들은, 탈이 나는 정도가
아니라, 마구 '무너져 내리는' 것입니다.
결국 **억장(臆臟)은** 억장지성(億丈之城)의 줄임말이 아니라,
우리 몸속에 있는 '〈마음〉이란 장기(臟器)'인 것입니다.

　　지혜로운 옛 사람들은 이 억장이란 말과 함께,
〈마음〉을 나타내는 장기를 하나 더 발명(?)했으니,
'복장(腹臟:배, 마음 腹)'이 그것입니다.
그래서 누군가가 뭔가 氣가 막히는 일을 당했을 때,
'억장이 무너지고, 복장이 터진다'라고 말하곤 합니다.

옛말에 '하나를 보면 열을 안다'고 했던가요?
이렇게 해서, 대한민국 정부기관에서 소중한 국민세금을
펑펑 써가며, 수많은 연구진이 오랜 세월에 걸쳐 만들었다
고 자랑해대는 『표준국어대사전』에 대한 저의 신뢰도
결국 여지없이 '무너져' 내렸습니다.

이쯤에서 여러분께 슬쩍 말씀드려야 할 것이 있습니다.
『표준국어대사전』의 '억장'에 대한 뜻풀이가 지금의 것으
로 바뀐 까닭은, 7년 전쯤인가 제 아까운 쌈짓돈을 써가며
국립국어원에 전화를 해서, '억장'이란 말의 뜻풀이가 잘
못됐다고 긴 시간에 걸쳐 설명을 한 적이 있는데, 아마도
그걸 계기로 바뀌지 않았을까, 저는 추측합니다.
제 이야기를 가만히 듣고 보니, 자신들이 해놓은 뜻풀이가
자기들 생각에도 말이 안 된다고 느꼈던지, 어느 날 슬그
머니 바꾼다고 바꾼 것이 '썩 높은 것, 또는 그런 높이'라
는 지금의 아리송하고 두루뭉술한 뜻풀이입니다.

'사전(辭典)을 보면 그 나라를 알 수 있다'란 말이 있습니
다. 이 말이 과연 옳은 말인지 아닌지를 알아보기 위해서,
영국의 『브리태니커(Britannica) 백과사전』을 예로 들면,
어떤 낱말의 정확하고 자세한 뜻풀이는 너무 당연한 것이
고, 매우 놀랍게도, 낱말의 어원(語源)과, 사람들이 그 말을
처음 쓰기 시작한 연도(年度)까지 표시하고 있습니다.

예를 들어, 전기(電氣)를 뜻하는 영어 'electricity'를 『브리태니커 백과사전』에서 찾으면, '초딩'도 이해할 수 있는 친절하고 정확한 뜻풀이와 함께, 이 말을 처음 쓰기 시작한 것은 1646년이라고 밝히고 있습니다.

우리의 자랑스런 『표준국어대사전』과 영국의 『브리태니커 사전』을 비교하며 떠오르는 사자성어(四字成語) 하나.

-足脫不及 (족탈불급)-
(신발 벗고 뛰어도 갬(game)이 안 된닷!)

그런데 한반도 북쪽 동포들은 '억장이 무너진다'라는 말을 '억이 무너진다'라고 말합니다. 그분들이 쓰는 말에는, 남쪽의 『표준국어대사전』에서 '억장'을 설명하면서 '높이가 억장이나 되는 어쩌구'처럼 '장(丈)'이란 말이 아예 안 붙어있다는 말씀!

이는 북한 동포들께선,

억(臆)만으로도 〈마음〉이라는 장기(臟器)를 충분히 표현할 수 있음을 진즉부터 알고 있었다는 명확한 증거입니다.

북쪽에선 한자(漢字)를 안 쓴지가 반세기도 넘었건만……

지도자 하나 잘못 만난 죄로, '굶기를 밥 먹듯' 하며 힘겹게 살아가면서도, '문화어'라 이름하는 자신들의 표준말에 선조들의 삶의 지혜를 오롯이 담아 올바른 말을 쓰고 있는 북쪽의 '조선말' 학자와 동포들께

184

-참 잘했어요! 도장 두 개!-

그런데 '안에서 새는 바가지, 밖에서도 샌다'고,
우리 정부가 해대는 '삽질'은 점입가경(漸入佳境)입니다.
2005년부터 현재까지 정부예산을 300억 원 넘게 펑펑
써가며 하고 있는 거창한 사업이 하나있는데, 이름하여

-〈겨레말 큰사전〉 남북 공동 편찬사업-

'남북의 겨레가 함께 볼 최초의 사전'을 만든답시고 시
작한 이 사업은, 처음엔 2013년까지 사전을 내놓겠다고
했건만, 2018년 현재까지 마무리도 못 짓고, 거의 하는
일 없이 매년 30억 원이 넘는 예산만 써대고 있습니다.
이 사업회는 출범 때부터 어느 늙은 시인(詩人)께서 줄곧
이사장직을 맡고 있었는데, 얼마전부터 그분의 술버릇과
손버릇이 무척 나쁘다고 사방에서 소문이 들끓자, 2018
년 봄에 그만두었으니, 이제 이 사전이 언제 세상에 나올
지는 아무도 모릅니다. 그 손으로 시나 쓰실 것이지…….

이 사업을 생각하면 또 제 臆臟이 무너지는 것이, 막대
한 예산을 써가며 왜 지금 꼭 만들어야 하는지, 또 누가 보
라고 만드는지(북한 동포들은 남한에서 출간한 책을 읽으면 보위
부에 잡혀갑니다.)를 도무지 알 수가 없기 때문입니다.

과연 이 사전을 통일도 안 된 지금, 서둘러 만들 이유가
있나요? 옛말에도 '급히 먹으면 체한다'고 했거늘!

그나저나 '억장'이란 낱말의 뜻풀이 하나 제대로 못하는
우리네 국어학자, 전문가란 양반들께서 만드신,
『표준국어대사전』 덕분에,
〈마음〉을 찾아 떠나는 우리의 여행길은,
첫 시작부터 진흙탕인 셈입니다.

*뱀 다리 (蛇足)

2017년 4월경(頃)이었던가?
대한민국 판매부수 1등이라고 떠들어대는
어느 주요 일간지의 우리말 관련 연재기사의
담당기자께서 쓴 '억장'이란 제목의 글에서,
'억장은 30만km 높이의 성 어쩌구'라고
친절하게 설명해대는 걸 보고,
그리스 역사가와 철학자 비트겐슈타인(L. Wittgenstein)이 했던
말이 문득 떠올라, 혼자 쓴웃음을 지었던 기억이 있습니다.

"무식 (無識) 이 용맹!"
(Ignorance is Bold!) -Thucydides

"당신 언어의 한계가 당신 세계의 한계!"
(The limits of your language are the limits of your world!)

186

운문사 소나무

경부선 열차를 타고 대구를 지나면 청도(淸道)역에 이르게 됩니다. 거기서 운문 댐을 끼고 경주 방향으로 가다가 오른쪽으로 틀면, 천 년 고찰(古刹) 운문사(雲門寺)가 자리하고 있습니다.

예전엔 비구 스님들이 머무는 절이었지만, 지금은 파랗게 머리 깎은 '비구니(여성 비구)'들이 모여 앉아, 석가모니께서 전하신 말씀을 공부하고 있습니다.

인생의 십여 년을 중으로 산 '글쟁이'가 있습니다.

그가 환속(還俗)을 하고나서 절집에서 생활했던 옛 추억을 더듬어가며 쓴 기행문 중에서, 운문사에 관한 글이 있어 일부를 소개합니다.

서울이 싫어지거든, 아주 떠나가기는 어려우므로
하루 이틀 청도 운문사를 갔다 오는 것도
서울 염증을 다스리는 큰 처방이 된다.

하필 운문사냐고 말할 사람도 나오겠지만
운문사에 가서 운문산 첩첩연봉이 만들어 놓은
고원감(高原感)을 경험한다면 그런 말은 없어지고
말 것이다.
아아, 유수하게 가라앉은 운문산 일대의 바람 앞에서
이제까지의 속세를 자못 결별해 버릴 수 있다.
산이 좋으면 물이 좋고 바람이 좋은 것이다.
그런 곳에 살면, 살기 시작한지 사흘 만에
부처님 가운데 토막이 되는 법이다.
금천강(錦川江)을 따라 구곡(九曲)을 지나면서
눌연(訥淵), 우연(偶淵)을 이루다가 운문사 입구에
이른다. 눈앞에 울창한 전나무와 소나무들이
하늘을 떠받고 있는 것에 어룩어룩한 경건함을
느끼지 않을 수 없게 된다.
해탈교(解脫橋)를 건너면 마치 커다란 부채 모양의
반송(盤松)을 볼 수 있다.

　　제가 이 시인의 글을 조금 길다싶게 인용한 까닭은,
윗글 마지막 구절에 나오는 '반송(盤松)' 때문입니다.
-쟁반, 너럭바위 盤, 소나무 松-
이름 그대로, 마치 우산 모양을 하고 너럭바위처럼
옆으로 가지가 뻗은 소나무를 반송이라고 부릅니다.
운문사 경내에 있는 이 소나무는 천연기념물(제180호)로
보호받고 있는데, 이 나무를 설명하는 금속판에는

'처진 소나무'라고 적혀있습니다.

'처진 소나무(柳松)'와 '반송(盤松)'은 학명(學名)은 물론이고, 전혀 다른 품종이건만, 여하튼 우리네 몇몇 학자 양반들과 '곰무원(?)'들께서 해대는 짓거리란, 늘 '요 모양 요 꼴'입니다.

이 의젓한 자태(姿態)의 소나무는 나이가 무려 오백 살이 넘습니다. 움직이지도 못하는 나무가 한 곳에서 오백 년 넘게 버티고 살아와, 오늘까지 푸르름을 자랑합니다.
무려 장장 5백년입니다.

그렇다면 이 소나무는 우리 역사의 파란곡절(波瀾曲折)과 질곡(桎梏)을 오백 년 넘게 지켜보아왔다는 이야기입니다.
6.25는 물론이고, 그 옛날 임진왜란과 병자호란까지도...
어리석은 인간들이 저질러온 수많은 짓거리를 묵묵히 지켜본 이 소나무. 그 많은 환란(患亂) 속에서도 자신의 기품과 격(格)을 잃지 않고 오늘의 우리에게 지난 역사를 말없이 전해주는 이 나무.
과연 누가 이 나무에게 불경스런 말을 할 수 있을까요?
또 어느 누가 이 나무를 '그냥 나무일 뿐'이라고 말할 수 있을까요? 겨우 백 년도 못 사는 인간 주제에.

2008년 늦여름,
이 소나무를 '뵈러' 本然과 운문사를 찾았습니다.
'예수천국 불신지옥'과인 그녀는 이날이 초행길입니다.

그런데 절 입구에 들어서서 이 소나무를 보는 순간,
本然이 갑자기 '어흑!' 소리를 냅니다.
제가 깜짝 놀라 묻습니다.

　"왜요? 어디 아파요?"
　"아뇨, 갑자기 가슴이 막혀서요."

제게 겨우 한마디 대답을 하곤,
머리를 숙인 채 가슴을 만지고 있습니다.
제가 또 묻습니다.

　"왜 그래요?"
　"아, 이 소나무에서 엄청난 氣가 나와서요."

제 말에 겨우 답을 하고 나선, 소나무를 어루만집니다.
소나무와 대화를 하는 것입니다.
한참을 그러고 나서 제게 말합니다.

　"이 소나무는 굉장한 <마음>을 지니고 있어요,
　운문사를 지켜온 정신(精神)이 바로 이 소나무군요."

　　그날 이후로 本然은 틈만 나면 그 소나무를 '뵈러'
운문사를 찾습니다. 그리고 어김없이 소나무와 대화를
나눕니다. 결국 本然과 소나무는 한 몸입니다.
서로를 소중히 위하고 아끼는.

190

그날 소나무와 헤어지면서,
本然이 아둔한 제게
'신라의 미소'를 지으며 한마디 던집니다.

　"모든 자연이 곧 氣랍니다,
　선생님도 氣를 더욱 깊이 느끼시려면
　이 나무를 느껴보세요,
　소나무의 <마음>을..."

　　　　　*　　　　*　　　　*

'미모사(mimosa)'란 식물이 있습니다.
이 식물의 이름은 먼 옛날 로마 사람들이 쓰던 라틴어
'mimus('흉내'란 뜻)'에서 따온 것입니다.
영어로 '흉내 내다'란 말도 'mime'입니다.
그래서 어릿광대가 대사 없이 몸짓만으로 익살을 떠는
무언극을 '판도마임(pantomime)'이라고 합니다.

　이 식물이 이런 이름을 갖게 된 까닭은, 사람이나 벌레
가 이 식물의 잎이나 줄기를 건드리면, 금세 움츠러들며
아래로 축 늘어지곤 하는데, 그 모습이 마치 사람이 부끄
러워 고개를 숙이는 것처럼 보이기 때문입니다.
중국 사람들도 이 식물을 '함수초(含羞草)'라고 부릅니다.
글자 그대로 '부끄러움(羞)을 머금은(含) 풀(草)'입니다.

우리말 이름은, 영어 'sensitive plant'를 그대로 번역한 말인 '신경초(神經草)'입니다.

-건드리면 신경질 내는 풀?-

우리는 언제부터인가 풀이름 하나 짓는 데도 이따위로 '멋대가리'가 없습니다. 누구 못지않게 '큰 나라(大)를 섬기는(事)'걸 싫어하는 저이지만, 이런 점만은 중국사람들에게 무릎을 꿇고서라도 배워야 할 부분이라고 생각합니다.

앞서 저는 여러분께 '기공(氣功)'에 대해 말씀 드렸는데, -그것이 경氣功이든 연氣功이든- 氣功은 모두 하나같이 사람이란 '동물'과 연관된 것들입니다. 그렇다보니 각종 氣功을 수련하는 사람들의 관심 역시 오직 '인간의 氣'입니다. 실제로 제가 만나본 각종 氣의 고수들은 한결같이

-어떻게 하면 쌈박질(?)을 더 잘할 수 있나?-
-어떻게 하면 병 안 걸리고 오래 살 수 있나?-

에만 관심이 있었습니다.
여러분께 한번 더 말씀드립니다.

-물건이든 식물이든 동물이든, 죽은사람의 영혼이든,
세상에 존재하는 모든 것에는 氣가 있다고-

이 말은, 누군가 氣가 무엇인지 알고 싶고, 또 氣를
운용(運用)하고 싶다면, 인간뿐만이 아니라 세상 모든 것들
의 氣를 느끼고 이해해야 함을 뜻합니다.
분명히 말씀드리건대, 자연(自然)의 氣를 모르고 있다면,
제아무리 수십 년 氣를 갈고 닦았다손 치더라도 -장님,
앗, 실수!- 시각장애인이 코끼리 만지는 격(格)일뿐입니다.
그런데도 제가 만난 氣도사들은 죽을 둥 살 둥,
사람 몸뚱이의 氣만을 붙잡고 늘어졌습니다.
누군가는 묻습니다.

-식물도 생각을 할까?
-식물도 감정이 있나?
-식물도 사람의 말을 알아들을까?

우리 주변엔 이런 질문을 하는 '중생'들이 제법 많습니다.
이는 식물이란 존재가 아무 말 없이 평생 한군데
'처박혀있다고(?)' 우습게보고 지껄이는,
한마디로 식물만도 못한 '수작'들입니다.
    이따위 의문에 대한 답의 좋은 예가, 바로 '미모사'입니다.
지금도 열대 지방에 가면 곤충을 잡아먹는 식물이 많이
있지만, 열대가 고향인 미모사가 온대지방으로 '이민'을
와서 우리 곁에 있기에, 식물의 氣를 설명하는 데, 더 없이
좋은 예로 자리하고 있는 것입니다.
    -건드리면 '신경질'까지 내 가면서-

어쨌거나 미모사란 식물은, 분명히 식물도 생각을 하고, 자극에 반응을 한다는 명확한 증거를 인간에게 보여주고 있습니다. 어떤 분이 또 묻습니다.

-아니, 뇌(腦)도 없는데 어떻게 '생각'을 하냐?-

뒤에 자세히 말씀드리겠지만,
'생각'은 뇌로 하는 게 아닙니다. 뇌는 우리의 생각을 그저 기억하고 저장하는 '창고'일뿐입니다. 그리고 뇌가 죽어도 〈마음〉은 움직입니다. 다시 말해, 우리의 '몸(肉)'이 죽어도 우리의 '영(靈)'은 죽지 않는다는 말씀!
허튼 소리 말라고요?

무슨 말씀! 이는 많은 이들이 철석(鐵石) 같이 믿기를 좋아하는 최첨단 서양의학이 벌써 밝혀낸 '사실(fact)'입니다. 여러분께서 자기 것이라고 굳게 믿고 있는 각자의 〈마음〉이란 것도, 사실은 우리 몸을 구성하는 60조(兆) 개에 이르는 세포들의 '유전자'가 내뿜는 파동(波動)의 총집합입니다.

사람과 마찬가지로 식물도 세포로 구성되어 있습니다. 우리 눈엔 하찮아 보이는 어린 풀의 세포 역시, 그 나이는 수십억 년입니다. 왜냐하면 그 세포 속에는 수십억 년 전에 살았던, 조상의 유전자가 그대로 담겨져 내려왔기 때문

194

입니다.

그렇기에 각각의 세포 속엔, 수십억 년을 살아오며 축적된 자기 조상의 〈마음〉이 담겨있습니다. 어떤 〈마음〉?

-'살아야겠다'는 〈마음〉-

이 〈마음〉이 있기에 봄이면 어김없이 새싹이 돋고, 여름이면 무성한 잎을 피우고, 가을이면 열매 맺고 겨울이면 잠드는 것입니다. 만약 식물에게 〈마음〉이 없다면 철따라 어김없이 이뤄지는 규칙적인 삶은 절대로 불가능한 일입니다.

식물을 포함해서 모든 생명체가 지니고 있는 '살아야겠다'란 〈마음〉을 일으켜 살아 움직이게 하는 힘이 바로 氣입니다.

그래서 氣가 곧 생명(life)이고, 생기(vitality)인 것입니다.

식물의 氣는 동물의 그것과 조금도 다를 바 없습니다.

그러니, 말없는 식물이라고 절대 얕보지 마시길!

여러분께서 자기를 사랑하는지 미워하는지, 식물은

다 알고 있답니다. 제 말이 또 허튼 소리라고요?

초등학교 어린이들이 하는 과학실험 중에 '양파 키우기'란 것이 있습니다. 투명한 유리컵에 물을 담은 뒤 양파를 올려놓고, 양파에서 뿌리가 생기고 싹 트는 모습을 통해, 식물이 자라는 과정을 관찰하는 실험입니다.

그런데 이 실험을 통해 우리는 매우 놀라운 현상을 발견할

수 있는데, -이미 아는 분도 계시겠지만- 아직 모르는 분
을 위해 말씀드리면, 실험 방법은 다음과 같습니다.

같은 크기의 유리컵과 같은 크기의 양파를 두 개씩
준비합니다. 두 개의 컵에 같은 양의 물을 담습니다.
그리고 같은 장소에 둡니다.
제가 자꾸 '같은'이란 말을 되풀이하는 이유는,
조건이 양쪽 다 똑같아야 함을 강조하기 위함입니다.
그런데 한 가지 조건만은 다릅니다. 뭐냐고요?
한쪽 유리컵엔 '사랑한다'란 말을 종이에 써서 붙이고,
다른 쪽엔 '죽어라!'라고 써 붙입니다.
그리고 가만둡니다.

날짜가 지나면 지날수록 놀라운 결과가 나옵니다.
'사랑한다'라고 써 붙인 컵의 양파는 잘 자라는 반면,
'죽어라!'라고 써 붙인 쪽의 양파는 점점 시들어갑니다.
만약 여러분께서 '사랑한다' 쪽의 컵에 대고 '사랑한다~'
란 말까지 하고, '죽어라!'라고 써 붙인 컵엔 '죽어랏!'
이라고 말을 한다면, 결과는 더욱 빨리 나타납니다.
시간이 지나면 '죽어라!' 쪽의 양파는 결국 죽고 맙니다.
설마 그럴 리가 있냐고요?
정히 의심스러우면 여러분도 댁에서 한번 해보시죠?
그런데 똑같은 조건의 컵에서 자라는 두 개의 양파에서
어떻게 전혀 다른 결과가 나왔을까요?

196

이 '양파 실험'에 대한 해석은 여러 가지입니다.
써 붙인 글씨 때문에 물의 성질이 바뀌어서 그렇다는 둥,
또는 그 글씨의 보이지 않는 힘이 양파의 생장에 영향을
미쳤다는 둥... 그런데 그중에서 가장 설득력 있는 해석은
'파동설(波動說)입니다. 컵에 써 붙인 글씨와 그걸 말로 할
때 생기는 파동이 물의 성질을 변화시키고, 양파의 생장에
도 영향을 미쳐서 그런 결과가 나왔다는 해석입니다.

　어느 쪽의 말이 옳든 간에 결과는 분명합니다.
한쪽은 잘 살고, 한쪽은 시들어 결국 죽습니다.
이 '양파 실험'을 통해 우리는 눈에 보이지는 않는
氣의 실체를 생생히 눈으로 확인할 수 있습니다.

　그래서 어떤 이들은 자식이 태어나면, 좋은 이름을 지어
주기 위해 곧장 작명소로 달려가거나, 수행이 깊은 도사님
을 찾아 나서곤합니다. 사랑하는 후손에게, 남들이 불렀을
때 좋은 파동을 일으키는 이름을 남겨주기 위해서.

　氣란 그런 것입니다.
눈에 보이지도, 손에 잡히지도, 또 여간해선 잘 느낄 수도
없지만, 한 생명을 살리기도 하고, 죽일 수도 있는 것이 氣
입니다. 그렇기에 우리 눈에 보이는 그 어떤 것보다도,
인간의 삶에 큰 영향을 미치는 것이 바로 氣인 것입니다.

여러분께서 氣가 뭔지 알고 싶다면,

또 여러분의 몸 안에 흐르고 있는

소중한 氣를 느끼고 싶다면,

무엇보다 먼저 식물의 氣를 느껴볼 일입니다.

왜냐하면 식물의 氣를 느끼게 되면,

여러분 몸 안의 氣도 저절로 느낄 수 있게 되기 때문입니다.

*뱀 다리 (蛇足)

이 글을 쓰는 제 책상 위엔 작은 미모사 화분이 놓여있습니다.

당최 태생부터 아둔해서, 氣를 느끼는 기감(氣感)이라곤

-곰 발바닥같이- 둔해 빠진 저는,

이렇게 해서라도 식물과 대화를 해보려 애쓰고 있습니다.

여러분께서도 氣가 뭔지 느끼고 싶은 분께선,

지갑에서 몇 천 원을 꺼내 꽃집으로 달려갈 생각은 없으신지요?

분명코 남는 투자일 텐데...

당 신

자!
드디어 당신의 〈마음〉을 찾아 여행 떠날 시간입니다.
그런데 당신의 〈마음〉이 무엇인지 알기 위해선,
먼저 알아야 할 것이 있는데, 바로 '당신'입니다.

앞서 저는 여러분께
'당신은 당신이 아니다'라고 말씀드렸습니다.
만약 당신이 당신이 아니라면 문제가 심각해집니다.
당신이 그토록 소중히 여기는 모든 것들
-당신의 집, 아내, 남편, 자식, 예금통장, 자동차 등-도
당신 것이 아니기 때문입니다.
게다가 당신이 어떤 일을 생각하고 결정하는 당신의
〈마음〉마저도 당신 것이 아닌 게 됩니다.
당신은 과연 누굴까요?

1,250명의 제자들이 모여앉아 이야기꽃을 피웁니다.

"나는 소싯적에 한 싸움 했었지."
"나는 노래를 끝내주게 했다구!"

어디 그 뿐인가요?
어떤 제자는 '말을 잘 탔다', 또 '글씨를 잘 썼다' 등등
모두가 눈빛을 반짝이며 옛 추억에 빠져들고 있던 그때,
스승께서 조용히 등장하셔서 한 말씀하십니다.

-'내(我, 아)'가 있다고 하는 것은,
'내'가 있음이 아니건만,
보통 사람들은 '내'가 있다고 여기는구나.-
(有我者 則非有我 而凡夫之人 以爲有我)

『금강경, 金剛經』

말씀이 끝나자마자, 제자들이 쑤군거립니다.

-갑자기 이게 뭔 똥딴지같은 말씀?
아니, 내가 난데, 내가 아니라니,
내가 내가 아니면, 남이란 얘긴가?
스승께서 시방(時方) 뭔 말씀을 하시는 거여?-

200

석가모니께서 살아계실 당시엔, 불교란 종교는 아예 없었고, 오직 석가모니 붓다와 당신의 가르침을 통해 깨달음을 얻고자하는 많은 제자들이 있었을 뿐입니다.

그 당시 인도 사람들은, 오늘날 힌두교의 전신(前身)인 '브라만교(Brahmanism)'를 믿고 있었습니다.

브라만교는 우주창조의 신인 '브라만(梵,범)'과 '내(我,아)'가 진리에 의해 하나 되는 것(梵我一如)을 목표와 이상(理想)으로 삼고 있었는데, 교리에서 보듯이,

브라만교는 '나(我)'란 존재를 인정하고 있었습니다.

그런데 석가모니께서 고생 끝에 깨달음을 얻고 보니,

그렇게 굳게 믿어온 '나'란 것이 실제론,

'내가 아니었던 것(非我)'입니다.

하지만 석가모니께선 이 깨달음을 얻고 나서,

사람들에게 이 말씀을 전하길 무척 망설이십니다.

-세상의 상식을 뒤엎는 이것,
깊고 미묘하니 어찌 알리오.
격정에 매이고 무명(無明)에 덮인 사람은
이 진리를 깨닫기 어려우리라.-

〈상응부 경전 6:1〉

앞에 소개한 『금강경』 구절 속엔, 석가모니 붓다께서 깨달은 진리의 핵심이 모두 들어있습니다.

이전까지 어느 누구도 알지 못했던 사실을 붓다께서 깨달아 아셨던 것입니다. 그리고 너무도 놀라워서 하신 말씀이 위에 소개한 내용입니다.

　그렇다면,
'세상 사람들의 상식을 뒤엎는 이것'이 과연 뭘까요?
붓다께선 당신께서 깨달은 그것을, 보통사람들은 왜
깨닫기 어려울 거라고 생각하셨을까요?

　석가모니께서도 설명할 엄두가 나지 않았던 '그것'을,
제가 감히 여러분께 설명 드려보겠습니다.
어떤 분들은 다음의 제 설명을 말장난이라 여기실지도
모르겠는데, 분명히 말씀드리지만, 이것은 결코 말장난이
아닙니다. 궤변(詭辯)이 아니란 말씀!

　아래 제가 설명드리는 방법은, 그리스 철학자 '소크라테스'가 동네 청년들과 말싸움을 할 때 즐겨 써먹던 수법인 '산파술(産婆術)'이란 것인데, 소크라테스 어머니의 직업도 아이 낳는 걸 도와주는 산파(産婆)였습니다.

　다음 글을 한 줄 한 줄 곰곰이 생각하며 읽다보면,
산모(産母)가 산파의 도움으로 아이를 낳듯이,
마지막에 가선 같은 결론에 다다르게 됩니다.

202

이 세상에 살아있는 모든 것들은

태어나서 늙고 병들어 죽어간다.(諸行無常)　　(맞습니까?)

이렇게 변해가는 것은 나의 뜻과 무관하다.　　(맞습니까?)

내 뜻대로 안 되기 때문에 괴로움이 있다.　　(맞습니까?)

괴로운 것은 내가 바라는 바가 아니다.　　(맞습니까?)

괴로워하는 나는 내가 바라는 '내'가 아니다.　(맞습니까?)

내가 바라는 내가 아닌 나는 곧 '내'가 아니다. (맞습니까?)

그러한 '나'는 결국 내가 아니다(非我).　　(맞습니까?)

무슨 말씀인지 이해가 가십니까?

'아직도'라고요?

그렇다면, 좀더 쉽게 풀어 설명드려 보겠습니다.

붓다께선 지금 여러분이 분명히 존재하고 있는데,

그 존재하는 것이 여러분이 아니라고 말씀하고 계십니다.

아마 이 사실을 깨닫고, 붓다께서도 꽤 놀라셨을 겁니다.

왜냐하면 붓다 자신이 어려서부터 35살이 되도록 믿었던

브라만교에서건, 또 자신을 가르쳤던 스승들마저도 ,

'내가 내가 아니다'란 말을 한 적이 없고,

붓다께서도 '나의 괴로움에서 벗어나보겠다',

또 '내가 깨닫겠다'란 목적으로 집을 나와,

6년 동안 '고행(苦行)'이란 생고생을 하셨으니까요.

그래서 내가 깨닫기만 하면, 내가 모든 괴로움과 죽음의

공포에서 벗어나고, 내겐 무한한 행복이 있을 거라 확신하

고 계셨을 테니까요.
다시 말해, '내'가 있고 나서야 모든 게 있는 것입니다.

　그런데 깨달음을 얻고 보니,
그 모든 생각이 다 틀렸더라는 겁니다.
붓다께서 깨달은 첫째 '진리'는,
'세상 모든 것이 다 괴로움이다 (一切皆苦)'였습니다.
어째서 모든 게 다 괴로움이지?
가끔 우리는 행복이란 것도 맛보고 기뻐하지 않나?
우리의 이런 의문에 대해 붓다께서 하신 답은,

-모든 괴로움은
'내' 뜻대로 되지 않기 때문에 생긴다.-

　사실 저도 제 의지로 태어나지 않았고, 여러분도 마찬가지일 겁니다. 내 뜻대로 할 수 없는 것은, 그것이 잠깐의 즐거움일지라도 지속되지 않기에 결국 '괴로움'인 것입니다.
아마도 청년 '고타마 싯달타(석가모니께서 깨닫기 전의 이름)'도, 가출을 한 뒤에 엄청나게 괴로웠을 것입니다.
가족들에게 정말 무책임한 행동을 했고, 주위의 눈총도 눈총이려니와 자기가 저지른 행동에 대한 회의(懷疑)도 매우 컸을 것이고, 그래서 고행(苦行)을 통해서라도 어서 빨리 괴로움에서 벗어나길 갈망했을 것입니다.

그런데 어느 날 명상에 들어 깨치고 보니,
지난 날 깨달음을 구하고, 괴로움에서 벗어나려 했던
자신이, '자기의 실체', 즉 '본래의 자기'가 아니었다는
사실을 깨닫게 된 것입니다.
   이렇게 자기라고 굳게 믿고 있는 '자기(ego)'가
실제 자기가 아님을 깨달음으로써,
'본래의 자기(self)'를 찾는 것을 목표로 하는 종교가,
-유대교에서 기독교가 새로 태어났듯이-
브라만교에서 새롭게 태어난 불교(佛敎)입니다.

                    *   *   *

   그렇다면 '본래의 자기'는 도대체 어디 있는 걸까요?
여러분과 함께 본래의 자기를 찾아 나서기 위해서,
지금 이 책을 읽고 있는 '당신'을 예로 들겠습니다.

   당신이 있기 위해선 당신의 부모가 있습니다.
당신의 부모가 있기 위해선 부모의 부모가 또 있었습니다.
그러니 조부모가 없었다면 당신의 부모님도 없었을 것이
고, 당신도 없을 것입니다.
결국 당신의 몸은 당신의 부모, 그리고 조부모의 정자와
난자가 만들어 놓은 그분들의 복제품입니다.

그 명확한 증거로, 친자확인을 할 때 반드시 등장하는 'DNA(核酸, 핵산: 유전자의 본체를 이루는 물질)'가 자식의 부모나 조부모와 똑같습니다.

다시 말해, 당신의 유전자는 당신의 조상이 누구인지를 밝혀주는 살아있는 증거물입니다.

그래서 당신 몸속에는 당신 이외에도, 분명 조부모와 부모의 지분(持分)이 있습니다.

제 말이 맞습니까?

자! 그렇다면 지금 이 글을 읽고 있는 '당신'이 누구인지 추적해 보겠습니다.

오늘 당신이 있기 위해선, 당신의 윗 조상들이 당신을 낳기 전에 단 한 차례도 죽지 않았기에 가능한 일입니다.

만약 당신의 14대조 할아버지께서 임진왜란 때 왜병과 싸우다 돌아가셨더라면, 당신이란 존재는 오늘 이 땅에 없습니다. 14대에 걸쳐 단 한 차례도 당신의 조상이 불의의 사고를 당하지 않았기에 당신이 태어났습니다. 그래서 당신 몸 안에는 14대에 걸친 조부모의 유전자가 들어있습니다. 이것은 '사실(fact)'입니다.

14대 할아버지의 위로 더 거슬러 올라가볼까요?

당신의 14대 할아버지의 윗 14대 조상께선 몽고군이 여섯 차례에 걸쳐 한반도를 쑥밭으로 만들고, 수많은 사람들이 죽어가는 와중(渦中)에도 용케 살아남았습니다.

그리곤 자손을 퍼뜨렸기에 당신의 14대조가 있을 수 있었습니다.

　더 거슬러 올라가면, 당신의 28조의 28대조,

즉 당신의 56대조께선 고구려, 백제, 신라 삼국 사이에서

벌어진 크고 작은 전쟁 속에서도 무사하셨습니다.

만약 그때 조부모 두 분 중에 한 분이라도 돌아가셨다면

오늘 당신은 없습니다. 제 말이 틀림없죠?

　우리가 족보(族譜)라 이름하는, 일가친척 모두의 출생과

사망 기록을 담은 책으로, 세월을 거슬러 올라가 윗조상을

추적할 수 있는 한계점이 여기까지입니다.

　자! 거기까지만 계산해 보겠습니다.

예로부터 우리는 1세대(世代)를 약 30년으로 보았습니다.

예나 지금이나, 대개 30살이 되면 아들, 딸을 낳았고,

아들, 딸이 서른 살이 되면 또 자식을 낳았기 때문입니다.

그래서 대충 삼국시대에 이르기까지 당신의 조상을

50대로 가정하겠습니다.

이는 오늘의 당신이 있기까지 100명의 할아버지와

할머니가 계셨다는 말입니다.

다시 말해 서기 500년까지만 쳐도,

당신 속에는 100명의 유전자가 남아있는 것입니다.

이것은 분명한 사실입니다.
유전자는 결코 없어지지 않기 때문입니다.
그래서 그때까지만 치더라도, 당신 몸속에 당신만의
지분은 1%가 채 안 됩니다. 제 논리에 오류가 있나요?
어떤 분이 말씀하십니다.

-뭔 말인지는 대충 알겠는데,
그래도 그까짓 유전자가 뭐 얼마나 되겠냐?-

천만의 말씀!
사람들은 가끔 이런 말을 합니다.

-저 녀석은 할아버지 모습을 쏙 빼닮았어,
게다가 하는 짓도 어쩜 할아버지와 똑같을까?-

이 말이 무슨 말인가요?
이 말은 할아버지의 유전자가 손자에게까지 여실히 살아
있어, 생김새는 물론이고 행동거지, 성격에 까지 영향을
주고 있다는 말이 아닌가요?
행동이 비슷하다는 건, 할아버지가 아직도 손자 안에 살아
있다는 명확한 증거입니다.
즉 그 손자는 분명코 할아버지의 분신(分身)인 겁니다.

그런데 여기서 끝이 아닙니다.
50대조 할아버지는 그 위로 또 50대조 할아버지가 있었

고, 할아버지의 50대 조상께서 아무 탈 없이 자손을 퍼뜨렸기에 오늘의 당신이 있는 겁니다.

어디 그 뿐인가요?

그 위의 까마득한 조상께선, 70~80만 년 전부터 지구에 몰아닥친 4차례 빙하기(氷河期)의 혹독한 추위와 굶주림 속에서도 기적적으로 살아남았고, 더 위로는 공룡이 지구의 주인행세를 할 당시에도 정말 용케도 살아남았기에 오늘 당신이 있는 것입니다.

이렇게 자꾸 더 거슬러 올라가면, 유인원에서 포유류로, 이어 파충류로, 또 양서류로, 그리고 바닷속 어류로, 마지막에 가선 지구가 생겨나서 등장한 최초의 생명체인 수십억 년 전 단세포 생물에 까지 이어지는데, 정말 놀랍게도 당신의 조상은 그 수십억 년 동안 단 한 차례도 부모가 돌아가시는 불상사(不祥事)가 없었던 사실입니다.

100년, 200년도 아니고, 무려 장장 수십억 년입니다.

이 놀라운 기적의 결과가 '**당신**'입니다.

이제 당신이 얼마나 기적 같은 존재인지 아시겠습니까? 오늘 당신이 있기까지, 수십억 년 동안 단 한 차례의 오차도 없이 당신의 할아버지와 할머니께서 만나왔다는 사실! 경이롭지 않습니까? 그리고 당신 속에 얼마나 많은 조상이 함께하고 있는지 아시겠습니까?

그래도 '당신이 당신이다'라고 주장하실 건가요?

당신은 당신이 아닙니다!

아니, 결코 당신은 당신일 수가 없는 것입니다.

당신에게는 수십억 년을 면면(綿綿)이 이어온, 헤아릴 수조차 없는 수많은 조상들의 유전자가 당신 몸속 깊이 자리하고 있기 때문입니다. 그래서 그 뿌리 깊은 조상의 유전자에, 당신의 30년이 또다시 보태져서, 마침내 당신의 자식에게 이어져 전해지고 있는 것입니다.

20만 년 전 현생인류의 조상인 '호모 사피안스(Homo sapiens)'가 처음 출현한 이래로, 인류 역사상 최초로 '본래의 자기(self)'를 찾은 사람이 있으니,

그분이 바로 '석가모니 붓다'이십니다.

그리고 그분께서 발견한 '본래의 자기(self)'가,

서양 과학자들이 최근에서야 발견한 지놈(genome)이고, 허준 선생께서 지은 『동의보감』의 핵심어 '精 · 氣 · 神' 중에서 '생명의 근본 물질'인 '精'인 것입니다.

그렇게 까마득한 세월 동안 이어져 내려온 조상들의 精이 어머니의 아기집(子宮)에서 280여 일을 지낸 뒤, 2조(兆) 개의 세포로 자라서 세상 밖으로 나온 생명이 '**당신**'이고, 그렇게 기적적으로 태어난 당신이 움직이고 생각하며 사는 동안, 氣의 도움으로 당신의 精이 다다른 곳이 '**神**', 즉 당신의 〈마음〉인 것입니다.

210

자! '당신은 당신이 아니다'란 말에 더 긴 설명이 필요한가요? 더 필요 없으시다면, 이제 앞서 말씀드린 제 주장을 받아들이셔야 할 시간입니다. 당신은 당신이 아니기에 다음의 논리 역시 '참(眞)'입니다.

-당신의 〈마음〉도 당신 것이 아닙니다.-

이 글이 어려웠나요?
제 글재주가 요것밖에 안 되는지라 매우 죄송합니다.
그렇지만 저도 나름 '기댈 언덕'은 있습니다.
인류 역사상 가장 지혜로운 사람이라고 인정하는 데 있어,
동, 서양 사람 모두 이견(異見)이 없는 석가모니께서도,
이 사실을 알고 나서, 뭇 사람들에게 설명할 엄두가 나지 않아 무척 망설이고 고민하셨다는 거 아닙니까?

-고생 끝에 겨우 겨우 얻은 이것을
어이 또 남들에게 말해야 하나.
오! 탐욕과 노여움에 불타는 사람들에게
이 진리를 알리기란 쉽지 않아라.-

〈상응부 경전: 권청, 勸請〉

*뱀 다리 (蛇足)
참고로, 저는 지구상의 어떤 종교와도 연관이 없으니,
괜한 오해는 하지 마시길!

마 음

    우리의 〈마음〉이 우리 것이 아님을 보여주는 좋은 예가
'근심 걱정이 많아서(憂) 氣가 막혀(鬱) 통하지 않는 병', 즉
'우울증(憂鬱症)'이라 불리는 정신질환입니다.
영어로는 'Mental Depression(마음이 가라앉는 병)', 또는
'Melancholia'라고도 부르는데, 말 그대로 〈마음〉이
끝도 없이 '멜랑꼴리(?)'해지는 병입니다.

    의사들의 말에 따르면, 이 병은 환자의 〈마음〉이 본인의
의지와 상관없이 자꾸만 어두운 쪽으로 흘러, 신체활동이
전반적으로 저하(低下)되는 뇌질환의 일종이랍니다.
여기서 여러분께서 꼭 기억하고 계셔야 할 말이,
'**뇌질환**'이란 표현입니다.
여러분 중에는 우울증을,
일시적이고 단순한 초기 정신질환으로 여기는 분도
계실 텐데, 이는 매우 위험한 생각입니다.

우리나라 사람의 자살(自殺) 비율은 10만 명당 27.3명으로, 하루 평균 40여 명의 사람이 자살을 하는데, 이 수치는 OECD(지구상에서 사는 형편이 그나마 좀 낫다는 나라들끼리 모여 만든 국제 '경제협력개발기구') 국가 중 1위(2016년 기준. 다른 나라 평균은 11.2명)입니다.

이 통계수치는 2000년 이후 계속 증가 추세에 있는데, 우리나라 사람의 질병에 의한 사망 순위는 암, 뇌혈관 질환, 심장질환에 이어, 자살이 네 번째입니다. 그런데 놀라운 점은, 우리 국민의 자살 원인 80%가 우울증이란 사실입니다.

그래서 보험사에선 치매, 알코올 의존, 정신분열 병력이 있는 환자들과 함께, 우울증으로 병원에서 단 한 차례라도 수면제 처방을 받은 사람도 보험가입을 거절하고 있습니다. 자살할 가능성이 높기 때문입니다.

이런 사실을 잘 알고 있는 우울증 환자들은 -'울며 겨자 먹기'로- 비싼 진료비를 내가며 의료보험 기록에 자신의 우울증 병력을 숨기곤 합니다. 이런까닭에 우울증 치료제를 복용한 사례를 조사한 OECD 통계에선, 우리가 늘 꼴찌입니다. -자살률은 전 세계 1등인데?-

의사들의 말에 따르면, 이 병은 8주 내 치료율이 70~80%로, 치료 가능한 질환이라고들 하는데, 치료를 안

할 경우 증세가 1~2년간 지속되고, 그중 10% 이상이
재발과 악화를 반복하게 되며, 그러다 환자에 따라선 어느 날
자신의 〈마음〉과 상관없이 자살을 결심하게 된다는 것입니다.
자! 이래도 우울증이 단순한 초기 정신질환일까요?
제가 만나본 우울증 환자들의 증상은 매우 심각한 것이었
습니다. 예를 들면,

   A여성: 30대 후반, 대형 음식점 운영,
          남편과 사이 원만, 겨울에 만난 이 여성은
          초등학생 자식들이 여름옷을 입고 있는데도
          여전히 겨울옷을 꺼내주지 않고 있음,
          '왜 겨울옷으로 바꿔 입히지 않는가?'라고
          물었더니, '생각은 있는데, 몸을 움직이기가
          싫다'고 답함, 남편과 함께 운영하던 음식점
          문은 벌써 닫은 상태, 남편 왈,
          "도리어 내가 미칠 지경이다."

   B여성 : 50대 초반, 무역업 종사,
          남편은 대학교수이고, 아들과 딸은 의사임,
          나름대로 잘 유지해온 자신의 사업에 대한
          아무런 의욕이 없음, 그저 종일 눈물만 흐르고,
          돈을 포함해서 모든 것이 무의미하게 느껴짐,
          결국 외국 업체와 연결된, 수익성 있는 모든
          사업을 접기로 결심.

위의 두 여성은 신경정신과를 자기 집 안방 드나들듯 다녔지만, 증세가 전혀 호전되지 않아 병원 치료를 포기한 상태였습니다. 자칫하면, 자살로까지 이어질 수 있는 위험한 상황입니다. 두 여성이 제게 한 하소연.

-자신이 이러면 안 된다는 걸 너무도 잘 알고 있다,
  그런데 내 몸이 내 〈마음〉대로 따라주질 않는다,
  그래서 더 괴롭다,-

자기 몸이 자신의 〈마음〉처럼 따라주지 않는다?
이는 제가 앞서 말씀드린, '당신의 〈마음〉은 당신 것이 아니다'를 증명하는 또 다른 좋은 예입니다.
우리 몸은 뇌(腦)가 명령하는 대로 따라줍니다.
-팔을 들라면 들고, 다리를 굽히라면 굽히고-
그래서 팔, 다리는 언제나 내 〈마음〉대로 할 수 있는 내 것입니다. 그런데 위 두 여성은 뇌가 명령을 해서 〈마음〉은 굴뚝 같은데도, 몸이 따라주질 않는다는 겁니다.

어디 그뿐인가요?
자신의 〈마음〉마저도 뜻대로 조종이 안 됩니다. 굳이 모성애까지 들먹이지 않더라도 A여성의 〈마음〉은,

-저 어린 것들에게 겨울옷을 입혀야 하는데,
  얼마나 추울까-

그런데 몸이 움직이질 않습니다.
아니, 움직이고 싶지 않습니다.
그러니 현재 이 여성의 〈마음〉은 자기 것이 아닙니다.
도대체 둘 중 어떤 〈마음〉이 그녀의 진짜 〈마음〉일까요?
과거엔 멀쩡하던 이 여성들의 '뇌'가
어쩌다 이 지경이 된 것일까요?

신경정신과 전문의들은 우울증의 원인을 생물학적 · 유
전적 · 생활환경적 요인 등으로 꼽습니다. 그런데 제가 보
기엔 '유전적 요인'을 빼곤, 둘 다 아리송한 말입니다.
왜냐하면, 우울증 환자들은 애초부터 우울했던 것이 아니
고, 어느 날부터인가 자기도 모르게 우울해진 거라서,
'생물학적'이나, '생활환경적' 요인이란 표현은 어딘지
비과학적이고, 불명확한 느낌이 들기 때문입니다.

여러분께선 '아토피(Atopy)성 피부염'이란 병을 아시죠?
혹시 그 병의 이름인 '아토피'가 무슨 뜻인지 아시나요?
많은 이들은 '아토피'란 말이 '병의 원인'을 나타내는 전문
용어로 착각하시는데, 이 말은 그리스어 'atopia'에서
나온 말로, 본디 뜻은 '희한한, 이상한'입니다.

그래서 아토피성 피부염은 의사 자신도 원인을 잘 모르
는 '이상한 피부병'인 셈입니다. 이와 함께, 흔히들 이야기

216

하는 신경성 ○○, 스트레스성 ○○ 등의 병명은,
솔직히 의사 자신도 그 원인을 잘 모르겠다는 뜻으로,
환자가 신경이 너무 예민해서 생긴 병이란 느낌을 주는,
어찌 보면 매우 '무책임한' 병명(病名)인 것입니다.
-'집에 가서 이 약 먹고, 신경 좀 작작 쓰라'는 뜻의-
서양 의학에선 아직 우울증의 원인을 정확히 밝혀내지
못했습니다. 그래서 겨우 추측하는 것이,

    -유전 때문일까?
    -먹고 자는 데 문제가 있을까?
    -아니면 성질 더러운 남편이 원인일까?

그러면서 내린 결론이, 원인은 정확히 모르겠지만,
이 병은 환자의 우울한 〈마음〉에서 오는 병이니까,
그냥 대충 '뇌질환'으로 분류한 것입니다.
지금까지 서양 의학에서 〈마음〉, 생각, 기억은 우리 몸의
뇌(腦)에서 생기고, 또 뇌가 조정하고 있다고 믿어왔기 때
문입니다. 앞서 제가 이 '뇌질환'이란 표현을 꼭 기억해주
십사 부탁드린 거, 생각나시죠?

1991년, 미국 조지아 주의 주도(州都) 애틀랜타의 한 병
원에서 의사와 의학 전문가들이 깜짝 놀랄 일이 벌어집니
다. 이 사례는 정신의학 전문의나 심장질환 전문의에게는,

그동안 자신들이 알고 있고 믿어왔던 생각을 몽땅 뒤엎는
충격적인 것이었습니다.
그 충격의 현장으로 여러분을 안내하겠습니다.

> 병원 응급실로 40대 백인 여성이 실려 들어오고,
> 의사와 간호사들이 수술 준비로 분주합니다.
> 이 여성의 이름은 팸 레이놀즈(Pam Reynolds),
> 직업은 가수이자 작곡가인데, 얼마 전부터 이유를
> 알 수 없는 고통으로 괴로워하다가 쓰러졌습니다.
> 그녀의 병명은 거대 동맥류(動脈瘤, Aneurysm),
> 심장의 판막 고장으로 피가 역류해서 동맥이
> 혹(瘤)처럼 심하게 부어올라, 수술로 심실(心室)의
> 운동을 정지시키지 않으면 생명이 위급한 병입니다.

최신 의료장비들이 갖춰지고, 수술과정 전부가 전문가와
의료진들에게 모니터(monitor)되는 상태입니다.
전신마취를 한 뒤, 심실 정지수술이 진행되자,
체온이 10~15도로 급격히 떨어집니다.
심장박동과 호흡이 멈춥니다.
뇌파 곡선도 일직선을 그립니다.
심장박동이 정지되면, 몇 초 후 뇌기능도 함께 멈추게
됩니다. 이어 머리에서 혈액이 빠져나갑니다.
사람의 뇌는 몸무게의 2%인 1,300g 정도밖에 안 되지만,

뇌에 흐르는 혈액량은 전체 혈액량의 15%에 달하는데, 혈액이 빠져나가면 140억 개의 뇌세포가 활동을 멈추게 됩니다. 이를 의학적으로 뇌사(腦死, brain death)라고 합니다. 뇌사는 환자에게 어떤 의식(意識)도 없음을 뜻합니다.

길고 긴 침묵의 시간이 흐릅니다.
수술하는 동안, 그녀는 의학적으로 '사망상태'입니다.
수술이 성공적으로 끝났습니다.
얼마 후, 그녀가 의식을 되찾습니다.
그리고 의사에게 말합니다.

"자신은 수술이 진행되는 동안,
수술과정을 다 보고 듣고 있었다."

의사가 '그게 대체 뭔 소리냐?'고 묻습니다.
그런데 그녀의 입에서 놀라운 말이 쏟아져 나옵니다.
수술 상황과 수술 중에 의사와 간호사의 대화 내용을 그녀가 다 알고 있는 것입니다. 모니터를 확인해보니 그녀의 말과 일치합니다. 의사들이 깜짝 놀랍니다.

왜냐하면, 수술이 진행되는 동안 그녀의 뇌는 죽어있었기 때문입니다. 죽은 사람이 자신의 수술 광경을 다 보고 있었다? 충격에 휩싸인 의사들이 그녀에게 질문을 던집니다. 그녀의 이야기는 이렇습니다.

"수술이 시작되고 잠시 후, 머리가 얼얼하더니
자기가 자신의 몸 밖으로 튕겨져 나갔다.
그리고 아래를 바라보니, 수술대 위의 자기 모습이
보이고 수술 장면이 모두 보였다. 의사의 어깨에
앉아 수술 도구를 관찰하고, 간호사의 말도 들었다.
그리고 머리 뒤편에서 작은 불빛이 보여
그 빛을 따라가니 39살에 돌아가신 삼촌과,
자신을 무척 사랑했던 할머니께서 아주 편안한
모습으로 계셨다. 주위에 사람들이 많았지만
모르는 사람들이었다. 그러나 낯설진 않았다.
삼촌이 내게 돌아가라고 하기에, 내 모습을 보니
죽어있었다. 내가 돌아가기 싫다고 하자, 삼촌이
날 밀어 떨어뜨렸다. 그 순간 매우 아픈 느낌과
함께 눈을 떴다."

    지금까지 정신의학 전문의들의 상식으로는,
인체의 기관 중에서 뇌가 의식과 기억을 만든다고 여겼습
니다. 그래서 뇌기능이 정지되면 어떤 경험도 할 수 없는
것입니다. 그런데 그녀의 경우는 뇌가 죽은 뒤에도 〈마음〉이
살아있었습니다.
이 말은, '뇌와 〈마음〉과는 아무런 관계가 없다'는 걸 뜻합
니다. 전문가들의 머릿속이 혼란스럽습니다. 뇌와 관련된
부분의 모든 가설을 다 뒤집어야 하기 때문입니다.
결국 하는 수 없이 다음과 같은 결론을 내립니다.

220

-뇌는 의식을 만들어내는 곳이 아니라,
의식을 받아들이고 전달하는 곳이다,-

그렇다면 '의식'은 어디서 생겨나는 거란 말인가?
이에 대한 그들의 답은,

"모른다,"

(We don't have any idea!)

   제가 방금 소개한 내용은,
2004년 영국 BBC에서 만든 특집 다큐멘터리
〈The Day I Died, 내가 죽었던 날〉의 일부입니다.
저 역시 방송일로 젊은 시절을 보냈던 터라,
BBC가 어떤 방송사인지 누구보다 잘 압니다.
   '태양이 지지 않는 대영제국'이라 불리던 옛 영광이
사라진 오늘날, 그나마 영국을 지탱해주는 것 중의 하나가
바로 BBC입니다.
그들이 제작한 TV프로그램의 권위는 누구도 함부로 시비
걸지 못합니다. 그네들이 우리보다 잘나서가 아닙니다.
그들이 프로그램 제작에 투입하는 인력과 시간 면에서,
우리가 도저히 따라갈 수 없는 것입니다.
제가 50분 분량의 다큐멘터리 한 편을 한 달 동안 만들어
방송할 때, 그들은 한 편을 기획하는 데만 6개월이 넘게
걸립니다. 애당초 상호 비교 자체가 불가능합니다.

이 다큐멘터리의 제작 목적은, 1970년대 중반, 미국의 한 의사가 자신이 치료한 150명의 환자사례를 조사, 연구해 얻은 결론을 『the Afterlife, 사후세계』란 제목의 책으로 엮어 전 세계에 파문을 불러일으킨 뒤로 서양 의학계에서 급격히 주목하기 시작한, 임사체험(臨死體驗, Near-Death Experience)에 관한 흥미로운 연구결과를 전하는 것이었습니다.

그 과정에서, 의학적으로 사망 판정을 받았다가 다시 살아난 64명 중에서 4명이 '임사체험'을 했고, 그들이 자기 주변에서 무슨 일이 일어났는지 생생하게 밝히는 내용을 담고 있습니다.

임사체험은 말 그대로, 진짜 '죽었다가 살아난 경험'을 말합니다. 우리네 절집에서 신도들을 불러다가, 관 뚜껑을 열고 한 사람씩 들어가 몇 분 동안 누웠다가 나오는 그런 장난(?) 체험이 아니고, 진짜 죽었던 경험입니다. '죽었다'는 것은 뇌기능의 정지, 즉 뇌사(腦死)를 뜻합니다.

이 프로그램에 등장하는 사람들은 공통적으로, 뇌기능 정지 상태에서 임사체험을 경험했습니다. 환자의 몸은 분명히 죽었는데, 〈마음〉은 멀쩡히 살아있었던 겁니다. 서양 의학자들의 정신이 무척 헷갈립니다.

-그럼 도대체 죽는다는 게 뭘 말하는 거야?
뇌가 죽었는데 어떻게 생각을 하고,
그 경험을 기억한단 말이야?"

이어서 유명한 정신의학자의 고백이 소개됩니다.

"지금까지 의학이나 과학 연구에서 놀라운 점은,
몇몇 과학자들이 확실히 옳다고 굳게 믿는 것들이
50년 후에는 대부분 바뀌게 된다는 점이다.
인간의 〈마음〉은, 죽은 육체에서 분리된 뒤에도
계속 기능을 유지한다는 것은 사실이다."

이 프로그램은 또 다른 사례를 소개하고 있습니다.
20대 중반의 청년이 자동차 사고로 정신을 잃고 병원에
실려 옵니다. 그는 태어날 때부터 앞을 못 보는 시각 장애
인입니다. 긴급 수술이 진행되고, 의사들이 바삐 움직이는
그 시간, 한번도 바깥 세상을 본 적이 없는 이 청년의 눈에
자신이 낀 결혼반지와 자기의 머리 모습이 보입니다.

"저건 나잖아? 죽은 건가?"

의사들이 심장이 멈췄다고 외치고,
필사적으로 움직이는 모습을 바라봅니다.

"왜들 저 난리야?"

그는 천장 위에 떠서 벽에 부딪히지도 않고 자유롭게 밖으로 나갔고 그곳엔 아름다운 풍경과 나무, 새, 사람들이 있습니다. 그런데 놀랍게도 사람들이 모두 빛나고 있습니다. 평생 밝은 세상을 본 적이 없는 그가 깨어나서 한 이야기는 수술 중에 벌어진 상황과 틀림없이 일치했습니다. 의사들은 두 번 놀랍니다.

-의학적으로 죽은 사람이 어떻게 경험을 할 수 있을까?
-선천성 시각장애인이 그 광경을 어떻게 보았을까?"

그들은 아직도 이 질문에 대한 해답을 찾지 못하고 있습니다. 그러나 다음과 같은 사실은 분명해졌습니다.

-뇌에는 〈마음〉을 만드는 기능이 없다는 것!
-몸과 〈마음〉은 서로 일치하는 체계가 아니란 것!
-육체가 죽어도 〈마음〉은 살아있다는 것!

*뱀 다리 (蛇足)
다음 글에선, 죽은 사람의 〈마음〉이,
살아있는 사람들의 현실 속에
얼마나 집요하게 자리하고 있는지 소개해드리겠습니다.
실제 있었던 일입니다.

224

저승길

달구질이 한창입니다.
너나없이 한 번은 가야 할 길이 저승길입니다.
옛사람들은 저승길을 '형극(荊棘)의 길'이라고 했습니다.
-가시 荊, 가시 棘-
온통 나뭇가시로 덮인 가시밭 길이란 뜻입니다.
옛사람들은 자신들이 한번도 가본 적도 없는
낯선 길을 어찌 그리도 잘 아는지 모르겠습니다.

망자(亡者)에게 신발은 없습니다.
버선발로 그 가시밭 길을 걸어가려면 얼마나 힘들까.
그래서 상두꾼 대여섯이 가시밭 길을 다지고 있습니다.
발에 가시가 찔리는 고통을 조금이라도 덜어주려고.

이틀 전, 열여섯에 시집와 마흔에 남편을 여의고,
아들 딸 여덟을 혼자 키우느라,
세상의 '모진 바람과 온갖 먼지(風塵)'를 뒤집어 써가며,
일흔 아홉 해를 세파(世波)에 시달리며 살아온
한 여인이 마지막 숨을 거두었습니다.

그리고 조금 전,
그녀가 햇빛에 부신 눈을 깜빡이며
세상을 향해 첫발을 내디뎠던 그날 이후,
긴 세월 이승에서의 고단하기만 했던
지난 삶을 모두 잊고,
-마치 남의 몸뚱이인 양- 그토록 알뜰살뜰 야멸치게
부려먹던 육신(肉身)을 칠성판에 누이고,
처음으로 영원히 편히 쉴 자리에 묻혔습니다.
그 위에 자식들이 한 줌 흙을 뿌리고
마지막 영원한 이별(永訣)을 고(告)합니다.

이어 흙이 덮이고 달구질이 시작됩니다.
'형극의 길'인 저승길을 다져주고, 행여 나무 뿌리가 헤집
고 들어올 새라, 행여 뱀이나 쥐가 파헤칠 새라, 땅을 다지
는 달구를 든 상두꾼들의 발놀림이 원을 그리며 바쁩니다.
가운데 서서 새끼줄을 길게 매단 대나무 막대기를 든 선소
리꾼의 달구질 소리에, 나머지 상두꾼들이 답합니다.

인생 백년 멀다더니 초로(草露) 인생 분명허다
에헤~ 달구~ 에헤~ 달구~
산천초목 이별허구 황천 극락 가는구나
에헤~ 달구~ 에헤~ 달구~
북망산천 갈 적에는 이 몸 혼자뿐이로구나
에헤~ 달구~ 에헤~ 달구, 달구로구나~

앞서 저는, 한 사람이 평생 살아오며 지녔던 〈마음〉과 행동의 결정체가 '업(業)'이라고 말씀드렸고, 그 〈마음〉의 결정체인 업은 결코 없어지지 않는다고 했습니다.

제 말이 과연 '사실'일까요?

여러분께선 지금,

제 말의 진위(眞僞)를 판단할 현장에 와 계십니다.

달구질이 계속 되는 동안,

이승의 자식들이 가신 분의 저승길에 젯메를 올립니다.

이 밥 많이 드시고, 부디 힘내서 걸어가시라고.

그리고 절을 올립니다. 술도 올립니다.

그리고 모두가 하염없이 웁니다.

가신 분의 지난 삶을 생각하며,

또 자신들의 불효(不孝)를 뒤늦게 한탄하며…….

그 울음 바다의 끄트머리에, 한 사내가 서있습니다.

그 사내는 아까부터 한마디 말도 없이 눈물만 뚝뚝 떨구고 있습니다. 자식들 모두가 짝을 지어 울고 있는데,

사내만 혼잡니다.

죽은 여인의 막내로 태어난 이 사내는,

이태 전 이혼(離婚)을 했기 때문입니다.

그래서 오늘 사내는 가신 분께 더욱 죄스럽습니다.

게다가 홀어머니의 임종(臨終)도 못했습니다.

선소리를 하던 상두꾼 대장(?)이 입을 엽니다.

"자! 그만들 우시고, 한 분씩 여기 새끼줄에
저승길 노잣돈을 꼽으시지."

맏아들 내외부터 절을 하고 지갑을 엽니다.
만 원짜리 지폐를 한 장 꺼내서 새끼줄에 끼우려는 순간,

"에이, 이 댁 자손들은 보아하니
살만한 분들인데, 그것 말고 하얀 걸로."

맏아들이 잠시 멈칫하다 금세 무슨 뜻인지 알아챕니다.
그리고 수표를 꼽습니다.
그 뒤로 둘째, 셋째…… 모두가 수표입니다.
드디어 여섯 째 아들, 사내의 차례입니다.
얼굴이 온통 눈물로 범벅이 된 사내도 수표를 꺼내서
새끼줄에 꼽으려는 순간, 선소리꾼이 한마디 합니다.

"어이, 자네는 됐어, 그냥 절만 해."

사내가 어리둥절해하자,
어서 자리를 비키라고 손짓을 합니다.
다음은 두 딸 내외 차롑니다.
그런데 이들에게도 어김없이 수표를 꼽으랍니다.
그 광경을 지켜본 자식들은 뭔가 조금 이상한 느낌은 있었
지만, 모두가 정신이 황망한지라 그런가보다 넘어갑니다.

그런데 선소리꾼이 또 맏아들 내외를 부릅니다.
저승길 노잣돈을 더 꼽으랍니다.
노잣돈을 꼽고 온 맏아들 내외의 표정이 밝지가 않습니다.
이어 둘째, 셋째 계속 흰 종이를 꼽고 돌아옵니다.
그런데 여섯째 아들인 막내는 또 무사통과입니다.
자식 중 누군가가 한마디를 합니다.

  "야! 넌 막내라서 봐주나보다."

  그러기를 몇 차례.
달구 소리가 새끼줄만큼이나 길기도 깁니다.
처음엔 멋모르고 절하고 흰 종이를 꼽고 돌아오던
자식들의 낯빛이 점점 어두워집니다.
모두가 '이거 해도 너무 하는 거 아냐?'란 표정입니다.

  흰 종이가 길디 긴 새끼줄 틈을 거의 다 메웠습니다.
자식들은 술을 들이킵니다.
슬픔을 이기려는 술이 아닙니다.
제 어미를 저승길로 배웅하는 자리인지라,
하고픈 말을 못해 들이키는 홧술입니다.
'저 인간들, 평생 저 짓이나 해먹어라!'는
악담이 들리는 듯합니다.
'에헤~ 달구~' 소리가 잦아들고,
길고도 긴, 가신 분의 저승길 배웅이 끝났습니다.

선소리꾼이 자손들에게 모두 한 곳에 모이랍니다.
가신 분께 절을 올리고, 상두꾼들에게 내키지 않는
감사 인사를 합니다.
선소리꾼이 새끼줄에 꽂힌 종이를 모두 빼냅니다.
이어 차곡차곡 잘 포개 모으더니, 그 많은 흰 종이를
사내에게 건넵니다. 다음과 같은 말과 함께.

　　"이거, 집 짓는데 보태 써!"

　이게 뭔 말?
저 사람이 사내가 집을 짓고 있는 걸 어찌 알고 있담?
그리고 저 돈은 좀 많긴 하지만,
저 분들의 일당(日當)이 아닌가? 사내가 묻습니다.

　　"이 돈을 제가 왜?
　　그리고 전 돈을 한 푼도 안 냈는데요?"

선소리꾼 대장이 답합니다.

　　"어서 받어, 이 돈은 우리 돈이 아녀,
　　집 짓는 데나 보태 써!"

　'이 돈은 우리 돈이 아녀'란 말은 또 뭔 말?
사내가 옆에 있는 다른 상두꾼들을 쳐다봅니다.

그런데 모두가 당연하다는 듯 불쾌한 내색이 없습니다.
도리어 사내와 형제들의 표정이 이상합니다.
'세상에 뭔 이런 일이...'란 표정입니다.

　사실 사내는 얼마 전부터 집을 짓고 있었습니다.
자신의 어미가 당뇨병으로 몸이 안 좋은 걸 알고 있었고,
어차피 이혼도 하고 홀몸이 된지라,
늙은 제 홀어미의 건강을 위해 산속 마을에 집을 짓고
텃밭이나 가꾸며 모시고 살 집을 짓고 있었는데,
어미는 생전에 집터라도 한 번 보고 싶다고 졸랐건만,
사내는 집을 다 짓고 오시라며 한사코 뒤로 미루던 차에,
어미가 세상을 뜬 것입니다.
　그런데 그 무렵, 사내가 전에 서울에서 살던 집이
팔리지 않아, 건축비용이 무척 딸리는 형편이었습니다.
그래도 사내는 이 사실을 형제는 물론이고, 제 어미에게도
말한 적이 없었습니다. 그런데 오늘 엉뚱한 자리에서
이런 얘기가 오고 간 것입니다.

　몇 차례 옥신각신이 있고 나서, 사내가 받아듭니다.
나중에 세어보니 320만원.
그날 상두꾼들은 형제들이 별도로 건네준 얼마 안 되는
술값을 받아들고 산을 내려갔습니다.
아무렇지도 않다는 표정을 하고……

형제들이 산을 내려오며 사내에게 묻습니다.

"너 혹시 그 사람들에게 집짓고 있다는 말을
 한 적이 있냐?"
"아뇨, 제가 오늘 말 한마디 한 적이 있던가요?"

그 일이 있은 지 며칠 후,
사내의 형제들이 한 자리에 모였습니다.
모인 목적은, 제 어미의 유품을 정리하고 각자 추념(追念)
할만한 물건을 하나씩 간직하기 위해섭니다.
이것저것 유품을 챙기고 있던 중,
사내의 바로 윗형이 입을 엽니다.

"저... 장롱의 맨 아래 서랍을 한번 빼 보죠."

맏아들이 묻습니다.

"그건 왜?"
"어젯밤 꿈에 어머니가 하신 말씀이 생각나서."
"뭔 말?"
"어머니 장롱 아래 서랍을 열면,
 그 밑에 돈이 있다고 해서."

장롱 서랍을 뺍니다.
서랍 아래 방바닥에 하얀 종이가 깔려있습니다.

232

어미가 자식들이 준 용돈을 그 밑에 모아뒀던 겁니다.
세어보니 190만원.
그걸 본 자식과 며느리들의 표정이 모두 얼떨떨합니다.
그리고 서로를 쳐다봅니다.

-이 돈을 누가 갖지?-

며칠 전 상두꾼들의 괴이쩍은 행동에 한 차례 놀란 적이
있는지라. 오늘은 고민할 것도 없이 당첨자(?)가 나옵니다.
막내 아들인 그 사내입니다.

*   *   *

여러분께선 이 이야기를 읽고 어떻게 느끼셨나요?
위 이야기는 20여 년 전에 있었던 분명한 '사실'입니다.
한 생명체가 살아오며 지녔던 〈마음〉의 결정체가 그 생명
이 다한 뒤에도 결코 죽지 않는다는 제 말이 거짓인가요?
그리고 한 여인이, 애비 얼굴도 모르고 자란 막내 아들을
생각하는 〈마음〉의 끝이 어디까지인지도 느끼셨나요?

이 이야기에 등장하는 사내는 바로 접니다.
이 이야기만은 쓰고 싶지 않았습니다.
누구에게나 남들에게 하고 싶지 않은 이야기가 있기에.
그런데 몇 번을 망설이다 결국 썼습니다.

이유는 딱 하나!
여러분께 〈마음〉의 실체를 알려드려야겠다는
제 〈마음〉 때문이었습니다.
다시 말해서 이 글은,
긴 세월 온갖 꼴값을 다 떨며 살아온 제가,
저의 '속살'을 드러내서라도,
여러분들에게 과연 〈마음〉이 무엇인지를
꼭 알려드리고 싶어 쓴 글입니다.

-재산도 벼슬도 모두 두고 떠나가는

죽음 뒤에 남는 것!

죽어서도 죽지 않는,

때론 끔찍할 수도 있는 것!

그것이 당신의 〈마음〉입니다.-

사고팔고

"걱정한다고 걱정이 없어지면, 걱정이 없겠다."

-티베트(Tibet) 속담

사노라면, 너나없이 걱정, 근심으로 괴로운 게 인생살이입니다. 그래서 어떻게 하면 걱정, 근심을 조금이라도 덜어볼까 노심초사(勞心焦思)하는 게 우리네 〈마음〉입니다. 하지만 얄궂은 세상은 우릴 편하게 내버려두지 않습니다.

이 글은 제가 여러분께 드리는 선물입니다.

이 글 속에는 -무슨 종교를 믿든 상관없이- 여러분께서 걱정, 근심, 괴로움을 덜 수 있는 비법(祕法)이 들어있기 때문입니다.

글 소개에 앞서 여러분께 고백(告白)하는데, 아래 글은 제가 10년 전에 써서 출간한 책에서 자기표절(自己剽竊)을 한 것입니다. 떳떳치 못한 자기표절을 해대면서까지 제가 이 글을 여러분께 소개하는 까닭은, 여러분들께서 〈마음〉을 찾아 떠나는 여행길에, 이 글이 작게나마 도움이 될 수 있다고 생각했기 때문입니다.

전에 이 글을 읽은 분들께선 해량(海諒)하시길……

석가모니 붓다의 모든 가르침은 '괴로움(苦)'에서 출발합니다. 그리고 마지막엔 이 괴로움을 이기는 바른 길을 찾는 데서 끝납니다. 그렇기에 불교에서 괴로움에 대한 올바른 이해는 그 무엇보다 중요합니다.

어느 날,
1,250명의 제자 앞에서 붓다께서 말씀하십니다.

"세상의 모든 것이 괴로움이니라.(一切皆苦)**"**

그런데 제자들은 이 말씀이 잘 이해가 안 되는지, 눈만 껌뻑입니다. 왜냐하면 살다보면 가끔은 기쁨과 행복도 느낄 때가 있으니까요. 그래서 붓다께선 하는 수 없이 네 가지로 풀어서 한번 더 말씀하십니다.

"태어나서 늙고 병들어 죽는 것(生, 老, 病, 死)**이
괴로움이니라."**

처음보단 조금 나아졌지만, '생로병사'라는 네 가지 괴로움(四苦)만으론 아직 제자들이 괴로움을 피부로 느끼지 못한다고 생각하셨는지, 이에 덧붙여, 우리가 살아가며 맞

닥뜨리는 네 가지 괴로움을 더 말씀하셨다고,
옛 경전은 전하고 있습니다.

愛別離苦 (애별리고)

怨憎會苦 (원증회고)

求不得苦 (구부득고)

五蘊盛苦 (오온성고)

〈잡아함경 15:17 轉法輪, 전법륜〉

'생로병사'와 함께 사람들이 흔히 '사고팔고(四苦八苦)'라고 일컫는 이 경전의 글귀를 우리말로 옮기면,

사랑하는 사람과 헤어져야하는 괴로움,
미워하는 사람과 마주쳐야하는 괴로움,
구하려 애써도 얻지 못하는 괴로움

여기까지는 독자 여러분께서도 별 어려움 없이 이해할 수 있을 것입니다. 그런데, 여덟 번째 괴로움인 '오온성고'만은, 어쩐 일인지 사람들이 올바로 번역을 하고, 제대로 설명하기가 쉽지 않은 것 같습니다.

오온(五蘊), 오음(五陰), 오취온(五取蘊) 모두 같은 말입니다. '온, 음, 취온' 셋 다 번뇌(煩惱)를 달리 표현한 한자말입니다. 번뇌는 '마음이 시달려 괴로워 함'을 뜻합니다.

그래서 오온성고(五蘊盛苦)를 한자 뜻 그대로 번역하면,
'다섯 가지(五) 번뇌(蘊)가 많아지는(盛) 괴로움(苦)'입니다.
그렇다면 '다섯 가지 번뇌'는 무엇을 말하는 걸까요?
보살이든 처사(處士)든 학자든 스님이든, 제가 만났던 많은
분들은 '오온'의 뜻을 거의 모르고 있었습니다. 아니, 알고
있을지는 몰라도, 남들에게 설명하는 그분들의 말씀은
어렵기 그지없었습니다. 예를 들면,

"오온이란,
색수상행식(色受想行識)을 일컫는 말로……,"

이쯤 되면 제 머리엔 쥐(?)가 나기 시작합니다.
뭔가를 알려주겠노라 해대는 설명이 질문보다 더 어려우
면, 그 사람은 그것을 정확히 모르고 있음이 틀림없습니
다. 왜냐하면 그 옛날 석가모니 붓다께선 단 한 차례도
어렵게 말씀하신 적이 없었으니까요.

시중의 많은 책이나 여러 스님들께선, '오온성고'에
대해 저마다 각각 다른 풀이와 해석을 내놓는지라,
우리 같은 보통 사람들의 머리는 매우 혼란스럽습니다.
실제로 제가 만나는 스님들께 오온성고를 우리말로 쉽게
설명해주십사 부탁을 드려봤지만, 어떤 스님도
'똑 부러지게' 설명한 경우가 단 한 번도 없었습니다.

238

다음은 '큰 스님' 몇 분께서 말씀하신 '오온성고'입니다.

- -색수상행식이 치성함으로써 좇아 일어나는 고통
- -안이비설신(眼耳鼻舌身)이 좋은것만 원하는 괴로움
- -오온에 대한 집착에서 생기는 고통
- -닦지 않고 쾌락만을 좇는 괴로움
- -자기중심적 집착을 하는 모든것이 괴로움

여러분께선 위의 설명이 뭔 말인지 이해가 되십니까?
태생(胎生)이 아둔한 저는, 도무지 모르겠더이다.
그렇다면, 앞의 일곱 가지 괴로움은 간단하고 쉽게 이해가
되는데, 왜 여덟 번째 '오온성고'는 쉽게 설명을 못 하는
걸까요?
아니, 붓다의 모든 가르침이 이 '괴로움'에서 출발하는데,
붓다께서 말씀하신 여덟 가지 괴로움마저도 정확히 이해
하지 못한다면, 과연 괴로움을 이기는 '길(道)'인들 제대로
찾을 수 있을까요?
그래서 하는 수 없이 제가 나섭니다.

저는 오온(五蘊)이, 우리가 사는 동안 욕심내고(貪,탐), 성
질내고(瞋,진), 어리석은 짓 하고(痴,치), 꼴값 떨고(慢,만), 의
심(疑,의) 하기 때문에 생기는 다섯 괴로움이라고 말씀드릴
생각은 없습니다.

왜냐하면 우리가 살아가며 〈마음〉 시달리는 괴로움은
사람마다 각각 다를 것이기 때문입니다.
제 생각엔, 지금 이 글을 읽고 있는 여러분의 〈마음〉 속에
떠오르는 다섯 괴로움들, -그게 뭔지는 제가 모르지만-
그것이 바로 '오온'입니다.

　사고팔고(四苦八苦)는 붓다께서 말씀하신, 한 편의 멋진
시(詩)입니다. 앞서 번역에서 보셨듯이 '사랑과 헤어짐',
'미움과 만남'이 대구(對句)를 이루고 있으니, '오온성고'는
일곱 번째 괴로움인 '구함과 얻지 못함'이란 표현과 대구
를 이룰 것이 분명합니다.

　그런데 몇몇 스님들께서 하신 말씀을 방금 보셨다시피,
어느 누구도 '오온성고'의 번역을 그렇게 시어(詩語)로 알
기 쉽게 번역하고 설명한 경우를, 저는 본 적이 없습니다.
어떤 책, 어떤 스님의 말씀이든 '오온성고'는 아리송합니
다. 아무리 좋은 가르침도 듣는 사람이 알아듣지 못하면
아무 소용이 없을 것입니다.

　저는 이 '오온성고'가 붓다께서 45년간 말씀하신 수많
은 가르침의 '씨앗(seed)'이라고 생각합니다.
또한 석가모니 붓다의 가르침, 즉 '불교'가 이 땅에 존재하
는 유일(唯一)한 이유가 여기에 있다고 확신합니다.

240

'책가방 끈이 긴' 분들 모두가 '오온(五蘊)'이란 말과, '많을 盛(성)'이라는 낱말의 그물에 걸려 빠져나오지 못합니다. 시(詩)는 시답게 번역해야 합니다. '오온성고'는 바로 앞의 '구하려 애써도 얻지 못하는 괴로움(求不得苦)'의 대구(對句)입니다.

오온, 즉 다섯 가지 번뇌가 '많아지는' 것은 우리 모두결코 원하는 바가 아닙니다. 왜냐하면 우린 결코 괴롭고 싶지 않으니까요. 그래서 날마다 '쌓여서 많아지는 괴로움(盛苦)'은, 우리 모두 마음속으론 매일 '버리고 싶은 것들'임에 틀림없습니다.

그렇기에 '다섯 가지의 번뇌가 많아지는 괴로움'이란 표현은, 반대 개념으로 바꿔서, 다섯 가지 번뇌를 -〈마음〉속으론 당장이라도 버리고 싶지만- 〈마음〉과는 달리, '쉽게 버리지 못하는 괴로움'으로 번역해야 합니다.

그러면 앞의 '구하다'와 '버리다'는 매우 잘 어울리는 한 쌍의 대구를 이루게 됩니다.

그래서 '**오온성고**'는 -'구하려 해도 얻지 못하는 괴로움'의 대구(對句)로- '**버리고 싶어도 버리지 못하는 괴로움**'인 것입니다.

제가 여러분께 드리는 사고팔고(四苦八苦)의 우리말 번역은 다음과 같습니다.

"태어나는 것도 괴로움이고,

늙어가는 것도 괴로움,

병들어 아픈 것도 괴로움,

죽어야 하는 것도 괴로움이니라.

사랑하는 사람과 헤어져야하는 것도 괴로움이고,

미워하는 사람과 만나야하는 것도 괴로움이며,

구하려 애써도 얻지 못하는 것도 괴로움이고,

버리고 싶어도 버리지 못하는 것도 괴로움이니라."

앞의 일곱 가지 괴로움은
붓다께서도 어쩔 수 없었던,
인간이라면 누구도 피할 수 없는 괴로움입니다.
아무리 '도(道)'가 깊어도,
또 아무리 '한 소식'을 얻었다하더라도,
피할 수 없는 괴로움이 앞의 일곱 괴로움인 것입니다.
우리가 〈마음〉 먹는다고 해서 바뀔 것들이 아니니까요.

하지만 붓다께서 말씀하신 마지막 괴로움인 오온성고,
즉 '버리려 해도 버리지 못하는 괴로움'만은,
우리가 〈마음〉 먹고 노력하면 조금은 버릴 수도 있는,
그래서 우리 힘으로 어찌해볼 수 있는
-'틈새(niche)'가 있는- 괴로움입니다.

다시 말씀드려서, 여덟 가지 괴로움 중에서
오직 '오온성고'만이 우리 힘으로 어찌해볼 수 있는,
험난한 사바(娑婆: 인도말 'saha(참다,忍)'의 한자말. '이 세상에
태어났으면 무조건 참으며 살다가야 한다'는 뜻) 세계에서 살아
가면서, 우리가 그나마 조금이라도 괴로움을 덜 수 있는
'비상구(the Exit)'인 것입니다.

  -여기에 석가모니 가르침의 소중함이 있는 것입니다.
  -여기에 모든 종교의 가치가 있는 것입니다.
  -여기에 스님, 목사, 신부의 존재이유가 있는 것입니다.

  조금씩 '버리면',
아무래도 조금씩 '가벼워'질 것입니다.
우리 모두
자기가 짊어진 삶의 십자가가 가장 무겁다고 외쳐대지만,
그런 가운데에서도 매일 조금씩이라도
〈마음〉속 괴로움을 버린다면,
언젠가는 자기도 모르는 사이에
무척 가벼워져 있을 것입니다.

  그래서 사람들이 절을 찾고, 교회를 찾고, 성당을 찾습
니다. 그곳에서 우리 모두는, 살아오면서 부지런히 쌓아온
〈마음〉속의 무거운 것들을 조금씩 '버리고' 싶어합니다.

그렇게 우리가 '버릴 수 있도록' 도와주는 분들이,
스님이요, 목사님이요, 신부님입니다.
그분들 덕분에 우리는
조금은 '가벼워진 듯한' 〈마음〉을 안고
집으로 돌아옵니다.
내일 또 쌓을지언정…….

*뱀다리 (蛇足)
다음 글은,
'버리는 일' 하나만큼은
한평생 도(道)가 텄던,
어느 남자의 이야기입니다.

도적놈 셋이서

많은 사람들의 '눈 대롱(管見)'을 무척 헷갈리게 하며 살다가신 분이 있습니다. 누군가는 그분을 성자(聖者)란 분도 있고, 또 어떤 이는 '맛이 좀 갔으니 병원에 가야 한다'는 분도 있었습니다.

그러나 그분은, 서른을 훨씬 넘긴 제게 설거지하는 법과 목욕하는 법, 짜장면 먹는 법, 신발 벗는 법, 절하는 법간이, 딱히 배울 것도 없어 보이는 유치한(?) 법을 가르쳐준, 참으로 별난 '스승님(스님의 본딧말)'이십니다.

저는 정말 운 좋게도 이분과 12년을 함께할 수 있었는데, 아래 이야기는 '오온성고(五蘊盛苦)'를 이겨낸, 그래서 뭔가 버리는 일에는 거의 도사(道士)인 그분이 하셨던 일 중 한 토막입니다.

*　　*　　*

동대문 경찰서장이 찾아왔습니다.

앉자마자 다짜고짜 한마디 내뱉습니다.

"책 제목을 바꾸셔야겠습니다."

"뭔 책 제목?"

"<도적놈 셋이서> 말씀입니다."

"아니, 왜?"

"도적놈 셋이 노태우, 김종필, 김영삼을 말하는 거 아닙니까?"

"천만의 말씀! 그 제목은 내가 삼년 전에 쓴 시(詩)에서

따온 거여, 그땐 민정당두 생기기 전인데?"

1989년,

『도적놈 셋이서』란, '웃기는' 제목의 책이 출간됐습니다.

조병화 시인의 말을 빌리면, '이 시대를 벌거숭이인 채로

살아가는 정직한 사람들의 이야기'입니다.

이 시화집(詩畵集)은 천상병 시인, 걸레 중광 땡추, 이외수

문인 세 사람이 합작(合作)으로 펴낸 책입니다.

그런데 이 책을 낼 당시, 우리나라 정치권에선 '3당 합

당'이라는 대한민국 정치사에 전무후무(前無後無)한 '코미

디'가 있었던지라, -'도둑놈이 제 발 저리다'고- 이 책의

제목이 당최 못마땅한 정치권에서 관할 경찰서장을 시켜

압력을 넣어보겠다고 걸레 중광을 찾아온 것입니다.
처음엔 기세등등하던 경찰서장의 말씀이,
점점 애걸(哀乞)조로 바뀝니다.

　　　"제 입장을 봐서라도 좀 바꾸시면 안 될까요?"
　　　"답답허긴, 도적놈 셋은 그분들이 아니라니깐?
　　　　내가 3년 전에 쓴 시를 보여드리리다."

스님이 뒤적뒤적 펼쳐 보인 책엔 이렇게 씌어있습니다.

　　-천상병 시인은, 천진(天眞)을 팔고 다니면서
　　　맥주값 5백 원만, 5백 원만……,
　　　천진을 팔아먹는 도적놈
　　-중광 땡추는, 온갖 성인(聖人)의 말은 물론,
　　　진리를 다방면(多方面)으로 팔아먹고 사는 사기꾼 놈,
　　　나는 사기꾼! 나는 사기꾼!
　　-이외수 도인(道人)은,
　　　자기가 마치 도인이나 된 것처럼 착각,
　　　도인 냄새, 색깔을 팔아먹고 사는 놈,
　　　도인 색깔 알록달록, 알록달록……

이를 본 경찰서장이 더는 어찌해볼 수가 없는지
돌아갑니다. 그런데 얼마 뒤, 이상한 일이 벌어집니다.
『도적놈 셋이서』가 날개 돋친 듯 팔려 나갑니다.

걸레 중광 땡추께서 한마디 하십니다.

　"참 이상한 일이지?
　사람들이 도적놈 셋을, 이상하게도
　우리나라의 깨끗한 인물이자 큰 인물인
　노태우, 김종필, 김영삼으로 오인(誤認)한 덕분에
　책이 이렇게 잘 팔리니,
　요절복통(腰折腹痛)할 일이 아닌가?
　참, 돈 들어오는 일도 가지가지여."

　덕분에 도적놈 셋의 수중에도 '눈 먼' 돈이 생겼습니다.
서울 인사동 술집에 도적놈 셋이 모였습니다.
중광께서 늘 어깨에 매달고 다니는 '핸드백'을 엽니다.
그리고 신문지에 싼 뭉치를 꺼내 천 시인에게 건넵니다.

　"형님, 이 돈이 적긴 하지만,
　토굴(土窟) 마련하는 데 조금이라도 도움이 된다면,
　우리 동생들은 영광입니다."

　그 나이 먹도록,
병들고 지친 몸을 의지할 마땅한 공간 하나 없이,
맨날 아는 사람들에게 '맥주값 5백 원만……'을 노래하던
천상병 시인을 위해 책의 인세(印稅)를 받자마자 중광께서
챙겨둔 돈입니다.

일금 100만원.
평생 돈을 모르고 살아온 천 시인에겐 엄청난 거금입니다.
집에 돌아온 천 시인이 어쩔 줄 모릅니다.
큰 고민거리가 생긴 겁니다.

　"이렇게 큰돈을 어디에다 보관한다?"

단칸 셋방을 아무리 둘러봐도 숨길 곳이 없습니다.
안절부절······.
그러다 문득 좋은 생각이 떠오릅니다.

　"부엌 아궁이!
　아! 거기가 제일 안전할 거야!
　역시 천재는 뭐가 달라도 다르다니까!"

　마침내 큰 걱정거리를 해결한 천 시인께서
맥주 한 병을 기분 좋게 들이키곤 잠이 듭니다.

　저녁 무렵,
인사동의 찻집 '귀천(歸天)'에서 일을 마친
시인의 부인이 의정부 집으로 돌아옵니다.
쌀을 씻고 저녁 준비를 합니다.
아궁이에 장작불을 지핍니다.

얼마 후,
도적놈 셋이 다시 모였습니다.
속상하고 미안해서 어쩔 줄 모르는 천 시인을 앞에 두고,
중광이 껄껄 웃으며 소리칩니다.

"형님, 이 세상 소풍 끝내고 가는 그날을 위해
하늘에 미리 적금을 들어놓으셨구려!
잘 하셨소, 하하!"

중광이 또 신문지 뭉치를 내밉니다.
이번엔 3백만 원입니다.
그 당시로는 꽤 거금이고,
천 시인에겐 '천문학적인' 액수입니다.
뒷날 바람결에 들려오는 이야기론,
이번엔 한 치의 실수도 없이
부인 목 여사(睦女史)가 그 돈을 건네받아,
충청도 음성에 한 평에 만 원씩 주고
토굴 지을 땅 300평을 샀다고
인사동 주변에 소문이 돌더랍니다.

뒷날 제가 우연히 본,
중광께서 애용하는 초등학교 1학년용 국어 공책엔,
연필 글씨로 이런 낙서(?)가 씌어 있었습니다.

250

-즐겁게 번 돈을
가난하고 깨끗하게 쓰고 나니,
내 가슴속 은행에 영원히 저금되었다.-

*   *   *

외로움, 배고픔과는 달리,
인간이란 짐승이 죽을 때까지
결코 다 채우지 못하는 감정,

-그리움-

온 세상이 까만 이 시간,
불현듯 그때 그분들의 모습이 떠오릅니다.
지금은 이 곳 사람이 아닌 두 분.

구상(具常) 시인의 표현대로,
'한여름 땡볕에 불타는 땅을
시원하게 적셔주는 소나기' 같은 그분들이 있었기에,
그 시절은 푸근하고 정겨웠건만,
오늘을 살아가는 제 〈마음〉은,
가랑잎 나뒹구는 늦가을입니다.

아마도 요즘은,
아무리 주위를 두리번거려 봐도,
버릴 줄 알았기에 벌거숭이로 살아갔던,
그래서 10년 넘게 보고도 더 보고픈,
그런 분들을 만날 수 없기 때문인가 봅니다.

　　제가 이렇게 옛 이야기를 끄적거리는 것도,
-촌스럽고 초라했지만, 더 없이 정겨웠던-
그 시대의 끝자락에,
지금 저 자신
추수(秋收)할 것 없는
텅 빈 〈마음〉으로 서있기 때문이 아닐까 싶습니다.
누군가가 그랬던가요?

　　-'낡아도 좋은 건, 정(情)뿐'이라고-

귀천(歸天)

천 상 병

나 하늘로 돌아가리라
새벽빛 와 닿으면 스러지는
이슬 더불어 손에 손잡고

나 하늘로 돌아가리라
노을빛 함께 단 둘이서
기슭에서 놀다가 구름 손짓하며는

나 하늘로 돌아가리라
아름다운 이 세상 소풍 끝내는 날
가서, 아름다웠더라고 말하리라

4. 기적 같은 일들

"인생을 살아가는 데 오직 두 가지 방법밖에 없다.
하나는 아무 것도 기적이 아닌 것처럼,
다른 하나는 모든 것이 기적인 것처럼 살아가는 것이다."

(There are only 2 ways to live your life.
One is as though nothing is a miracle,
the other thing is as though everything is.)

−앨버트 아인슈타인

인류 역사상, 기적에 관한 기록이 가장 많이 등장하는 책이 기독교의 『성경, 聖經, the Holy Bible』입니다. 하지만 기독교 4복음서를 쓴 예수의 제자와 추종자들은 무척 곤혹스러웠을 겁니다. 왜냐하면 자신들은 자기들이 보고 들은 것을 사실대로 쓰고 있건만, 세상 사람들에겐 황당하게 들릴 법도 했을 테니까요.

　4복음서 중에서 가장 나중에 기록된 〈요한복음〉의 저자인 요한(John)은 12제자 중에서 가장 오래 살았습니다. 그래서 요한은 앞서 기록된 3복음서를 읽어보았을 겁니다. 그럼에도 불구하고 늙은 나이에 손글씨로 스승의 언행(言行)을 기록하려 한 데에는, 나름대로 이유가 있었을 것입니다.

　앞서 기록된 3복음서에 등장하는 예수의 모습이 '이 땅의 왕, 구원자, 사람의 아들(a Son of Man)' 등으로 묘사되어 있다는 점과, 그들이 3복음서를 쓴 목적이 유대인이나 로마인 등을 대상으로 한 것인지라, 요한에게는 자신이 죽기 전에, 모든 나라의 사람들에게 자기가 모신 스승을 바르게 알려야겠다는 사명감이 있었을 것입니다.

게다가 앞서 3복음서를 쓴 마태(Matthew), 마가(Mark), 누가(Luke) 세 사람은 살아계신 예수를 만나본 적도 없기에, 요한 자신이 실제로 보고 겪었던 일들을 모아 기록한 책이 〈요한복음, the Gospel according to St. John〉입니다. 〈요한복음〉에는 예수의 부활(復活)말고도, 예수께서 행한 10가지의 기적이 등장합니다. 그중 몇 가지만 소개하면,

-결혼식 피로연에서 술이 떨어진 걸 보고,
 맹물을 포도주로 바꾸고,
-어느 공무원의 아들이 병으로 죽어간다는 말을
 듣곤 '너희들은 기적의 표시와 희한한 일들을
 보지 않고는 도무지 믿으려들지 않는구나'라고
 무척 답답해하시며, 아이를 만나보지도 않고
 '가 보거라, 네 아들이 살아있다'란 말 한마디로
 기적 같이 살려내고,
-평생 앉은뱅이로 산 사람도, 말씀 한마디로
 일어나 걷게 했으며,
-길에서 눈 먼 거지를 만나시곤, 땅에 침을 뱉어
 진흙을 이겨 그의 눈에 바르시고 나서 '실로암
 샘물에 가서 씻으라' 하시니, 거지가 말씀하신
 대로 씻고 나서 비장애인이 됐다.

이걸 제 정신 가진 사람이라면 누가 믿겠습니까?
아마 이 글을 쓴 요한도 자기 눈으로 보긴했지만,
믿기 어려웠을 것입니다. 그래서 생각했을 겁니다.

      -자! 이런 일들은 분명 내 눈으로 똑똑히
      보긴 봤는데, 이건 제 정신 가진 사람이라면
      믿을 수 없는 일 아닌가?
      그렇다면 이분은 누구란 말인가?
      평소 이분께서 그토록 주장하셨듯이
      '하나님의 아들'이란 말인가?-

   이런 저런 생각과 고민으로 세월만 가고,
자신도 머지않아 북망산(北邙山)에 갈 처지가 되자,
그제서야 정신이 듭니다.

      -아! 그분은 이 땅의 왕도 아니고,
      구원자도 아니다, 보통 사람이 할 수 없는
      일들을 행하신 그분은 분명,
      하나님의 아들(the Son of God)이시닷!-

   생각이 여기에 미치자, 그는 도저히 가만 앉아있을 수
없었을 겁니다. 그래서 자신이 보고 겪은 일들을 사람들에
게 알리기 위해 부지런히 펜대를 놀려댔을 겁니다.

   그런데 요한의 경우 특이한 점은, 예수께서 행한 '기적'
을 조금 달리 표현하고 있습니다. 다른 3복음서에는 대부
분 '기적(Miracle)'이라고 표현하고 있는데, 요한만은 언제
나 '기적의 표시(Miraculous Sign)'라고 적고 있습니다.

왜 요한은 다른 저자(著者)들과 달리 표현했을까요?
예수께서 행한 일들은 분명히 보통 사람들이 할 수 없는
'기적'이 맞는데, 왜 요한은 비싼 잉크를 더 써가면서까지
꼭 '기적의 표시'라고 했을까요? 조금 '튀어' 보려고?
제 어쭙잖은 깜냥으론, 요한이 '기적의 표시'란 표현을 쓴
까닭을 두 가지로 추측할 수 있는데,

첫째는 요한복음을 쓸 당시, 그의 마음에 일었던 갈등
(葛藤)입니다. 요한 자신도 사람인지라 다른 사람들의 마음
을 누구보다 잘 알기에, 예수께서 보여준 희한한 일들을
'기적'이라고 표현하면, 후세 사람들이 이를 반은 믿고 반
은 안 믿을 거라 여겼을 겁니다.
그래서 '기적'이라는 단정적인 표현보다는, '기적의 표시'
라는 조금 완화(緩和)된 표현으로 더 많은 사람들의 마음을
끌어들이고 싶지 않았을까요?
사실 살아오면서 이것저것 하도 여러 번 속아본지라, 뭐든
여간해선 잘 믿으려 하지 않는 인간들에게 '야! 이건 기적
이야!'라고 말하는 것보다는 '이건 기적의 표시야!'라고
말하는 게, 접근하기에 조금 더 쉽지 않나요?

둘째는 '기적의 표시'라는 말의 속뜻입니다.
〈요한복음〉에선 기적을 표현할 때면, '기적의 표시'란 말
과 함께 '희한한 일들(Wonders)'이란 말도 따라붙습니다.

'기적의 표시'나 '희한한 일'이나 그게 그겁니다.

이걸 보면, 요한의 눈에도, 예수께서 행하는 기적을 보고
도 믿으려 하지 않은 중생들이 무척 답답해 보였나봅니다.
그래서 결심했을 겁니다.

> -나만이라도 스승님을 세상에 바르게 알려야지!
> 당신 말씀대로 하나님의 아들이신 이분께서
> 지금까지 보여준 기적은 기적 축에도 못 낄 거야,
> 잘 봐줘서 그저 기적의 예고편(Miiraculous
> Sign)이고, 희한한 일들(Wonders)일 뿐이라구!
> 분명히 먼 훗날, 개봉관에서 상영될 진짜 본편
> 영화는 따로 있을 거야,-

이것이 요한이 늙어 침침해진 눈에, 떨리는 손으로 펜대
를 잡게 된 까닭일 거라고, 저는 - 용감하게- 추측합니다.
그런데 저의 추측이 매우 타당성이 있는 것이,
〈요한복음〉은 자신이 왜 이 책을 쓸 수밖에 없었는지를
기록으로 남기고 있습니다.
다른 3복음서엔 눈을 씻고 봐도 없는 내용입니다.

저는 이 부분을 읽으면서, 살아계시는 동안 수많은 인간
들에게 의심받고, 결국은 '유언비어 유포죄'로 젊은 나이
에 십자가에 못 박힌 스승을 추억하며, 요한이 제자로서
할 수 있는 스승에 대한 마지막 답례라고 느꼈습니다.

시중에 나도는 각종 『성경』의 우리말 번역들이 영 마음에 들지 않아, -무례하지만- 제 번역으로 소개합니다. 〈요한복음〉 20장 30절, 제자 요한이 한 말입니다.

"예수께서는 그의 제자들 앞에서 또 다른 많은 기적의 표시들을 행하셨으나 이 책에 기록하지 않았습니다. 하지만, 이 기록만으로도 여러분께선 예수께서 구세주이시고, 하나님의 아들임을 믿을 수 있고, 이 믿음에 의해서 여러분께서 그분의 이름 안에서 생명을 얻을 수 있으리라는 것을 전할 수 있습니다."

(Jesus did many other miraculous signs
in the presence of his disciples,
which are not recorded in this book.
But these are written that you may believe that
Jesus is the Christ, the Son of God, and that
by believing you may have life in his name.)

이 장(章)에서 소개하는 글들은, 지난 2007년부터 2017년까지 제가 本然을 취재하면서 기록한 수십 권의 취재수첩과 음성녹음 파일(file) 중에서, 각종 사례를 특징지을 수 있는 대표적인 것만을 골라 간추린 글입니다.

기적(奇蹟, miracle)이란,
'사람이 생각할 수 없는 아주 신기한 일'을 뜻합니다.
다음 소개하는 내용이 과연 '기적'인지, 아니면 '기적 같은 일'인지, 또 아니면 사기꾼의 허튼 소리인지는 여러분께서 읽고 난 뒤 각자 판단하실 일입니다. 거푸 말씀드리지만, 세상을 보는 건 각자의 소견(所見)이기에….

제 생각엔, 그 옛날 예수께서 수많은 기적을 행하실 때, 자신을 졸졸 따라다니는 제자들마저도 여간해선 그 사실을 믿으려하지 않았나봅니다.
그걸 지켜보는 당신께선 얼마나 답답하셨을까?
〈요한복음〉엔 아래의 표현이 무려 25번이나 나옵니다.

"내가 진실로 너희들에게 말하노니,"
(I tell you the truth,)

군말이 많으면 쓸 말이 적다했으니,
여러분께선 크레용을 들고 도화지에 하늘을 그리는 '어린아이'의 〈마음〉으로 다음 글들을 읽으시길.

내 신 돌리도!

제가 물(水)을 찾아 길 떠났다가 本然이란 여성을 만난 뒤로, 氣로 방향을 틀어 '탐구생활'을 하던 2008년 어느 날 있었던 일입니다.

本然과 함께 골목길을 걸어가는데, 맞은편에서 걸어오던 아주머니 한 분이 그녀를 보곤 무척 반갑게 인사를 합니다. 오십대 초반으로 보이는 아주머니가 조카뻘이 되는 나이의 本然에게 깍듯이 인사하고 다가와 어깨를 쓰다듬으며 짓는 표정이, 마치 이모가 조카 대하듯 친근한 모습인지라 뭔가 조금 이상하기도 합니다.

게다가 '이쁜 사람, 참 이쁜 사람'이란 말까지 해가며 어루만지는 모습을 보고, 제 예리한(?) 판단으로는, '아, 무슨 사연이 있는 관계로구나'일 거란 생각이 스쳐 지나갑니다.

그즈음 제 컴퓨터와 녹음기엔 本然과 연관된 氣에 대한 놀라운 임상(?) 사례가 하나 둘씩 쌓여가고 있던 터라, 오늘도 뭔가 하나 걸렸음을 직감할 수 있었고…….
아주머니와 헤어지자마자 그녀에게 묻습니다.

"누구요? 그 아주머니,"

묻는 말엔 대꾸를 않고, 그저 '신라의 미소'만 짓습니다.
本然이 땅을 보며 웃기만 할 땐, 뭔가가 있는 겁니다.

"누구냐니까요?"

그래도 대답을 않습니다.
뭔가 말하기 곤란한 사정이 있나 싶지만, 이미 제 궁금증
에는 발동이 걸렸습니다. 몇 차례 더 채근(採根)한 뒤에야
마지못해 그녀가 털어놓은 이야기는, 이 글을 쓰고 있는
지금도 저를 웃게 만드는 한 편의 '코미디'였습니다.
아래 소개하는 이야기는 제가 직접 눈으로 본 것은 아니
지만, 평소 그녀의 솔직한 성품을 잘 아는지라 여러분께서
도 100% 믿어도 좋으리라 봅니다.

*   *   *

예전에 그 아주머니의 집은 本然과 이웃하고 있었는데,
여느 집과는 달리, 대문에 높다란 대나무가 솟아 있었고,
'선녀보살'이란 자그마한 간판이 걸려있었답니다.
간단히 말해서, 아주머니 직업은 무당(巫堂)입니다.

당시 그 집에선 거의 매일이다시피 남편과 '칼로 물 베기' 하는 소리가 끊이질 않았고, 그러고 나면 어김없이 술에 취해 비틀대는 아주머니의 모습을 볼 수 있었답니다.

그런데 本然이 보기엔 아주머니의 모습이 단지 술에 취해서 비틀거리는 것만이 아닌, 몸에 어떤 깊은 병이 있음을 느낄 수 있었답니다.
같은 여자의 입장이고, 또 그 아주머니의 내면에서 무척 솔직한 〈마음〉이 느껴져 왠지 관심이 가더랍니다.
게다가 동네 사람들 이야기가, 그 아주머니가 매우 신통력이 있는 무당으로 소문이 났다고 하기에, 그녀의 가슴 한 구석엔 약간의 호기심도 자리하고 있던 차에, 가끔 골목에서 마주칠 때면 서로 반갑게 인사도 나누고, 어떤 날은 아주머니가 '쐬주'도 한 병 옆구리에 차고 그녀의 집에 와서 한참을 앉았다가 가기도 했답니다.

그러다가 아주머니 기분이 좀 좋은 날엔 손가락으로 육갑(六甲: '육십갑자'의 준말인 이 말은, 본디 사주(四柱)나 주역(周易)을 공부하는 이들이 '천기누설'을 하기에 앞서 하곤 하는 준비운동인데, 이 철학적인 말이 나중엔 '병신 육갑 떤다'에서처럼, 멋모르고 설쳐대는 누군가를 얕잡아 볼 때 쓰는 말로 바뀜)을 짚어가며 本然의 과거를 맞히고, 앞날을 예견하기도 했답니다.
그런데 本然이 보기에도 상당히 잘 맞히더랍니다.

태생이 '예수천국 불신지옥'과(科)인 그녀는, 그때까지 그쪽 세계에 대해선 전혀 아는 바가 없었기에, 신비로운 느낌으로 아주머니의 말을 듣곤 했답니다.

그러던 어느 날,
本然이 아주머니의 건강 상태를 슬쩍 탐문(探問)합니다.

"어디 몸이 불편한 데가 있으세요?
 제가 보기엔 몸이 많이 안 좋으신 것 같은데……,"
"응, 그거? 목이……, 갑상선(腺)이 좀 아파,
 그래서 어깨도 많이 무겁고……,
 난 잘 살아야 봐야 1~2년 더 살 거야,"
"근데 웬 술을 그렇게 드세요?"
"응, 난 술을 먹어야 점(占)을 칠 수가 있거든,
 내가 받은 신(神)이 내 몸에 계실 땐, 그분이 자꾸
 술을 드시겠대, 안 계신 날은 술을 입에두 안 대,"
"아니, 그 신(神)은 늘 함께 있는 게 아닌가요?"
"응, 어떤 날은 하늘에 공부하러 올라가시고,
 공부가 끝나면 내려오시곤 해,"
"그럼 神이 안 계신 날은 점(占)을 어떻게 보나요?"
"응, 그 땐 내가 그동안 배운 당사주(唐四柱)나
 육갑을 짚어 봐 줘, 근데 그럴 땐 점이 잘 안 맞아,
 그래도 어떡해? 찾아온 손님인데……, 봐줘야지,"

아주머니와 나눈 그날 대화를 통해서,
本然은 그 쪽 세계의 흐름을 처음 알았다고 말했습니다.
이야기를 듣고 나서 그녀는 아주머니에게 자기 집에 있는
좋은 물을 떠다 드시라고 했고, 아주머니도 뭔가 좋은 걸
느꼈는지, 열심히 물 배달을 하기 시작했답니다.

그렇게 조금씩 서로 가까워지자 그녀는 아주머니의
동의를 구하고 나서, 아주머니의 몸을 살펴본 뒤 건강에
도움이 될 만한 신체 부위를 만져주기 시작했답니다.
그런데 아주머니의 몸을 만져준 며칠 뒤, 아주머니가 술이
거나하게 취해 찾아와서는 한다는 말이,

"네가 내 몸을 만진 뒤로 더 아파졌어,
어떻게 된 거야?"

하며 온갖 주정과 성질을 부리더랍니다.
(이렇게 처음에 더 아픈 현상을 한방(韓方)에서는 명현(瞑眩)반응이라
고 하는데, 쉽게 설명하면, 집안 대청소를 하려면 먼저 총채로 장롱
위의 먼지부터 털어내고, 그때 방 안이 온통 먼지로 가득 차는 것과
같은 현상을 말합니다. 本然의 손놀림은, 눈에 보이는 데만 쓸고 닦
는 청소와는 다른데, 아주머니는 그걸 몰랐던 겁니다.)
本然은 이런저런 설명을 하기도 그렇고 해서,
그냥 죄송하다고만 했답니다.

268

그런데 며칠 뒤, 아주머니가 술에 취해 또 찾아옵니다.
本然이 매우 곤혹스럽습니다.
'오늘은 뭐라고 설명을 해야 하나?' 고민하고 있는데,
전혀 예상치 못한 말이 튀어나옵니다.

"그날은 미안했어,
  요 며칠 목도 편하고, 어깨도 많이 좋아진 것 같아,
  미안하지만, 조금 더 손봐줄 수 있어?"

그래서 하는 수 없이 아주머니의 몸을 다시 살피고 만져
주기 시작했는데, 그녀의 느낌에는 아주머니 병세가 그저
단순한 병이나 통증이 아니더랍니다.
게다가 이웃 사람들이 오가며 하는 말로는, 병원에서 진단
을 내린 아주머니의 병명은 후두암(喉頭癌)이란 겁니다.
그런데 아주머니는 처음부터 그런 사실을 솔직히 말하지
않고, 本然에겐 갑상선이 아프다고 둘러대며,
'나는 1~2년밖에 못 살아'라고 말했던 것입니다.

자신의 예감이 맞았다고 느끼자,
本然의 아주머니에 대한 보살핌은 더욱 극진해졌고,
아주머니 몸속의 '나쁜 것'들을 부지런히 빼냈답니다.
그러면서 한편으론 그녀의 氣가 응축된 물건을 집안에
들여놓기를 권했고, 아주머니도 그쪽 계통으론
선수(?)인지라 흔쾌히 동의하더랍니다.

내 신 돌리도! 269

그런데 아주머니께선, 기왕이면 TV에서 좋다고들 이야기하는 '달마대사' 그림이 있는 도자기에 넣어달라고 부탁하더랍니다.
그래서 그녀는 달마대사가 그려진 도자기를 구해, 氣를 담아 전달하고 몇 차례 더 보살펴드렸는데, 어느 날부턴가 아무런 연락도 없이 아주머니의 발걸음이 끊기더랍니다.
本然도 다른 일로 바빠서 아주머니에 대한 생각을 잊고 있던 어느 날, 아주머니가 술에 취해 그녀를 찾아옵니다.
그리곤 횡설수설(橫說竪說), 거친 말을 쏟아냅니다.

그런데 술에 취해 꼬인 혀로 뭔 말을 하는지 정확히 알 수는 없지만, 분명 자신에게 매우 불만스러워 하는 것은 알겠더랍니다. 그래서 아주머니께 묻습니다.

"뭔 말씀인지 알아듣게 얘기해주세요."
"이 쌍! 난 이제 어떡하란 말이야?"
"뭘 말씀하시는 건가요? 몸이 안 좋으세요?"
"그게 아니구……"
"그럼 뭔가요?"
"이제 몸은 멀쩡헌디, 내가 모시던 신(神)이
어디론가 가버리고 없어. 그러니 점괘가 하나도
안 맞는단 말야! 다시 신을 받으려면
6~700만원이 드는데, 이 일을 어쩌면 좋아!
내 신 돌리도!"

이 웃지도 울지도 못할 난처한 상황에서,
그녀는 속으로 웃고 있었답니다. 왜냐고요?
本然은 이게 어떻게 된 일인지 눈치를 챘기 때문입니다.
그녀가 아주머니의 병을 치료하기 위해 몸속 '나쁜 것'들
을 부지런히 빼내면서, -그만 실수로- 아주머니의 밥줄인
'선녀보살'마저 빼버린 것을 알게 된 거죠.

그런데 이 상황은 이제 와서 本然으로서도 어찌 해볼 방
법이 없습니다. 또 왜냐고요?
그녀가 아주머니의 몸속에 있던 선녀보살을, 본인이 가길
원하는 곳으로 이미 보내버렸기 때문입니다.
아주머니도 이 사실을 눈치 채고는, 돈 한 푼 안 받고 자기
의 병을 낫게 해준 그녀에게 와서 넋두리를 해댄 겁니다.

"내 병을 고쳐준 건 고마운데,
또다시 神을 받으려면 생돈 7백만 원이 있어야
하는데…… 이 일을 어쩌면 좋아!"

아주머니는 이 점이 속상하고, 本然이 야속했던 것입니다.
그런 소란이 있고 나서 얼마 후,
동네 사람들의 입소문엔 아주머니가 다시 신을 받았다는 말
이 들렸고, 그 댁 대문의 간판은 '선녀보살'에서 '달마대신'
으로 바뀌어있더랍니다.

내 신 돌리도!　271

다행히도 아주머니 댁에는 손님들의 발걸음이 이어졌고, 더욱 다행스러운 것은, 1~2년밖에 못 살 거라던 아주머니가 좀 더 큰 집으로 이사를 해서, 그로부터 7년이 흐른 2008년 까지 '쌩쌩' 살아서 골목길을 활보하고 있다는 점입니다.

그런 연유로 아주머니와 本然이 길에서 마주치게 되면, 아주머니는 그날 제가 봤던 것처럼, 깍듯한 인사와 함께 그녀의 몸을 어루만지고 있답니다. 이런 말과 함께.

"이쁜 사람, 참 이쁜 사람!"

통도사의 비밀 I

경부고속국도를 타고 부산 방향으로 내려가다 보면, 양산 못 미쳐 통도사 IC 오른편으로, 마치 독수리가 양 날개를 펼치고 있는 듯한 모습의 산이 버티고 있는데 이름하여, 영취산(靈鷲山). '신령스런 독수리'란 뜻의 이름과 산의 생김새가 잘 어울리는 이 산기슭에는 천 년 넘게 자리하고 있는 절이 하나 있습니다.

-通諸萬法 度濟衆生 (통제만법 도제중생)-

'모든 진리에 통해, 온갖 생명을 구제하라'란 말의
앞 두 글자를 따서 이름 지은 통도사(通度寺)입니다.
이 절을 감싸고 있는 산 이름이 영취산인 것은, 산의 생김새에서 오는 느낌도 한 몫을 했겠지만, 사실은 석가모니 붓다께서 생전에 제자들에게 가르침을 펼치던 인도의 영취산에서 '표절(剽竊)'한 까닭이 더 클 듯합니다.

그래서인지 이 영취산 골짜기 구석구석엔 수십 개의
암자(庵子)가 있어, 이게 산인지, 절인지 도무지 알 수 없을 지경인데, 제 생각으로는 하나의 산에 가장 많은 암자가 자리한 곳이 영취산이 아닐까 합니다.

연화암, 원효암, 성불암, 조계암, 금봉암, 안적암, 극락암, 지장암, 보타암, 채운암, 옥련암, 서운암, 수도암, 사명암, 백련암, 비로암, 백운암 등 암자의 이름을 대기에도 숨이 찰 지경입니다. 그런데 그뿐만이 아닙니다.

월정교 무지개 다리를 지나 통도사 경내(境內)에 들어서면, 한술 더 뜹니다.

통도사의 주(主)건물인 대웅전 주위로 용화전, 관음전, 명부전, 대광명전 등 무려 서른 개가 넘는 당우(堂宇)들이 빼곡히 들어차 있어, 마치 '고건축 전시장'에 온 듯한 느낌이 들 정도입니다.

그러니 대부분의 절에서 볼 수 있는 대웅전 앞의 탁 트인 너른 마당은 이 통도사에서 만큼은 아예 기대도 않는 게 좋습니다. 그러한 모습을 일컬어 -송곳 하나 세울 자리- '입추(立錐)의 여지(餘地)도 없다'라고들 하던가?

이런저런 것들을 다 밀쳐두고라도, 통도사에는 서기 646년 창건 이래로 천 년 넘는 긴 세월 동안, 여느 절들이 감히 넘볼 수 없는 '썸씽(something)'이 있어, 이 절에서 머리를 깎은 스님들께서 유난히 어깨에 힘을 주곤 하는데, 이유인 즉은, 통도사에는 전 세계 스님들이 스승으로 받들어 모시는 석가모니의 '진신(眞身) 사리'가 모셔져 있을 뿐

만 아니라, 석가모니께서 생전에 걸치셨던 옷인,
'가사(袈裟)'가 예로부터 전해져 내려오기 때문입니다.

　사리(舍利)란, 인도말 'sarira'를 중국말로 음(音)만 따서
옮긴 말로 '뼈'를 뜻하는 말입니다.
그래서 진신사리란, 석가모니의 시신을 화장(火葬)하고 남
은 '진짜 뼈'를 말합니다. 그런데 이 절에 모셔진 사리는
진신사리 중에서도 정골(頂骨) 사리랍니다.
다리나 엉덩이뼈가 아닌 머리 꼭대기 정수리 뼈란 말씀!
이쯤 되니, 이 절 출신의 스님들께서 '부처님을 모신 종갓
집(佛寶宗刹)'의 자손이라며 어깨를 으쓱댈 만도 합니다.

　석가모니께서 역사상 실존 인물이었음을 증명하게 된
것도 모두 이 사리 덕분입니다. 사실 말이야 바른 말이지,
지금으로부터 2600여 년 전에 살았다는 사람을, 진짜 살
았는지 아닌지 누가 자신 있게 증명할 수 있겠습니까?

　그래서 서양 사람들은 '어디 본 사람 있으면 나와 보라
고 해!'라며 석가모니의 실존을 반은 믿고 반은 의심(半信
半疑)하는 태도였는데, 1898년 프랑스 사람 뻬쁘(Peppe)가
네팔 남부 국경지대에서 고대유적을 발굴하던 중, 우연히
코카콜라 병보다 작은 유리병 하나를 발견하게 됩니다.
그 유리병엔 이런 글귀가 새겨져 있었습니다.

-이것은 석가모니 붓다의 사리병이다.
명예로운 석가족의 형제, 자매, 처자(妻子)가
함께 받들어 모신다.-

기록에 따르면, 석가모니께서 돌아가시고 화장을 하자 많은 양의 사리가 나왔는데, 이 사리를 서로 가지려고 다툼이 일어, 제자들이 8등분을 해서 석가모니와 관련이 있는 나라와 종족들에게 골고루 나눠주었는데, 그중 일부가 석가모니의 친족들에게도 전달되었고, 그들이 자랑스럽게 받들어 모셨던 사리가, 뒷날 프랑스 사람에 의해 발견됐던 것입니다.

이렇게 기록과 실물이 함께 존재하니, 뭐든지 일단 의심하고 파헤쳐보기를 좋아하는 서양 사람들마저도 석가모니께서 실존인물이었음을 더 이상 의심치 않게 됩니다.

그렇다면 전 세계 불교 신도들에게 더없이 귀하디 귀한 유물 -석가모니 진신사리와 가사-이 어떻게 해서 아시아 동쪽 끝 한반도의 남쪽 귀퉁이, 양산 땅 통도사에 전해져 오게 된 것일까요?
그 까닭을 알기 위해선,
여러분께선 1400여 년 전에 살다간 한 인물을 만나보셔야 합니다.

＊　　＊　　＊

때는 삼국시대, 한반도를 고구려, 백제, 신라가
3등분해 가며 '사이 안 좋게' 살아가던 서기 590년,
세 나라 중 가장 약소국이었던 신라의 서울 경주에,
한 사내아이가 태어납니다.
성(姓)은 김(金)이요, 이름은 선종(善宗).
신라에서 힘깨나 쓰는 명문 귀족 집안입니다.
하지만 불행히도 부모가 일찍 세상을 뜨자 이에 큰 충격을
받았는지, 이 아이는 산속에 들어가 절 방구석에 진종일
틀어박혀 나오질 않습니다.

그 당시 신라는 이차돈(異次頓)이란 아저씨가 중국에서
건너온 불교라는 신흥종교의 표어인 '부처극락 불신지옥'
을 외치다가, 사이비 종교 유포죄로 사형당한 지 60여 년
이 흐른 시점인지라, 저승에서도 이승처럼 '폼(form)나게'
살고픈 왕족이나 귀족들 사이에선 불교가 꽤 유행하고 있
었고, 이 아이 역시 가출한다고 잔소리할 부모도 없는 마
당에, 홀가분한 마음으로 당시의 유행을 따라 산속으로 들
어간 걸로 보입니다.

기록에 따르면, 그 무렵 이 아이가 도(道)를 닦는 방법이
좀 특이했다고 전해지는데, 이른바 고골관(枯骨觀)이란 것

으로, 이는 자기 몸을 마치 오래전에 죽어 앙상해진 뼈처럼 여기며, 몸을 학대하고 괴롭히는 수행법입니다.

고골관 수행법 중 한 가지만 소개하면,
작은 방 주위에 가시나무를 쌓아놓고 홀딱 벗은 뒤, 목에 두른 끈을 천장에 묶어놓고 양다리를 꼬고 앉아있는 것으로, 깜박 졸기라도 하면 온몸이 가시에 찔려 피투성이가 되는, 그래서 잠을 자고 싶어도 못자고 하루하루를 버티는 무척 괴팍(乖愎)한 공부 방법입니다.
이를 보더라도 이 아이가 부모가 일찍 돌아가신 것에 엄청 충격을 받은 건 맞는 것 같습니다.

그렇게 세월이 흘러 어느덧 청년이 되자, 나라에서 벼슬을 줄 테니 이제 그만 산에서 나오라고 살살 꼬드기기도 했는데, 그때마다 '진리(法)를 알고 하루를 살다 갈지언정, 벼슬만은 죽어도 안 한다!'라고 떼를 씁니다.
그 이야기를 들은 나라에서 '너, 안 나오면 정말 목을 벤다!'라고 겁을 줘도, '벨 테면 베봐!'라고 고집을 피웠다 하니, '성질머리'도 보통은 훨씬 웃돌았던 것 같습니다.

그러다 웬만큼 공부가 돼서 신라에선 더 배울 게 없다고 여겼는지, 아니면 요즘 우리네 어린이들이 미국에 조기유학을 떠나는 것처럼, 그 또한 대륙(大陸) 구경을 하고 싶었는지는 몰라도, 그때 당시로선 저승길이 가까울 마흔 일곱의 나이에, 당(唐)나라로 늦깎이 해외유학 길을 떠납니다. 유학 중, 중국의 임금인 태종(太宗)이 그에게 신라로 돌아가지 말고 여기서 함께 살자고 치근덕거릴 정도였다니, 그가 어려서부터 닦아온 고골관이란 공부법이 꽤나 효과가 있었던 것 같습니다. 하지만 그 소문을 전해들은 신라의 임금인 선덕여왕께선,

"아니, 시방(時方) 뭔 소릴 하는 거여,
 걘 신라 사람인데?
 잔말 말고 어서 귀국하라고 해!"

라며 소환 명령을 내리는 바람에 하는 수 없이 귀국 수속을 밟게 됩니다.

귀국을 앞두고, 마지막으로 기도나 한 번 '진(津)하게' 하고 돌아가자고 맘을 먹고, 청량산에 들어가 문수보살상 앞에서 철야기도를 하던 중, 홀연(忽然)히 문수보살께서 나타나심에 주위 사람도 놀라고, 자장 본인은 더 놀랐노라고 『삼국유사, 三國遺事』는 전하고 있습니다.

이런 요상한 일이 벌어지자, 중국 승려들은 그동안 자기들이 애지중지(愛之重之)하던 석가모니의 진신사리와 가사를 귀국하는 그에게 선물로 주었고, 6년 전 떠날 때와는

달리 '금의환국'한 그가, 이 소중한 보물을 모셔둘 절터를 찾기 위해 온 신라 땅을 헤매고 다니다가 겨우 찾은 곳이 경상도 양산 땅이었고, 그 곳에 세운 절이 통도사이며, 이 스님의 법명이 '자장(慈藏)'이라고 옛 기록은 전하고 있습니다.

*　　*　　*

2008년 10월,
지난 날 제가 10년 넘게 꽁무니를 졸졸 따라다니던 스승께서 일찍이 출가(出家)하셨고, 또 그곳에서 한 줌의 재로 돌아가신 통도사를 찾아 참배할 마음을 먹고 길을 떠나려는 제게, 本然이 자기도 함께 가보고 싶다는 말을 꺼냅니다. 매우 뜻밖의 제안입니다.

왜냐하면 그녀는 태어나서부터 그날까지 '예수천국 불신지옥'을 믿으며 살아온 걸 제가 잘 알고 있기 때문이고, 그쪽 사람들이 불교를 바라보는 눈이 그다지 곱지 않다는 건 삼척동자(三尺童子)도 아는 일!
그런 까닭에 제가 전혀 예상치 못한 말인지라,
고개를 갸우뚱거리며 함께 길을 떠납니다.

절에 도착한 저는, 먼저 부처님께 참배부터 해야겠기에, 그녀에게 절구경이나 하면서 기다리라 해놓고, 대웅전 안으로 들어가 방석을 깔고 108배를 올립니다.

280

절을 해본 분들은 잘 아시겠지만, 108배하는 데 걸리는 시간은 대략 15분 정도. 절을 마치고 양다리 꼬고 앉아 명상하는 데 또 10분. 한편으론 낯선 절에 와서 혼자 있을 그녀에게 좀 미안하기도 했지만, 그렇다고 평소 제가 절에 들를 때 해오던 참배방식을 바꾸기도 뭣해, 각자 헤어져 보낸 시간이 그럭저럭 30여 분.

참배를 마치고 바삐 신발을 걸치고 本然을 찾았지만, 웬걸? 그녀가 안 보입니다.
주위를 휘 둘러봐도 온데 간데 없습니다.
대웅전 밖에서 기다리라고 분명히 말했건만,
도대체 어딜 간 거야?
'승질'도 나고 걱정도 '쪼깨' 되고…….

그녀에게 구경거리가 될만하다싶은 건물은 모두 둘러보고 여기저기 기웃거려 봐도, 어디 숨었는지 머리카락도 안 보입니다. 처음에 났던 '성질'이 걱정으로 바뀝니다.
찾다가 결국 못 찾은 저는, 처음 헤어진 장소인 대웅전으로 돌아옵니다. 이런 경우를 겪어본 분들은 잘 아시죠?

-낯선 곳에서 함께 간 일행과 헤어졌을 땐,
이곳저곳 싸돌아다니지 말고,
처음 헤어진 장소에 죽치고 있는 게 낫다는 거!-

거기서 한참을 기다려 봐도 안 나타납니다.
그런데 대웅전 옆으로 난 작은 쪽문이 제 눈에 띕니다.
그 문은 대웅전과 맞붙은 석가모니의 진신사리를 모신
석단(石壇)으로 통하는 문입니다.
그러니 그곳은 아무런 볼거리도 없고 그냥 돌을 쪼아
쌓아놓은 '축대(?)'가 있을 뿐입니다.
설마 저기에?
주변을 모두 둘러봤지만 그곳만은 안 거친지라,
혹시나 하는 마음에 쪽문 안으로 들어섭니다.

그런데 설마 했던 '돌 축대' 앞에 本然이 있습니다.
그것도 가부좌(跏趺坐)를 틀고, 눈까지 감고 말입니다.
이게 뭔 일이래?
제가 앞서 말씀드렸습니다.
本然은 태어날 때부터 '예수천국 불신지옥' 과라고.
그쪽 사람들이 헌법(?)처럼 여기는 십계명(十誡命) 중,

첫째, 나 이외의 신(神)을 절대 섬기지 말 것!
둘째, 우상(偶像)을 만들거나 섬기지 말 것!

그렇기에 야훼(Yahweh)께서 내린 이 명령을 따르는 그
쪽 분들이, 가장 각(角)을 세우는 종교가 불교가 아닌가요?
그런데 지금 그녀는 그 '우상(?)의 뼈 한 조각'이 묻혀있는
'돌 축대' 앞에서 양다리를 꼬고 앉아있는 것입니다.

282

그것도 한 시간 가까이…….
제가 대웅전에서 참배를 마치고 행방불명된 그녀를 찾아
헤맨 시간이, 한 시간은 족히 넘었을 터입니다.

　반갑기도 하고 또 한편으론 성질도 나고 해서,
당장이라도 다가가서 어깨라도 '툭' 치려 하는데,
本然의 표정을 보니 그럴 수가 없습니다.
여러분께선 제가 책머리에서 그녀의 모습을 '신라의 미소'
라 불리는 막새에 비유한 것을 기억하실 겁니다.
그런데 그날 그 시간 그곳에서 두 눈을 감고 가부좌를
틀고 있는 本然은 -제 눈이 삐어서인지는 몰라도-
인도 요가의 고수(高手)이거나, 조금 부풀리면,
절의 법당에 모셔진 '관세음보살' 모습이었습니다.

　그래서 섣불리 다가가 그녀의 어깨를 치지 못하고,
엉거주춤 기다리고 있는데, 잠시 뒤 그녀가 눈을 뜹니다.
이어 저를 보더니, 예의 그 '신라의 미소'를 지으며
앉은 자리를 털고 일어납니다.
아무 말 없이 쪽문을 빠져나와 걷습니다.
태생(胎生)이, 궁금한 걸 못 참는 제가 먼저 입을 뗍니다.

　"좀 전에 앉았던 곳이 어딘지 알아요?"
　"모르는데요?"

"근데 거긴 왜 들어갔어요?"

"그냥 끌려 들어갔어요."

"뭐에 끌렸는데?"

"난생 처음 느껴본 氣."

"氣?"

"네"

"어떤 氣?"

"너무도 부드럽고 따뜻한 氣."

本然의 이야기는 이랬습니다.

　-자기가 절에 가본 것은, 학창시절 수학여행 때
　　몇 군데에 가보고, 얼마 전 합천 해인사를 가본
　　것이 전부인데, 오늘 통도사 입구에서 차를 타고
　　들어오면서부터, 전에 한번도 느껴보지 못한
　　'이상야릇한' 기운이 느껴져 '이게 무슨 느낌?'
　　하고 의아해하고 있었는데,
　　대웅전 옆 쪽문 쪽에서 그 느낌이 나오기에
　　자기도 모르게 문을 열고 들어갔다나?
　　그리고 그 느낌을 더 깊이 느끼기 위해서 눌러앉아
　　명상에 들어갔고, 나를 만날 때까지 앉아있었는데,
　　시간이 얼마나 흘렀는지 전혀 모르고 있었다.-

이야기 끝에 제가 묻습니다.

"거기가 어딘지 정말 몰랐어요?"

"네, 거기가 뭐 하는 곳인가요?"

"석가모니의 머리뼈를 모셔둔
 '적멸보궁'이란 곳인데?"

"네? 아! 그렇군요,
 아……, 석가모니께선 정말 대단하신 분이군요!"

"왜요?"

"그런 기운은 제가 처음 느껴보는 것이었어요,
 지금까지 제가 느껴본 가장 높은 기운은
 '매우 맑고 투명한' 것이었는데, 이토록
 '부드럽고 따뜻한' 느낌은 한 번도 경험한
 적이 없었어요, 그런 기운을 지닌 부처님께선
 정말 대단하신 분임에 틀림없네요,
 저는 오늘 여기 와서야 부처님을 처음 알았어요."

황당하기도 하고, 한편으론 놀랍기도 했습니다.
여러분께서도 통도사에 가보시면 아시겠지만,
이 절은 어딘가 조금 이상합니다.
이 절의 대웅전엔 대부분의 절에서 모셔둔 부처님(佛像)을
볼 수 없기 때문입니다. 다시 말해서, 자식을 낳게 해달라
고 빌거나, 자식의 대학합격과 취직청탁, 무병장수, 만사
형통을 기원하고, 때론 바람난 남편을 돌아오게 해달라고
빌 부처님이 안 계시다는 말씀!

그럼 도대체 뭘 보고 절을 하고 기도를 한담?
바로 이 부분에서 자장스님만의 독특한 '성깔머리'를 엿볼
수 있는데, 자장스님의 주장은 이렇습니다.

　　-내가 중국에서 어렵사리 얻어온 석가모니의
　　　진짜 뼈가 있는데, 나무나 흙, 쇠로 만든
　　　불상(佛像) 따위가 뭐 말라비틀어진 물건이람!-

　어려서부터 닦았던 '고골관' 수행법 때문인지는 모르겠
으나, 이 스님께선 뼈(骨)에 대한 집착이 남달랐다고 여겨
집니다. 이런 스님이시니 그 성질과 고집을 그 당시 어느
누가 감히 꺾을 수 있었겠습니까?
그래서 통도사 대웅전 내부 정중앙엔 아무것도 없이 텅 빈
방석만 놓이게 된 겁니다.

　그렇다면 그 귀한 진신사리는 어디에 모셨을까요?
통도사에 가보신 분들께서는 잘 아시겠지만, 대웅전 안의
텅 빈 불단 뒤쪽 벽면에 큰 유리창이 달려있는데, 그 유리
창 밖 정면에 조성한 석단(石壇) 속에 진신사리를 고이 모
셔두고 있습니다. 그렇게 만들어진 요상한(?) 모습의 대웅
전 뒤쪽 큰 석단을 이름하여,

　　　　　'寂滅寶宮 (적멸보궁)'
-열반에 든(寂滅) 석가모니 진신사리(寶)를 모신 큰 집(宮)-

이런 내용을 전혀 알 턱이 없는 불교의 '생짜배기' 本然이, -마치 뭔가에 홀린 듯- 난생 처음 느껴보는 부드럽고 따뜻한 氣를 좇아 찾아들어가, 양다리를 꼬고 앉아 '졸다 가' 나온 데가 바로 이곳입니다.

저는 전에도 여러 번 통도사를 찾았었고, 때론 일주일가량 경내에 있는 방에서 잠까지 자가며, '한 소식' 했다는 스님들과 차도 마시고, 농담도 주고받을 정도로 통도사와는 제법 가까운 인연(因緣)이 있었습니다.
그런데 그렇게 여러 날을 보내면서도, 어떤 스님으로부터도 석가모니의 사리가 모셔진 '적멸보궁의 氣'에 관해 의미 있는 이야기를 들어본 적이 없었습니다.
그러니 제가 만났던 스님들에게도, 또 저에게도,
적멸보궁은 그저 옛 유적일 뿐이었습니다.

그랬던 제게 그날 本然의 이야기는 충격 그 자체였습니다. 그녀가 느낀 바에 따르면, 석가모니께서는 오늘도 분명 그곳에 살아계신 게 됩니다.
그리고 사리탑은 한낱 유물이 아닌,
그분께서 살아계신 '집'인 것입니다. 왜냐고요?
거기에선 석가모니께서 생전에 지녔던 氣가
여전히 나오고 있으니까요.
그런데 이게 과연 가능한 일일까요?

무려 2500여 년 전에 죽은 사람의 뼛조각에서 부드럽고 따뜻한 氣가 지금도 나온다는 게 과연 사실일까요?
하지만 本然은 그날까지 제게 단 한 차례도 거짓을 말한 적이 없었습니다.

그건 그 당시 제가 일 년 가까이 촘촘한 그물을 쳐두고, -언제 실수를 하나?- 축치고 기다려 보았기에, 너무도 잘 알고 있는 부분입니다. 그녀는 제가 예전에 만났던 '氣도사'들께서 일주일도 못 돼 걸려든 그물에, 그날까지 1년 넘는 기간 동안, 단 한 차례도 걸려든 적이 없었습니다.

또한 이곳은 그녀의 종교와도 전혀 맞지 않는 곳입니다. 그렇기에 굳이 못 느낀 느낌까지 꾸며가며 허풍을 떨어댈 이유가 없는 것입니다. 게다가 그녀는 통도사가 어떤 곳이라는 이야기를 예전에 들은 바도 없고, 불교 쪽으론 그야말로 '문밖의 사람(門外漢)'이 그녀입니다.
그렇기에 그녀가 던진 이 말은 평소처럼, 느낀 그대로를 솔직하게 말한 것임에 틀림없습니다.

그래도 제가 누굽니까?
직업상 30년 넘게 틈만 나면 '의심'부터 해대며
밥 빌어먹고 살아온 게 저인데!
그녀에게 또 시비를 겁니다.

288

"내가 알기론, 氣는 세월이 흐르면 점점 없어지는
걸로 알고 있는데, 석가모니께서 가신 지 2천 년도
넘었잖소? 근데 그분의 뼛조각에서 그런 엄청난
氣를 느꼈다고라?"

그 말을 들은 그녀가 저를 물끄러미 바라봅니다.
제 눈엔, '에이, 이 한심한 인간!'이라는 눈빛입니다.
잠시 뒤 그녀가 입을 엽니다.

"모든 氣는 <마음>이에요,
믿는 <마음>이 클수록 氣는 더욱 커지고요."

답을 듣고도 여전히 '형광등'인 저를 보며,
그녀가 말을 잇습니다.

"부처님께서 남긴 그분의 뼈엔 그분의 氣가
담겨있었어요, 아마 그분의 氣는 보통 사람의
것과 달랐을 거구요, 그런 뼈를 모신 사리탑에
천 년 넘게 수많은 사람들이 찾아와 그분의
이름을 외웠을 거예요, 그것도 지극히 믿는
<마음>으로, 그런 <마음>들이 오늘까지 모이고
쌓였다면, 그 힘은 상상을 초월하는 힘이겠죠,
그러니 그 사리탑에서, 평생 사람들을 사랑했던
그분의 '부드럽고 따뜻한' 기운이 안 느껴진다면,
그게 도리어 이상한 일 아닌가요?"

제가 방금 던진 우문(愚問)에 本然이 한 현답(賢答)이,
'통도사의 첫 번째 비밀'입니다.

아무도 모르고 있는 걸 '비밀(祕密)'이라고 말합니다.
모두가 그저 천년 넘는 세월을 지켜온 불교 유적으로만
알고 있던 그 사리탑은, 이 땅 어디에서도 느낄 수 없는
부드럽고 따뜻한 석가모니의 기운으로 가득한, 말 그대로,
-비밀스런 氣의 보물창고- 적멸보궁이었던 겁니다.
그렇다면 통도사란 이름 앞에 천 년 넘게 붙어 다니는 말,
'불보종찰(佛寶宗刹)', 즉 '부처님의 보물로 가득한 종갓집'
이란 말은, 결코 빈말이 아닌 셈입니다.

돌아오는 길,
이래저래 주눅이 들어 말없이 운전대만 잡고 있는 저에게,
本然이 조심스레 묻습니다.

"하나 여쭤 봐도 되나요?"
"예, 뭐든지."

대답은 아무렇지도 않은 듯했지만, 솔직히 겁이 납니다.
조금 전에 받은 충격이 아직 제게 남아있기 때문입니다.

"보려하면 보지 못하고,
느끼려하면 느끼지 못한다는 말이 뭔 말인가요?"

오잉? 이건 또 뭔 소리?

　　"그 말을 어디서 들었어요?"

　　"아까 부처님 사리탑에서요."

　　"누가 그런 말을 하던가요?"

　　"그분께서요."

　　"그분이 누군데요?"

　　"부처님이요."

本然이 그곳에서 들었다는 그 말을 듣자마자, 석가모니께
서 남기신 말씀 한 구절이 제 머리에 스쳐지나갑니다.

若以色見我 (약이색견아)

以音聲求我 (이음성구아)

是人行邪道 (시인행사도)

不能見如來 (불능견여래)

(모습으로 나를 보려하거나,

음성으로 나를 찾으려한다면,

이 사람은 삿된 길을 걸어감이니,

나(여래)를 보지 못하리라.)

　　本然이 조금 전에 들었다는 그 말은,
석가모니께서 45년간 하신 말씀 중 가장 '알짜배기'로 알
려진 『금강경, 金剛經』의 한 구절과 같은 내용이었습니다.

무척 놀란 저는, 그 당시엔 그녀에게 답변할 적당한 말을 찾을 수가 없었습니다. 솔직히, 단 한 번의 짧은 만남으로 석가모니와 '트고(?)' 지내는 그녀에게 제까짓 게 뭔 말을 할 수 있을까요? 제가 그녀가 天稟(천품)임을 확신한 건, 그때부터였습니다.

그날 이후, 本然은 자신을 찾는 사람들에게 종교와 관계없이 통도사에 들르기를 권하고 있고, 평소 그녀가 허투루 말하는 것을 들어본 적이 없는 그녀의 '팬(fan)'들은, 가족과 함께 즐거운 마음으로 적멸보궁을 찾아, 자신들의 일상 삶을 되새김질하며, 버릴 건 버리고, 석가모니께서 주신 '부드럽고 따뜻한' 선물을 듬뿍 받아오고 있답니다.

*뱀 다리 (蛇足)
혹시 통도사 스님들께서 이 글을 읽는다면,
그렇지 않아도 힘이 들어간 어깨가 더욱 뻣뻣해질지도 모르겠습니다.
하지만 스님들께서 마냥 좋아할 일만은 아닌 것이,
이어서 소개할 '통도사의 비밀 II'를 읽고나면,
어쩌면 눈을 부릅뜨고 제게 달려오실지도 모르겠습니다.
대관절 뭔 이야기냐고요?

통도사의 비밀 II

처음 통도사를 찾은 지 달포쯤 지난 어느 날,
석가모니의 '부드럽고 따뜻한 氣'를 또 느껴보고 싶다며,
이번엔 本然이 먼저 통도사 나들이를 제안합니다.

다시 찾은 초겨울 통도사는 월동준비에 한창입니다.
적멸보궁에 들러 30분쯤 참배를 한 뒤 쪽문을 나서는데,
절에서 걸어놓은 현수막 한 폭이 눈에 들어옵니다.
〈53분 선지식(善知識)을 모시는 화엄법회〉라는 제목 아래,
법회기간 중, 평소 공개하지 않는 석가모니의 가사(袈裟)와
통도사의 창건주인 자장율사의 가사를 친견(親見)할 수 있
다는 작은 글씨에 제 눈이 번쩍 뜨입니다.

큰스님들께서 주관하는 법회(法會)야 무식한 제가 별 관
심이 없지만, 석가모니께서 살아생전 걸치셨다는 가사는,
예전부터 말로만 들어왔고, 저 또한 본 적이 없던 터라,
-이게 웬 떡?- 호기심과 궁금증에 회(蛔)가 동(動)합니다.

게다가 지난 번 나들이에서 本然의 氣를 느끼는 수준이
天稟임을 믿어 의심치 않게 된 저는, 누군가가 지녔던 물
건에서는 그녀가 어떤 느낌을 느낄지도 꽤 궁금한지라, 두
분의 가사를 전시하고 있는 건물 안으로 함께 들어섭니다.

가사(袈裟)란, 인도말 'kasaya'를 한자로 발음만 차용해
서 옮긴 말로, 석가모니 생존 당시 집을 나온 수행자들이
걸치던 너덜너덜 헤진 '천 조각'을 뜻하는 인도말입니다.
요즘 우리네 스님들이 정장(正裝)차림을 할 때, 회색 장삼
을 입고 나서 왼쪽 어깨에 두르는 '보자기'가 그것입니다.

법회가 열리는 넓은 공간의 정면 좌우로, 두 개의
유리 진열대 안에 두 분의 가사가 각각 담겨있습니다.
먼저 석가모니의 가사 쪽으로 발걸음을 옮깁니다.
지금 제 앞에 놓여있는 이 가사는 -인도도 중국도 아닌-
전 세계를 통틀어 대한민국 통도사 한 곳에만 있는
'더없이 소중한' 석가모니의 유품(遺品)입니다.
그 앞에 本然이 섭니다.
제가 그녀의 표정을 살핍니다.
엇? 그런데 그녀의 태도가 조금 이상합니다.
석가모니 가사가 담긴 진열대 안을 보는 듯 마는 듯하더
니, 잠시 머무르지도 않고 건너편 진열대로 발길을 옮깁니
다. 그리고 거기선 눈을 떼지 않고 서있습니다.

저는 처음 보는 석가모니 가사 앞에서 -천의 재질, 옷감
을 짠 기법, 무늬, 색감, 보관상태 등- 제 눈으로 확인할
수 있는 모든 것을 요모조모 뜯어봅니다. 아마 제 생전에
또다시 이 대단한 유품을 볼 기회는 없을 테니까요.

그렇게 꼼꼼하게 보느라 한참이 지나서야
자장스님의 가사가 담긴 진열대로 이동합니다.
本然은 여전히 그 유리 상자 앞에 서있습니다.
눈을 감은 채로.
저 역시 자장율사의 가사를 자세히 살펴본 뒤,
말을 주고받을 수 있는 공간이 아닌지라,
서로 눈짓으로 신호를 나눈 뒤 밖으로 나옵니다.

"어땠어요?"

"……"

"석가모니 가사는 왜 그냥 지나쳤어요?"

"……"

도통(都統) 말이 없습니다. 그래서 질문을 바꿔 봅니다.

"자장스님의 가사는요?"

"아주 강했어요."

"어떻게?"

"고집스런 성격과 외로움, 그리고 수행으로
 갈고 닦은 정신력이 굉장했어요."

本然이 이 말을 하는 그 시간,
그녀는 자장스님에 대한 어떤 자세한 정보도 들은 적이
없었습니다. 제가 그녀에게 자장스님이 생전에 어떤 분이
었는지 자세하게 설명한 것은 그녀의 이 말을 듣고 난 뒤
였습니다.

"석가모니의 가사는 어땠는데요?"

本然이 마지못한 듯 겨우 대답합니다.

"사실은……, 아무것도 느낄 수 없었어요,"

제가 잔뜩 기대했던 답과는 너무도 다릅니다.
저번엔 통도사 입구에서부터 석가모니 사리에서 나오는
'부드럽고 따뜻한 氣'를 느꼈다면서, 오늘 석가모니께서
친히 걸치셨던, 그래서 그분의 체취가 오롯이 담겨있는
옷을 코앞에 두고도 아무것도 느낄 수 없었다?
이 사람, 진짜 天稟 맞나?

하지만 本然의 표정엔 한 치의 흔들림도 없습니다.
그제서야 제게도 뭔가 짚이는 게 있습니다.
저 자신 그녀처럼 氣로 느낄 수는 없지만, 제가 지닌 상식
(常識)만으로도, 석가모니의 가사는 '의문투성이'였습니다.
제가 느낀 의문점을 몇 가지만 소개하면,

먼저, 석가모니의 가사는 제가 예상했던 바와는 달리,
-매우 놀랍게도- '금란(錦襴)가사'였습니다.
금란가사라 함은, '고급 비단 옷감에 정성들여 수를 놓은
수제(手製)', 즉 요즘 우리 모두가 즐겨 쓰는 서양말로,
'핸드 메이드(handmade)' 가사를 말하는데,
이는 한마디로 상식밖입니다.
왜냐고요?

석가모니께서 생전에 늘 지키셨고,
제자들에게도 따라할 것을 강조한 의식주(衣食住) 문제는,
아래 소개하는 것처럼 무척 '씸플(simple)'했습니다.

　－밥은 하루 한 끼만 먹되, 반드시 빌어먹을 것(乞食)
　－옷은 남들이 쓰다 버린 걸레로 걸칠 것(糞素衣)
　－잠은 동굴이나 나무 아래서 별을 보며 잘 것(露宿)

한마디로, 모두가 거지처럼 살다가란 말씀입니다.
그분 역시, 자신의 말씀대로, 거지로 살다 가셨습니다.
그런데 제가 본 그 가사는 어느 나라의 왕족(王族)이나,
요즘 우리네 몇몇 큰스님들께서 걸치는 최고급 옷처럼
'메이커 옷'이었습니다.
과연 그분께서, 제자들에겐 '똥 닦던 걸레(糞素衣)'를 걸치
라고 하시고, 당신은 그런 명품(名品) 옷을 입으셨을까요?

그런데 이 기회에 여러분께서 알아두셔도 해롭지 않을 것이, 예로부터 금란가사란 명품의 '오지리날' 고향은, -인도가 아닌- '메이드 인 차이나(Made in China)'입니다.

　다음으로, 인도는 일 년 내내 무더운 여름 날씨입니다. 그래서 인도 사람들이 입는 옷은 매우 얇고 가볍습니다. 석가모니께서도 당연히 평소 그런 옷을 걸치셨을 테고, 그분을 스승으로 모시는 요즘 우리 스님들도 그런 옷을 입고 싶지만, 그 정도 두께로는 중국과 한국의 매서운 겨울 추위를 무사히 넘기기가 어렵기에, 하는 수 없이 속에 바지저고리와 장삼을 껴입고, 그 위에 얇은 '보자기'를 살짝 두르는 것으로 그 옛날 석가모니께서 입었던 옷을 추억하는 옷이 가사인데, 제가 본 석가모니의 가사는 더운 인도에서 입기엔 너무 두꺼운 비단천이었습니다. 게다가 2500여 년이 넘었을 석가모니의 가사가, 1400여 년밖에 되지 않은 자장스님의 가사보다 보존 상태가 훨씬 더 좋아보였습니다.

　마지막으로, 석가모니께선 여든의 나이에 어느 시골의 동구(洞口) 밖 고목나무 아래서 객사(客死)하셨습니다. 그때 곁에서 임종(臨終)한 사람이라고 해야 제자 '아난다' 정도였고, 그나마 마을 사람들의 도움으로 겨우 장례를 치를 형편이었는데, 그 정신없는 와중에 입고계신 가사를 벗

겨 보관하고 내복 바람으로 화장(火葬)을 했다는 건,
쉽게 납득하기가 어려운 일 아닌가요?
제가 언뜻 생각나는 대로 적은 '의문'이 이 정도입니다.

　그렇다면 자장스님께서 중국에서 선물로 받았다는
석가모니 가사의 실체(實體)는 과연 무엇일까요?
그건 저도 모릅니다.
하지만 제 짧은 상식으로도,
이처럼 의문투성이인 석가모니 가사의 실체를
1400여 년 전 자장스님께 선물한 중국 스님들도,
그것을 받아들고 와서 통도사에 고이 모신 자장스님도,
또 오늘까지 소중히 보관해온 수많은 스님들도,
아무도 몰랐을지 모릅니다.

　아니, 알았다 손치더라도,
애써 감추고 싶었을 것입니다.
하지만 그날, 이런 내용을 알 턱이 없는 本然에겐,
긴 세월 그토록 소중히 전해 내려온 통도사의
석가모니 가사는, -어떤 느낌도 느낄 수 없는-
한낱 오래된 비단 보자기일 뿐이었습니다.

　마지막으로, 옛 기록이 전하는 자장스님에 얽힌 이야기
를 소개하면서 '통도사의 비밀' 이야기를 마칠까 합니다.

중국에서 가져온 석가모니 정골사리를 통도사에 모신 뒤, 남은 사리들을 모실 절터를 찾던 자장스님은, 신라 땅 구석구석을 헤매고 다니며 오대산 상원암, 설악산 봉정암처럼, 사람들이 오르기에 무척 힘든 높은 산꼭대기만을 골라 적멸보궁 4개를 더 만들었는데, 이 부분에서도 자장스님의 독특한 '성깔'을 엿볼 수 있다하겠습니다.

그렇게 마지막 남은 사리 하나를 모셔둘 절터를 태백산 정암사로 정하고, 자신을 뒷바라지해주는 시자(侍者) 하나와 깊은 산 속에서 추위에 떨고 있던 어느 날,
거지꼴의 늙은이가, 등짝에는 죽은 강아지를 담은 칡넝쿨 망태기를 들쳐 메고 자장스님이 머무는 암자를 찾습니다.
시자가 묻습니다.

"뉘쇼?"
"자장을 보려고 왔다."
"뭐라? 이 늙다리가 죽고 싶어 환장했나?
 지금까지 우리 스님의 이름을 함부로 부르는
 인간은 네가 처음이다, 냉큼 꺼지지 못해?"

그 말을 들은 늙은이, 시자에게 한마디를 던집니다.

"쯧쯧……,

　아상(我相: 내가 나라는, 잘났다는 생각)을 가진 자가

　어찌 나를 알아보랴!"

　말이 끝나자마자,
등에 짊어진 망태기에 담긴 죽은 강아지를 쏟아 붓습니다.
그런데 땅에 떨어진 죽은 강아지가 돌연,
사자좌(獅子座: 부처님이 앉는 자리)로 변합니다.

　이어 늙은이는 연기처럼 숲속으로 사라지고,
겁에 질린 시자가 자장스님께 방금 있었던 일을 고합니다.
자장스님이 맨발로 뛰쳐나와 땅바닥에 주저앉습니다.

　"내가 세상 뜨기 전에, 마지막으로 한 번 더
　문수보살을 뵙고자 그토록 기원했건만……,"

　그러곤 넋이 나간 채로 사방팔방을 헤맵니다.
늙은이, 아니, 문수보살을 찾기 위해…….
하지만 결국 못 찾고 자리에 누워 며칠 뒤 세상을 뜹니다.
그때 나이 예순 여덟.
자신의 삶을 모두 바쳐가며 오늘날까지 한국 불교의 모든
스님들이 지켜야 할 계율(戒律)의 터전을 마련한 자장율사
(慈藏律師)께서 맞은 최후입니다.

이 소설 같은 옛이야기는,
-눈에 보이는 것, 또 손에 잡히는 것만을 믿고 의지하는-
과학과 실증(實證)이란 울타리 속에 갇힌 채 오늘을 살아가
는 우리들에게 '보이는 것이 전부가 아니다'라는 사실을
넌지시 알려주는 우화(寓話)일 수도 있습니다.

　자장스님의 최후와,
그분이 중국에서 가져온
석가모니의 가사를 생각하노라면,
제 머리엔 지난 번 처음 통도사 적멸보궁에 들렀을 때,
本然이 들었다는 석가모니 말씀이 떠오릅니다.

　　-보려하면 보이지 않고,
　　느끼려하면 느낄 수 없나니.-

빙 의

'퇴마(退魔, exorcism)'란 말이 있습니다.

말 그대로 '마귀(魔)를 쫓아내는(退) 행위'를 말합니다.

대부분이 퇴마를 천주교에서 공식적으로 행하는 종교의식(儀式)이라고들 알고 있으나, 실제로는 형태와 방법만 다를 뿐, 종교라 불리는 것들에 귀신을 달래고 쫓아내는 다양한 행위가 존재하는데, 기독교의 안수(按手), 불교의 구병시식(救病施食), 무속(巫俗) 신앙의 굿이 이에 해당됩니다.

그런데 퇴마와 관련된 모든 행위는 하나의 전제(前提)를 필요로 합니다. 그 전제란,

-과연 귀신이란 것이 진짜 있는가?-

만약 귀신이 없다면, '귀신을 쫓아낸다'라는 말 자체가 성립되질 않기 때문입니다. 애당초 없는 걸 쫓아내고 말고 할 것이 무에 있겠습니까?

우리가 주변에서 손쉽게 접할 수 있는 책 중에서 '귀신을 쫓아내는 일'에 관한 다양한 기록을 담고 있는 것이, 기독교의 『성경, 聖經, the Holy Bible』입니다.

그중에서 마가(Mark)라는 사람이 쓴 〈마가복음〉 제1장의 내용을 간추려 소개하면, (아래 글은 대한성서공회에서 발행한 〈성경전서 개역개정판〉의 본문을 그대로 옮긴 것이니, 글 표현이 이해가 잘 안 되더라도 저를 탓하지는 마시길…….)

23절 : 마침 그들의 회당에 더러운 귀신들린 사람이 있어
　　　 소리 질러 가로되,
25절 : 예수께서 (귀신에게) 꾸짖어 이르시되, 잠잠하고
　　　 그 사람에게서 나오라 하시니
26절 : 더러운 귀신이 그 사람에게서 경련을 일으키고
　　　 큰 소리를 지르며 나오는지라
27절 : 더러운 귀신들에게 명한즉 순종하는도다 하더라
32절 : 저물어 해질 때에 모든 병자와 귀신들린 사람을
　　　 예수께 데려오니
34절 : 예수께서 각종 병이 든 사람을 고치시며 많은
　　　 귀신을 내쫓으시되 귀신이 자기를 알므로
　　　 그 말하는 것을 허락하지 아니하시니라.

이렇듯 〈마가복음〉 제1장 내용의 태반(太半)이 예수께서 귀신을 쫓고, 사람들의 병을 고치는 이야기인데,

나머지 3복음서인 〈마태복음〉, 〈누가복음〉, 〈요한복음〉
의 내용도 이와 별반 다를 게 없습니다.

하도 여러 번 귀신을 들먹여서 조금 민망했던지, 영어
『성경』에선 귀신을 'demon, evil spirit, Satan' 등으로
다양하게 표현하고 있습니다.
그러니 『성경』은 예수께서 사람의 몸에서 귀신을 쫓아내
고, 문둥병 환자나 앉은뱅이, 장님을 고쳐준 신비한 '기적
모음집'이라고 해도 크게 틀린 말은 아닌 셈입니다.

그런데 만약 '귀신'이란 게 애초에 없다면, 예수께서
행한 그런 일들은 모두가 누군가가 제멋대로 꾸며낸,
한낱 '옛날이야기'일 것입니다.
반대로 『성경』이 전하는 이야기가 모두 사실이라면,
예수께선 ‐조금 과장해서‐ 몇 년 전 케이블 TV에 자주
등장했던 퇴마사(退魔師, exorcist)란 직업의 원조(元祖)라고
해도 큰 잘못이 없을 것입니다.

모든 동물 중에서 가장 똑똑하다는 인간조차 죽을 때까
지 모르는 게 하나 있습니다. 바로 '죽음'입니다.

-인간이 죽고 나면 어떻게 될까?
-정말 죽음은 모든 것의 끝일까?
-죽음 이후엔 어떤 세계가 있을까? 등

보통 사람들의 머리로는 도저히 살아생전에 풀 수 없는 이 아리송한 죽음이란 수수께끼 주제 하나로, 예로부터 현재까지 수많은 사람들이 책을 써서 돈을 벌어왔으며, 또 세계 여러 나라의 각종 종교집단이 죽음이란 주제(主題) 하나만으로 많은 사람들을 불러 모으고 있습니다.

하지만 가만히 귀 열고 그들의 말을 들어보면, 대개가 그저 못 믿을 이야기뿐입니다. 왜냐고요? 그들 중에 실제로 죽어본 사람이 아무도 없기 때문입니다. 그래서 그런 유(類)의 책의 끝부분은 대개 '죽은 뒤의 세상은 이러이러할 것'이란 추측으로 끝나기 마련입니다.

캐나다의 신문기자 출신인 조 피셔(Joe Fisher)는 죽음의 문턱까지 갔다가 돌아온 사람들과, 죽었다가 훗날 다시 태어난 사람들의 예(例)를 모아 책으로 펴내 돈깨나 만진 사람입니다.
그가 쓴 『the Case for Reincarnation, 환생(幻生)의 사례』란 책은 인간이 죽고 난 뒤에 벌어지는 여러 가지 일들에 관한 글 모음집인데, 이 책은 지난 날 제가 읽었던 죽음과 관련된 책 중에서 논리와 증거 면에서 그나마 충실한 것이었습니다.

이 책은 독일의 문호(文豪) 괴테(J. Goethe)가 한 말로 시작됩니다.

-죽음과 환생이라는 영원한 법칙을 깨닫지 못하는 한,
그대는 어두운 지구 위를 헛되이 스쳐지나가는
나그네에 불과하리라.-

그런데 이렇게 독자들에게 겁(?)을 줘가며 시작한 이 책 마저도, 끝에 가서는 '내가 전 세계를 다리품 팔며 돌아다 니고, 氣를 써가며 조사해보니, 세계 곳곳에 이러이러한 사례들이 있더라. 그러니 그런 줄 알고 있으면, 살아가는 데 조금은 도움이 될 거다'란 내용으로 끝맺습니다.
매우 아쉽고 답답합니다.

그렇다면 '죽음'이 뭔지 알고 싶어 하는 인간의 궁금증 과 답답함을 시원하게 풀어줄 수 있는 방법은 정말 없는 걸까요? 있습니다! 뭐냐고요? 간단하죠.
죽은 사람과 마주 앉아 이야기를 나누면 됩니다.

-얼빠진 인간 같으니라구!
죽은 사람이 어떻게 산 사람과 인터뷰를 허냐?-

무슨 말씀?
제가 보기엔, 정작 위와 같은 말을 하는 분들이 '넋 나간' 사람입니다. 저는 지난 10여 년간 죽은 사람과 산 사람이 대화하는 현장에 여러 차례 있었으니까요.

또 질문이 쏟아집니다.

-설령 네가 그런 자리에 있었다손 치더라도,
그 사람이 '죽은 사람'이란 증거가 어딨냐?-

제 말을 도저히 못 믿겠다는 이런 분들을 위해,
2009년 5월 20일 낮 12시 02분,
제 눈과 귀로 보고 들은 현장으로 여러분을 안내합니다.

미리 말씀드리지만, 아래 글 속에는
그날 있었던 일에 대한 조그마한 왜곡(歪曲)도 없습니다.
제 짐작으로는, 어떤 분께서는 이 글을 읽고 나서
삶과 죽음에 대한 생각이 송두리째 바뀌는
경험도 하실 거라 여겨집니다.

제가 그날 있었던 '사실'을
여러분께 전해드리는 까닭은,
저 역시 그날 일을 겪고부터 귀신의 존재에 대해서
더 이상 어떤 의심도 하지 않게 되었기 때문입니다.

아래 사례의 당사자는,
제게 자신의 본명을 공개해도 괜찮다고 했지만,
그녀가 아직 미혼인지라 'B양'이라고 칭하겠습니다.

308

*   *   *

　그날 그 공간에 모여 앉은 사람은 모두 다섯.
20대 초반의 B양과 그녀의 부모, 本然, 그리고 접니다.
오전 10시 25분에 만나서 잠시 차를 마시며 이야기를
나누고 나서 '파장' 둘을 빼낸지라, 약 5분간 쉬고 다시
모여 앉았습니다. B양과 그녀의 부모가 이 자리에 있게
된 사연은 이렇습니다.

　　-수년 전부터 B양의 몸이 별 이유 없이 아파서,
　　무당 굿에다 절에서 하는 천도재까지 별의별
　　짓을 다 해봤지만, 잠시 좋아지는 듯하다가
　　도로 아프곤 해서, 다니던 직장도 그만두고
　　요즘은 집에서 쉬고 있는데, B양 때문에
　　다른 가족들도 사는 게 사는 것 같지 않아,
　　못미덥지만 한 번 더 속는 셈치고 왔다."

　더욱이 B양의 아버지는 그동안 효과도 없는 이런 유(類)
의 치료 현장에 따라다니느라 몸과 마음이 매우 지친 상태
이고, 불신(不信)도 매우 깊은지라, 조금 전에 딸의 몸 밖으
로 '파장' 둘이 빠져나오는 걸 보고 나서도 여전히 못마땅
한 표정입니다.

B양과 本然 두 사람이 마주 앉습니다.
지금 이곳엔 어떤 음식차림도, 악기소리도,
기도나 염불도 없습니다.
本然이 B양의 정수리에 손을 대고 눈을 감습니다.
짧은 침묵의 시간이 흐릅니다.

그녀의 손이 B양의 가슴으로 옮겨갑니다.
B양이 그 자리에 '픽' 쓰러집니다.
다시 일어난 B양이 갑자기 손과 팔을 덜덜 떨어댑니다.
떨기를 멈추고 나서, 한쪽 무릎을 곧추세우고 앉습니다.
앉은 자세가 옛 할머니들께서 앉는 모습 그대로입니다.
그리곤 本然을 쳐다봅니다.
本然도 마주보고 빙긋 웃으며 묻습니다.

"왜 그렇게 저를 쳐다보시나요?"
"내가 쟤(B양의 아버지) 할머니인데,
가기로 마음을 먹었으니까 이제 떠나야지……."

그리고 B양 부모를 바라보며 말을 합니다.

"니들도 똑같이 고통을 당하면서
왜 그리 어리석으냐?"

B양 아버지가 불만스런 표정을 지으며 한마디합니다.

"몰라서 안 그렇습니꺼……,
저 아이가 아프다고 해도 전들 뾰족한 방법이
없으니까 절에 가서 천도재도 지내고,
또 이곳에 아이를 데리고 온 거 아닙니꺼?"

B양이 아버지를 흘겨보며 한마디 합니다.

"넌 니가 이 아이를 여기에 데려온 줄 아나?"

'할머니 귀신'의 이 말은 정확한 지적입니다.
사실 B양의 아버지는 이곳에 오는 걸 극구 반대하며 말렸
고, 그래서 처음엔 B양의 어머니가 남편 몰래 B양을 데리
고 本然을 찾았던 것입니다. 할머니는 이것을 귀신같이,
-아, 정말 귀신이지!- 알고 있었던 겁니다.
이 말에 B양의 아버지가 머쓱한 표정을 짓습니다.

그런데 바로 그때,
누군지도 모르는 귀신으로부터 줄곧 야단만 맞고 있던
B양의 아버지가 회심(懷心)의 반격을 시도합니다.
제가 보기에도 이것은 아무도 예상치 못한,
정말 놀라운 발상(發想)입니다.
B양 아버지의 머리에 절묘한 '꾀'가 떠오른 겁니다.
도대체 뭐냐고요?
B양 아버지의 목소리로 직접 들어보시지요.

"저⋯⋯,

　근디, 할머니의 성함이 어떻게 되시는지요?"

B양의 아버지는 자신의 할머니라고 주장하는 귀신에게,
그녀의 생전의 이름이 뭔지를 물어보고 있는 겁니다.

　이 자리에 모여 앉은 사람들 중에서, B양의 아버지를
제외한 어느 누구도 이 '할머니 귀신'의 살았을 적 이름을
아는 사람은 없습니다.
지금 할머니가 몸을 빌려 말을 하고 있는 B양은 물론이고,
그녀의 어머니조차 시집온 뒤로 살아서 뵌 적도,
또 한번도 들어 본 적도 없는 할머니의 이름!
그걸 유일하게 알고 있는 B양의 아버지가
귀신에게 맞받아치고 있는 겁니다.

　놀라운 반격(?)입니다.
만약 이 순간, '할머니 귀신'께서 자신의 이름을 못 대거나
틀리게 댄다면, 오늘 이곳에서 있었던 모든 일은 本然이
기획, 연출하고, 또 취재한답시고 앉아있는 제가 '엑스트
라'로 출연한, 완벽한 사기극(詐欺劇)이 되는 겁니다.
귀신이 자기 이름도 모르는데,
누군들 이 귀신이 B양 아버지의 할머니라고 믿겠습니까?
저라도 안 믿겠습니다.

312

그때 저는, 글을 쓰고 있는 지금처럼 담담한 기분이
전혀 아니었습니다. 왜냐하면 이 연극(?)이 시작될 때 B양
아버지의 표정으로 봐선, 여차하면 本然과 저를 경찰서로
잡아끌고 갈지도 모를 일이었기 때문입니다.
과연 B양의 입에선 무슨 대답이 나올까?

　B양도,
-아니, 자신이 B양 아버지의 할머니라고 사칭(?)하고 있는
귀신도- 이 갑작스런 질문에 잠시 멈칫합니다.
뭔가를 생각하는 듯한 표정입니다.
그리고 더듬더듬 입을 엽니다.

　"염…… 딸…… 딴……."

　저게 뭔 소리?
저게 이름이라고? 뭔 저런 이름이 다 있대?
잘못 말했겠지!

　고개를 돌려 本然을 바라봅니다.
저의 조마조마한 눈빛과는 달리 그녀는 무척 느긋해보입
니다. 곧 사기죄로 잡혀 들어갈지도 모르는 상황인데…….
잽싸게 B양 아버지에게로 제 눈을 돌립니다.
마음속으론 이렇게 주문(注文)하면서!

-B양 아버님, 한번 더 잘 물어보라고요,
 귀신께서 질문 내용을 잘못 알아들은 것 같으니,
 발음을 정확히 해서 다시 한번 부탁해요, 네?-

   그런데 매우 놀랍게도,
할머니라고 주장하는 귀신에게 정곡(正鵠)을 찌르는
질문을 한 B양 아버지의 얼굴 표정이,
제가 걱정하던 것과 정반대의 모습입니다.
발음이 분명하지도 않은 '할머니 귀신'의 답을 듣자마자,
자기 딸 앞에 갑자기 넙죽 엎드리며,
B양 아버지의 입에서 흘러나온 말은,

   "할무이……,"

   귀신으로부터 '염…… 딸…… 딴……'이란 희한한 답변
을 듣고 나서, '그것 봐라! 엉터리이지!'라고 외치며,
本然과 제 멱살을 잡을 거라 생각했던 저의 짐작이
여지없이 빗나간 겁니다.

   B양 아버지의 할머니, 즉 B양의 증조할머니의 이름은
분명, '염(廉) 딸단'이었던 것입니다.
그런데 이름이 좀 이상하다고요?
그건 이렇습니다.

314

옛날엔 요즘과 달리, 딸을 낳는 것이 별로 반가운 소식이 아니었던지라, 딸을 낳으면 다음 번엔 반드시 아들을 낳으라고 딸아이의 이름을 별스럽게 짓곤 했는데, 말(末)년, 말희(末姬), 말자(末子), 점순(點順), 말순(末順) 등이 그것입니다.

제가 전에 읽었던 시(詩)의 제목이 '딸그마니네'였습니다. 이 시는 『만인보, 萬人譜』라는 연작(連作) 시집에 실렸는데, 시인 자신이 그동안 살아오면서 만나고 헤어진, 만 명(萬名)에 이르는 사람들의 삶을 시로 쓰겠다는, 어찌 보면 매우 무모하고(?) 엉뚱한 시집이 그것입니다.

이 시집에는 요즘 우리 사회의 저명인사부터 시작해서, 시인이 어린 시절 동네에서 함께 살았던 이웃 사람들까지 각계 각층의 사람들이 정말 수도 없이 등장합니다. 그중 '딸그만'이란 이름의 딸을 둔 어느 집안의 이야기가 '딸그마니네'란 시입니다. 시의 앞부분을 옮겨보면,

> 딸그마니 아버지
> 낮술 한 잔 마시고 와서,
> '딸만 낳는 년, 내쫓아야 한다'고
> 딸그마니 애미의 머리끄댕이를 잡고,
> 질질 끌고 울바자로 나갈 때,
> 엉 엉 엉, 우는구나……,

이 시에서 보듯이, 주인공인 '딸그만'란 이름은, 마누라가 시집와서 딸만 줄줄이 낳아 동네 사람들로부터 '딸 부잣집'이란 소리를 듣는 것에 부아가 치민 남편의, '제발 딸 좀 그만 낳아라!'는 염원이 담긴 이름입니다.

시인의 나이를 생각하면, 시인이 '딸그만'이와 한 마을에 산 것이 1940~50년 사이였을 테고, 그때만 해도 시인의 고향 마을, 전라북도 옥구군에는 '딸그만'이란 이름이 실제로 있었던 것입니다.

그러니 1800년대 말에 태어난, 성(姓)이 '염씨'인 이 할머니의 이름 '딸단'의 뜻은 '딸그만'처럼, 앞으로 '딸을 낳는 걸, 담배 끊듯 끊어라(단, 斷)'임을 어렵지 않게 짐작할 수 있습니다.

결국 -매우 다행스럽게도- 십대 초반까지 할머니와 함께 살았던 B양의 아버지가, 그 옛날 할머니의 성함을 정확히 기억하고 있었기에, '할머니의 혼(魂)'이 거짓이 아님을 증명하는 근거가 된 것입니다.

여하튼 그 순간, 평소 무척 소심하고 겁이 많은 저는 그만 간(肝)이 떨어지는 줄 알았고, 또 식겁(食怯)했습니다. 결국 작심(作心) 하고 날렸던 B양 아버지의 '강펀치 한방'은 맥 빠지는 '헛방'으로 끝났습니다.

316

이때부터 B양 아버지의 표정이 눈에 띄게 공손해집니다. 시쳇(時體)말로 '꼬리를 내린' 겁니다.
저도 가슴을 쓸어내립니다. 휴……. 그래도 그렇지, 소중한 자식의 이름에 '딸단'이 뭐래?

예기치 못했던 B양 아버지의 질문 하나로, 상황이 역전(逆轉)됩니다.
손자로부터 의심을 받아 기분이 좋지 않은 할머니의 반격이 시작됩니다. 그런데 '펀치'가 매우 매섭습니다.

"멀었다, 한참 멀었다,"
"잘 몰라서…… 죄송…….,"
"쯧쯧, 모르는 게 너무 많아, 모르는 게…….,"

이 말에 답을 하는 B양 아버지의 말투도 눈에 띄게 바뀌었습니다. 마치 할머니와 대화하는 손자의 말투입니다.

"용서하세유, 할머니께선 제가 11살 때 돌아가셨는데, 절 4대 독자(獨子)라고 무척 귀여워 해주셨잖습니꺼?"

할머니 귀신께서 울먹입니다.

"내가 우리 집 자손이 귀해서 이 산 저 산, 절을 찾아다니며 참 많이도 빌었지, 우리 집, 우리 새끼들 잘 되라고…….,"

이 말 끝에, 할머니 귀신께서 손자,
즉 B양의 아버지에게 일장 연설을 하십니다.

"내가 살아서 절에 다니며 부처님께 많이 빌었다.
 그런데 여기 와서 보니, 부처님은 자비로운 분이긴
 하지만, 니들 병을 낮게 해주는 분은 아니다.
 부처님도 신(神)이 아니구 인간이거든.
 느그 애미도 그런 쪽(무속 신앙을 말하는 듯)으로
 너무 빠졌어. 굿을 하면 나야 좋지만……."
"어무이나 저나 아무것두 모르니까 답답해서
 굿을 허구 그랬죠."
"나두 한때 이 속(B양의 몸속)에서 욕심을 먹어 가지구,
 사람들 점(占)이나 봐주구 할려구 맘도 먹었었는데,
 결국 이렇게 좋은 선생님을 만나가지구, 좋은 곳으로
 가게 됐다. 나는 이분을 만나서 진짜 감사한다."
"어제가 할머니 제사였는데……."
"알고 있다."

이젠 B양의 아버지가 할머니께 애원을 합니다.

"할무이, 제발 우리 집의 안 좋은 거 모두 걷어가지고
 가시소. 어머이(B양 할머니) 건강도 마이 안 좋심더."
"느그 애미도 똑같이 방정맞어!
 고집만 세가지구……."

"어머이 고집에 비하면 전 반(半)도 안 됩니더."

"휴……, 니 애미도 곧 볼 것 같다."

"예? 그게 무슨 말씀?

우리 어머이 건강하게 오래오래 살게 해주이소."

"내가 여기(B양의 몸속) 들어와 보니까,

느그 애미는 손녀딸이 이런 걸 하나도 이해를

못하구 있더구나."

"그렇잖아도 오늘 여기 함께 오자고 해도

안 가시겠다구 해서……."

"느그 애미도 속에 병이 많아,

그래서 진즉에 세상 뜨려고 맘먹고 있더구먼,

인생에 낙(樂)이 없으니……."

"할무이께서 나쁜 것, 다 거둬 가 주시소, 예?"

손자의 간절한 부탁에 할머니는 아무 대꾸도 않습니다.
그때, 本然이 B양의 눈을 바라보며 입을 엽니다.

"당신 지금 할머니 아니죠?"

B양이 고개를 끄덕입니다.
本然이 B양의 부모에게 입을 엽니다.

"할머니께서 따님의 몸속으로 다시 들어가셨어요,

할머니께서 삐치신 것 같네요,

자신의 존재를 의심받은 데다가,
다시는 못 돌아올 먼 길 떠날 자신에게
자꾸 어려운 부탁을 하시니······."

B양의 부모가 난감한 표정을 짓고,
아무 말도 없이 방바닥만 내려다보고 있습니다.

*   *   *

어떠셨습니까?
아직도 여러분께선 '귀신은 절대로 없다!'이십니까?
방금 제가 소개한 B양의 증조할머니는,
비록 죽은 지 50여 년이 지나 몸은 없어졌지만,
정신만은 여전히 또렷해서, 자기 이름은 물론이고,
자신이 살아서 했던 일과, 며느리인 B양 할머니의
성격과 건강 상태까지 다 알고 있습니다.

이제 여러분께선 『성경』에 기록된 예수의 '귀신 쫓는'
이야기들이 결코 꾸며낸 이야기가 아님을 아시겠습니까?
아직도 제 이야기가 '귀신 씨나락 까먹는' 소리라고요?
휴······.

여러분께서는 가끔, TV 프로그램에서 연예인들을 의자에 앉혀놓고, 재미삼아 그들의 전생(前生)을 알아보기 위해 최면(催眠)을 거는 장면을 본 적이 있을 겁니다.
출연자들이 무의식 중에 요상한 옛날이야기를 해댑니다.

　　　－자기가 장군이라는 둥
　　　－또는 어느 집 하인이라는 둥
　　　－지금 칼에 맞아 아프다는 둥

　보는 시청자들이야 무척 재미있지만,
정작 당사자들의 표정은 매우 심각합니다.
그런데 그 중에 가끔 놀라운 말을 내뱉는 경우가 있습니다. 자기가 동물이라는 겁니다.
말이나 늑대 같은…….

　이게 도대체 어찌된 말일까요?
아니, 멀쩡한 사람이 과거에 동물이었다니?
과연 이런 말을 믿을 수 있을까요?
제가 그동안 취재한 바로는,
TV에 출연한 연예인들이 최면에 걸려 무의식 중에 한 이야기들은, 대부분 그들의 전생(前生)이 아닙니다.
그러면 뭐냐고요?
그들이 한 말은 그들 몸에 들어와 있는 '파장'의 말입니다.

파장 중에는 짐승의 것도 있습니다.
그래서 자기가 과거에 동물이었다고 말을 하거나 행동하고 있는 것입니다. 그렇다면 어떻게 죽은 사람이나 짐승의 파장이 살아있는 사람의 몸에 들어올 수 있을까요?

사람이건 동물이건 생기(生氣)가 다하면 죽습니다.
죽음이란, 곧 '氣의 흩어짐'입니다.
사람이 죽으면 - 혼(魂)과 백(魄)- 둘로 갈라집니다.
그래서 죽은 사람의 영혼을 '혼백'이라고도 말합니다.

혼은 가볍고 자유로워 공중으로 올라갑니다.
백은 죽은 사람의 몸에 남습니다.
이 이야기는 제가 '소설'을 쓰고 있는 것이 아니라,
수 천년 간 내려온 중국의 철학체계를 알기 쉽게 말씀드리는 것입니다. 이 철학 체계에서 나온 것이 氣이고,
'한방(漢方)'이라 불리는 동양 의학입니다.

혼은 공중을 이리저리 떠돕니다.
이것을 우리는 '귀신', '혼령', '영혼', '영가', '넋'이라고들 말합니다. 한자 '鬼(귀)'는 '죽은 사람이 의자에 앉아있는 모습'을 본뜬 글자입니다. 결국 귀신(鬼神)이란,
'정신(神)만 남은 죽은 사람(鬼)'을 뜻하는 말입니다.
귀신에겐 몸이 없습니다.

죽을 때 땅에 머무는 백(魄)이 가져갔으니까요.
이 '백'이 머무는 곳이 산소이고 묘(墓)입니다.
몸이 없는 혼(魂)은 어떡해서든 몸을 갖길 원합니다.
그래서 혼은 자신이 살면서 못 다한 그 무엇을 이루기 위해 '몸이 있는' 적당한 곳을 찾아다닙니다.
바위든, 나무든, 또는 살아있는 사람의 몸이든…….

　'혼'에게 제일 좋은 곳이 살아있는 사람의 몸일 것입니다. 왜냐하면 살아있는 사람은 자신이 살기 위해 끊임없이 먹고 움직이고, 따뜻하게 제 몸을 감싸니까요.
덕분에 혼도 편안히 잘 지냅니다.
그러다가 잘하면 그 사람의 정신까지 장악해서,
마치 그 몸을 자기 것인 양 부려먹을 수도 있습니다.

　떠도는 혼들이 들어가기에 가장 좋은 사람이, 氣가 약한 사람입니다.
氣가 약한 사람이란 -가끔 선천적인 경우가 있지만- 대개는 살면서 이런저런 일로 〈마음〉이 많이 상해있거나, 몸속 5장6부 어딘가 氣의 흐름이 약해진 사람을 말합니다.

　혼은 氣가 약한 사람의 몸을 귀신같이(사실 귀신입니다.) 찾아내서 그 사람의 약한 곳에 자리를 잡습니다.
그리고 마치 자기 몸인 양, 터를 잡고 살아갑니다.

그때부터 몸의 주인은 혼이 들어온 부위에
불편을 느끼거나, 고통을 느끼기 시작합니다.
이를 일컬어 사람들은 '빙의(憑依)'라고 합니다.
-기댈 憑, 의지할 依-
빙의란, 누군가가 본래 자기 〈마음〉이나 뜻과는 달리,
자기 몸에 들어온 귀신의 힘에 눌려 그 힘에 기대거나
의지해서 사는 것, 또는 그때 나타나는 증상을 뜻합니다.
우리말로는 '신들림'입니다.

빙의는 무당이 되는 의식인 '신내림'과는 다릅니다.
신들림은 자신의 뜻과 상관없이 일어나기 때문입니다.
이 신들림 현상은 사람의 몸 곳곳에서 나타납니다.
-뇌, 심장, 간장, 신장, 위, 허리, 어깨, 눈, 귀 등-
이렇게 氣가 약해진 신체 부위에 들어와 氣의 흐름을 막거
나 방해해서 생기는 증상이, 바로 '병(病)'인 것입니다.
(물론 모든 병이 '신들림' 때문만은 결코 아닙니다.)

빙의에 의한 병 중에서 사람의 정신을 흐리게 하는
증상이, 우울증이나 정신질환, 공황장애입니다.
이런 환자들은 때로는 환각이나 악몽에 시달리고,
까닭 없이 슬프고, 사는 게 무의미하게 느껴지며,
잠자리에서 가위눌리거나, 몽유병 환자처럼 자신이
기억하지 못하는 행동을 합니다.

324

빙의에 걸린 사람이 겪는 고통은 상상 이상으로 고통스러워, 사회생활이 거의 불가능할 정도입니다. 그리고 이런 증상을 호소하는 사람은 점차 많아지고 있습니다.

빙의란 말은 본디 동양에서 쓰던 말인데, 요즘에는 지극히 과학적이고, 분석적이며, 눈으로 본 것 아니면 절대 안 믿는다는(skeptic) 서양 사람들도 이 말을 받아들이고, 또 쓰고 있습니다. 세계보건기구(WHO)에서 빙의를 신경정신과 전문용어로 채택한 것입니다.

영어로 빙의는 'Spirit Possession Syndrome (SPS)', 영어 뜻 그대로 번역하면, '귀신에 홀린 증후군'입니다. 서양 사람들이 이 말을 의학용어로 받아들이기까지는 많은 논란이 있었습니다.

하지만 그동안 수많은 정신질환 환자를 치료해오면서, 그들의 상식과 의학 지식으로는 도저히 설명할 수 없는 증상들을 너무도 많이 접하게 되자, 하는 수 없이 자기들 실력으론 도저히 원인도 알 수 없고, 치료도 안 되는 증세를 '빙의 현상'이라고 한 군데 묶은 것입니다.
서양 사람들이 빙의라고 규정한 증상들을 살펴보면, 웃음이 절로 나옵니다.

－마누라나 남편의 부정(不淨)을 의심하는 의처증, 또는 의부증(疑夫症: morbid suspicion)

-한순간에 성격이 돌변해서 주위 사람들을 어리둥절하
게 하는 다중인격자(Dissociative Identity Disorder)
-남자가 여자 옷 입기를 좋아하는 경우나,
그 반대의 경우(Cross-Dressing)
-완치가 안 되는 우울증(Mental Depression) 등

여하튼 자기들이 보기에 원인을 모르겠거나, 정신적으로 뭔가 조금 이상하다 싶으면 무조건 '빙의'랍니다.
아직도 많은 이들은, 빙의가 특별한 사람에게나 있는 특별한 일이라고들 여깁니다.
죄송하지만, '천만의 말씀, 만만의 콩떡!' 입니다.
지금 이 글을 읽고 있는 여러분들 중에 상당수는 빙의 증세가 있을 것입니다. 저 역시 本然에 대한 '탐구생활'을 하는 동안, 여러 차례 그녀로부터 빙의 치료를 받았습니다. 처음엔 저도,

-이게 뭔 소리? 내 몸에 귀신이 들어왔다고라?-

라며 불쾌해 했습니다.
하지만 여러분께 솔직히 말씀드리면, 그녀가 지적한 날의 제 감정은 평소와 다를 때가 많았습니다.
왠지 우울하고, 뭔가 불안하고,
별 것도 아닌 일에 성질을 내고…….

326

그런데 묘하게도 그런 날은 제가 술을 지나치게 많이
마셔서 '필름'이 끊겼거나, 영화관에 갔거나, 찜질방에
다녀온 다음날일 경우가 많았습니다.
　本然의 말에 따르면,
극장이나 찜질방처럼 어두운 곳에 氣가 약해진 상태로 가
면 떠도는 '파장'이 들어올 가능성이 높다는 겁니다.
제 몸속 氣의 흐름을 자신의 손금을 보듯 알고 있는
그녀이기에, 그런 곳에 웅크리고 있는 파장들의 氣 또한
정확히 느낄 수 있음을 의심할 여지가 없습니다.
결국 '파장'이란 존재는, 내 몸의 氣가 약하면 쉽게 들어오
고, 氣가 강해지면 못 견디고 떠나간다는 말씀!

　　　　　　*　　　*　　　*

　어느 모녀(母女)가 本然을 찾아왔습니다.
딸이 대학을 졸업한 뒤로 직장을 가질 생각도 않고 늘
집에만 틀어박혀 있는데, 딸의 말과 행동이 매우
이상하고. 어머니인 자신에게도 말을 거칠게 하곤 해서
마음고생이 여간 심한 게 아니랍니다.
그런 일이 언제부터 있었냐고 물으니, 꽤 오래됐는데
여러 번 신경정신과를 찾아가 치료도 받았고,
약도 꾸준히 먹고 있으나 별 차도가 없다는 겁니다.

本然이 차를 마시며 어머니의 이야기를 듣는 동안 딸의 몸속을 들여다보니, 다섯 개의 파장(波長)이 그녀의 몸 곳곳에 터를 잡고 있더랍니다.

그래서 여성의 어머니에게 별로 어려운 일이 아니라고 안심시키고, 딸이 해대는 여러 형태의 이상한 짓들을 마치 본 듯 이야기를 하기에 어머니는 本然을 믿고 딸을 맡겼는데, 처음에는 한 달 정도면 끝날 거라 생각했던 것이 두 달 넘게 이어졌고, 지금도 마땅한 해결 방법이 없어 本然도 고민이라는 겁니다.

이와 같은 일로 本然을 찾는 사람들은,
그동안 여러 병원을 거치면서 각종 치료를 받아 볼만큼 받아보다가, 더는 손을 쓸 방도가 없을 때가 돼서야 그녀를 찾는 경우가 대부분입니다.
하지만 어떤 경우든 기간의 차이가 있을 뿐, 그녀가 해결하지 못한 경우가 한번도 없었기에, 그쪽 분야는 더 이상 취재할 필요를 못 느꼈던 저인데, 이번 경우는 本然 자신도 어쩌지 못하는, 매우 난감한 상황이란 겁니다.

딸을 의자에 앉혀놓고 세밀하게 탐색해보니,
3개의 파장은 최근에 딸의 몸에 들어간 것이라 별 문제가 없어 보였고, 나머지 둘은 제법 오래된 것이라 조금 더 시간이 걸릴 거라고 예상했답니다. 그래서 일주일에 두 차례

딸을 만나서 파장을 빼기 시작했고,
이제 결국 오래된 파장 둘만 남았습니다.

　남은 파장 둘 중 하나는 30대 청년이었고, 또 하나는
매우 어린 파장인지라, 우선 30대 청년부터 처리해야겠다
싶어서 청년과 대화를 시작해 보니, 살았을 적에 주위 사
람들로부터 〈마음〉의 상처를 많이 받은지라, 성격이 매우
비뚤어져 있었고, 本然을 대하는 태도도 무척 냉소적입니
다. 게다가 입버릇처럼 그녀에게 한다는 말이,

　　"사람이 살 길은 도(道)밖에 읍써!
　　　道를 닦는 게 살 길이여,"

　本然은 10년 넘게 동물을 비롯해서 각종 파장들과 씨름
해봤지만, 자기가 죽은 줄도 모르고 도(道)를 닦고 있는 파
장은 처음인지라 무척 긴장합니다.
여성의 어머니 이야기노, 딸이 새벽 4시만 되면 아침밥을
차려달라고 하고, 밥을 먹고 나선 내복 바람으로 자기방
벽을 보고 앉아서 두 손을 합장(合掌)한 채로, 도를 닦는다
면서 몇 시간씩 앉아있곤 한다는 겁니다.

　청년이 살았을 적에 받았을 마음의 상처를 위로하고,
이리 저리 달래 봐도 도무지 나올 생각을 않고 있어,
本然도 무척 난처해하고 있던 어느 날,

청년이 '도를 닦으려면 산으로 가야 한다'는 말을 합니다.
本然도 -옳지! 이때다 싶어- '내가 좋은 산으로 보내줄 테니 걱정 말고 나오라'고 꼬드깁니다.
무척 의심이 많은 이 청년은 몇 차례 本然을 테스트(?)하고 나서, 제 딴엔 믿을 만하다고 여겼는지, 마침내 딸의 몸에서 나옵니다.

그날 이후로 딸의 행동에서 새벽에 도를 닦는다고
'면벽수도(面壁修道)'하는 이상한 행동이 없어진 것은
물론입니다. 이와 함께 거친 말을 하는 딸의 태도도
함께 없어져, 그녀의 어머니도 기뻐하고,
本然도 마음이 많이 홀가분해집니다.

자, 이제 마지막으로 딸의 몸에 있는 아기 파장만 처리하면, 이 모녀는 -앓던 이가 빠진 듯- 시원해질 것입니다.
이 가족의 그간 어두웠던 일상도 밝게 바뀌게 될 거구요.
그런데 정작 문제는 그 다음이었습니다.
별 어려움이 없을 거라 여겼던 아기 파장이,
뜻밖의 강적(?)인 것입니다.
왜냐고요?
이 아기 파장은 사람의 몸을 받긴 했지만,
세상에 나와 보지도 못한 '태아(胎兒) 파장'인 겁니다.

게다가 本然이 밝혀낸 바로는, 이 아기 파장은,
젊은 여성의 어머니가 전에 낙태한 적이 있는 '딸의 오빠'
파장입니다. 그래서 겨우 배냇짓만 할 줄 아는 아이 파장
에겐 도무지 말이 안 통합니다.
그저 해쭉 해쭉 웃기만 할 뿐!

　　전에도 아이들 파장을 여럿 상대해 본 本然은,
그 당시에 썼던 '엄마 아빠에게 보내줄게, 또는
맛있는 사탕을 줄게' 같은 고전적인(?) 방법을 써 봐도
이 아이 파장에겐 전혀 먹혀들지 않습니다.
동물 파장 같으면 뒤돌아볼 것도 없이 강제로라도
빼내겠지만, 태아도 사람인지라, 사람 대접을 해주느라
망설이고 있는데, '말'이 뭔지를 모르는 이 아기는 전혀
말귀가 통하지 않아서 말의 씨도 안 먹혀들고,
뭐라고 하면 그저 해쭉 웃는 게 전부입니다.

　　여성의 어머니 말에 따르면,
딸의 최근 행동도 거의 말을 않고 웃기만 하고 있답니다.
거친 쌍말들을 안 해서 좋기는 한데, 이번엔 말을 안 하니
더 답답해서 미치겠다는 겁니다.
本然도 답답하긴 마찬가지입니다.
도대체 말이 통해야 꼬드겨 보기라도 할 텐데,
그녀도 이번 경우는 아직 뾰족한 방도가 안 섭니다

그런데 며칠 전, 아기가 조금 전에 딸의 몸에서
나왔다고 本然으로부터 연락이 왔습니다.
평소 성격이 느긋한 그녀가 저에게 '문자를 날릴'
정도라면, 그동안 맘고생이 제법 심했단 얘기입니다.

그런데…….
고 녀석이 딸의 몸에서 나오긴 했는데,
하필이면 本然의 뱃속으로 다시 들어갔답니다.
아직 엄마가 누군지도 모르는 요 녀석은,
밖으로 나오자마자
따뜻한 그녀의 뱃속에 새 터를 마련한 겁니다.

덕분에 本然은,
팔자에 없는 '빙의 임신'을 한 꼴입니다.
제가 그녀에게 왜 그런 '씰데읍는' 일을 했냐고 다그치니,

"그 어린 파장을 빼내려면, 그 방법밖에 없었어요,"

이게 本然이란 존재입니다.
지금 상황은 누구를 원망할 것도 없이 그녀 자신이 만든
것이니, 뒷일은 자기가 알아서 해결할 일!
어쨌거나 그 모녀에겐 무척 잘 된 일입니다.

*뱀 다리 (蛇足)

이왕 빙의 이야기가 나온 김에, 여러분께 드리는 황당한(?) 질문 하나!

-현재 우리가 살고 있는 지구에 귀신의 숫자가 얼마나 될까요?-

미국의 심령연구 전문가 이안 스티븐슨 박사(Dr. Ian Stevenson)의 연구에 따르면, 지금까지 지구상에 살았던 '인간'의 숫자는 총 690억에서 960억 정도로 추정됩니다. 우리와 뇌(腦) 크기가 비슷한 인류가 처음으로 등장한 것이 약 30만 년 전입니다.

1856년 독일의 네안더(Neander) 계곡에서 발견된 이 인류를 그곳 지명을 따서 '네안데르탈인(Neanderthal man)'이라고 부르는데, 이들은 지금으로부터 3만 년 전쯤에 멸종되고, '크로마뇽인(Cro-Magnon man)'이라고 불리는 인류만이 살아남습니다,
이 현생인류의 조상들께서 마지막 빙하기(氷河期)가 시작되자, 아메리카로 인도네시아로 오스트레일리아로 '싸돌아' 다니시며 부지런히 씨를 뿌린 결과가, 오늘 우리들이 살아가는 '지구촌'입니다.

세계 인구의 변화를 연구하는 학자들의 조사에 따르면, 서기 25년에서 1500년 사이에 세계의 인구는 2배가 되었고, 1800년까지 다시 2배가 되었으며, 그 이후 지금까지 4배 이상 증가했다고 하니, 스티븐슨 박사의 계산에 따르면 3만 년 전의 조상으로부터 오늘 우리에 이르기까지 이 지구에 살다간 전체 인간의 숫자가 690~960억이 됩니다.

그런데 앞서 말씀드렸듯이, 죽은 사람의 혼(魂)은 없어지지 않습니다.
죽은 영혼들이 다시 환생(幻生)을 하든, 천국으로 올라가든, 극락에서 편히
쉬고 계시든, 지옥의 술독에서 수영을 하고 있든, 제각기 갈 길로 갔다손
치더라도, 아직 그 어디에도 못 가고 하늘을 떠도는 영혼이 최소한 10%는
된다고 가정하면, 귀신의 숫자는 6~70억이 넘게 됩니다.

2018년 현재 세계의 인구는 75억이 넘습니다.
그렇다면 현재 지구상에는, 살아있는 사람의 숫자와 비슷한 수의 귀신이
함께 살아가고 있다는 말이 됩니다.
지구는 살아있는 사람만의 공간이 결코 아닌 것입니다.
믿거나 말거나…….

천도

　우리 주변의 어지간한 규모를 갖춘 절에 들르면 '명부전'이란 간판이 붙은 건물을 만날 수 있습니다. -어두울 冥(명), 관청 府(부), 큰집 殿(전)- 한자말 그대로 어두운 곳, 즉 '저승'을 다스리는 관청이 있는 큰 건물입니다. 우리가 살고 있는 이승에 입법부, 사법부, 행정부가 있듯이, 어두운 저승에도 '명부'라는 관청이 있나봅니다.

　요즘 대부분의 절집 건물이 여성 신도인 '보살님'들의 차지가 된 지 이미 오래지만, 이 명부전이 절의 어느 건물들과 비교해서 두드러지는 특징은, 이 건물엔 나이 많은 보살님들이 유독 많이 모여 있고, 이분들 모두 나이가 들어 불편한 몸도 아랑곳 않고 정말 열심히 절을 하고 있다는 점입니다.

　나이 많은 보살님들께서 명부전에서 그토록 부지런히 절을 하고 있는 까닭은, 이 건물엔 저승에 계신 열 분의 대왕(大王)님과, 지옥에 떨어진 중생을 구제한다는 지장(地藏)보살이 모셔져 있기 때문인데, 그래서 어떤 절에선 명부전을 '시왕전(十王殿)' 또는 '지장전'이라고 부르기도 합니다.

그런데 이 열 분의 대왕은, 2600여 년 전 석가모니께서 몸소 당신의 깨달음을 사람들에게 전할 당시의 인도에선 존재 자체가 없던 분들입니다.
서기 2세기경, 인도 불교가 중앙아시아를 거쳐 중국으로 전해진 뒤, 중국의 토착 종교인 도교(道敎)와 섞이면서 도교에서 모시던 열 분의 대왕이 자연스럽게 불교에 흡수되었고, 중국으로부터 불교를 받아들인 우리가 이 열 분의 대왕을 함께 접수(?)함에 따라, 오늘날 웬만한 규모의 절엔 이분들을 모시고 있는 명부전이 자리하게 된 것입니다.

하지만 이런 역사적 사실엔 관심조차 없는 나이 드신 보살님들은, 당신들이 머지않아 이승을 하직하고 저승에 도착하게 되면 곧바로 만나게 될 분이 이분들인지라, 살아있는 동안 이분들께 '눈도장'이라도 찍어둘 요량으로 무릎이 닳고, 허리가 빠지도록 절을 하고 계신 겁니다.

그런데 저승에 뭔 대왕이 열 분씩이나 계시냐고요?
이 질문에 답하기 위해선, 먼저 불교 의식(儀式)인 '49재(齋)'와 '천도재(薦度齋)'에 대한 이해가 필요합니다.

49재란, '49일재(日齋)'를 줄인 말로, 죽은 사람이 윤회에서 벗어나거나 또다시 태어날 때까지 걸리는 기간인 49일 동안, 가족이나 후손들이 돌아가신 영혼의 '명복(冥福: 저승에서의 행복)'을 빌고 좋은 곳에 다시 태어나길 기원하는 의식으로, 죽은 날로부터 매 7일째마다 일곱 번에 걸쳐 49일간 지내는 불공(佛供)을 말합니다.
그래서 절에선 '7·7재'라고도 부릅니다.

다음으로 천도재(올릴 薦, 구제할 度, 의식 齋)는,
미처 49재를 올려주지 못한 죽은 영혼이나, 49재를 지내고 난 뒤라도 뭔가 찜찜하고 아쉬운 부분이 있는 경우 별도로 날을 잡아서 불공을 올려(薦) 죽은 영혼이 극락세계로 구제받아(度) 올라가길 기원하는 의식입니다.

그런데 많은 사람들은 49재가 불교 고유의 의식으로 알고 있는데, 이는 매우 잘못 알고계신 겁니다.
49재를 올바로 알기 위해선,
1200여 년 전, 지금은 중국 땅이 되어버린 티베트(Tibet)란 곳으로 잠시 시간여행을 다녀올 필요가 있습니다.

8세기 무렵 티베트 사람들에겐 어찌 보면 황당한 내용의 책이 한 권 있었습니다. 책의 내용은 자신들이 삶에서 벗어나 죽음에 다다른 경험담을 모은 것인데, 간단히 말해

사람이 죽은 뒤 겪게 되고 통과해야 할 여러 과정을 매우 자세히 설명해주는 '죽음 안내서'인 셈입니다.

티베트 사람들은 이 책을 죽음을 앞둔 사람의 귀에 대고 읽어주었고, 그렇게 함으로써 육신을 떠난 영혼이 길을 잃지 않고 다음 생(生)으로 옮겨가거나, 영원히 해탈(解脫)할 수 있다고 믿고 있었던 겁니다.

이 책의 제목은 『바르도 쉐돌, Bardo Thudol』, 서양사람들에겐 『the Book of the Dead, 사자(死者)의 서(書)』로 더 잘 알려진 책입니다.
책의 내용을 간략히 말씀드리면,

어느 날 사람이 죽음을 맞게 되면,
1. 처음엔 밝고 지극히 행복한 느낌을 느끼고, 곧 자신의 참된 본성의 빛에 둘러싸이게 되는데, 그 빛은 봄날 풍경을 가로지르는 신기루 같다.

2. 이어서 그 영혼은 자신의 죽은 육신을 바라보게 되고, 가족과 친구의 통곡소리를 들으며 그들과 대화를 해보려 애를 쓰지만, 곧 소용이 없음을 깨닫게 된다. 또한 그 영혼이 지난 날 살았던 모든 삶이 순식간에 눈앞에 전개되고, 죽음에 대한 두려움이 없어진다.

3. 다음으로 평화의 신(神)과 분노의 신이 찾아오는데,
  이 신들은 그가 생전에 저지른 업(業)이 만들어낸
  일종의 '죽은 뒤의 꿈'이다.
  이 부분에서 『사자의 서』는 이렇게 말한다.
    -그대는 씨를 뿌린 대로 거두리라.-

4. 마지막 단계로, 영혼은 시간과 공간을 초월하는
  자유로운 동작을 통해, 집 밖으로 빠져나와
  어느 곳이든 갈 수 있게 된다.
  영혼이 소리와 환각을 따라가다 보면,
  '죽음의 왕'과 만나게 되는데,
  이 왕은 그 영혼이 생전에 했던 모든 일이
  적나라하게 상영되는 거울을 보고
  최종심판을 내리게 된다.

『티베트 사자의 서』는, 죽은 사람이 이런 과정을 거치는
데 걸리는 기간이 49일이라고 짚고 있습니다.
이와 같은 내용의 티베트 민간신앙이 인도 불교와 접목되
어 중국에 영향을 미쳤고, 여기에다 중국 도교(道敎)에 등
장하는 열 분의 대왕이 합쳐지면서, 우리 곁엔 49재라고
이름하는 '퓨전(fusion) 불교의식'이 자리하게 된 겁니다.

불교에서 말하는 저승의 재판은, 우리가 살고있는 세상
처럼 대법원에서 끝나는 3심(審) 재판이 아닙니다.

예를 들어, 제가 죽게 되면 일주일에 한 분씩 일곱 대왕으로부터 49일간 날카로운 신문(訊問)과 재판을 받게 됩니다. 이때 매 재판일마다 대왕님들께 '돌아가신 분을 잘 봐 달라'며 후손들이 음식 차려놓고, 일주일에 한번씩 비는 행사가 49재인 것입니다.

그런데 명부전에 버티고 앉아계신 열 분의 저승대왕 중에서, 죽은 지 5주째 되는 날 만나게 될 분을 향해 유난히 많은 보살님들이 허리운동을 하고 계신데, 이 대왕께서 여성 보살님들로부터 인기(人氣)가 높은 까닭은, -얼굴이나 몸매가 좋아서가 결코 아니고- 이분께는 명경대(明鏡臺)라고 하는 신통한 화장대(?) 거울이 하나 있으니, 누구든지 죽어서 이 거울 앞에 서면 지난 날 자신이 살아온 모습이 실시간 동영상으로 하나도 빠짐없이 재생된다는 겁니다.

그러니 아무리 그럴 듯한 거짓말을 할지라도, 번거롭게 거짓말 탐지기를 들이대며 확인하고 말고 할 게 없습니다. 무척 신기한 물건이긴 하지만, 저처럼 죄 많은 인간에겐 전혀 도움이 안 되는 이 거울의 주인이, 절에 다니지 않는 사람들의 입에도 심심찮게 오르내리는 '염라대왕'입니다.

이쯤에서 평소 셈이 빠르고, 궁금증이 많은 독자라면, 제게 이런 질문을 던질지도 모르겠습니다.

-아까 저승에서 폼 재고 있는 대왕이 열 분이라고
했는데, 죽은 영혼이 49재 동안 만나는 대왕은
일곱 분이라면서? 그렇다면 나머지 3대왕은
그냥 '들러리'냐?-

무척 예리한 질문입니다.
일주일에 한 분씩 일곱 차례이니, 49일 동안 면담하는
대왕은 일곱 분이 맞습니다.
본디 불교의 정통 천도의식은, 49재를 지낸 뒤, 죽은 지
100일 되는 날 또 한 번의 재를 지내고, 1년이 되는 날 또
한 번, 만 2년이 되는 대상(大喪) 날에 마지막 재를 지냄으
로써 나머지 세 분의 대왕과도 면담하게 되어있습니다.
하지만 요즘 우리 스님들께선, 남은 세 분의 대왕께 인사
를 안 드려도 완벽히 천도할 능력이 있어서인지, 아니면
요즘 세상이 무척 바쁘게 돌아가는 사정 때문인지는 저도
잘 모르겠으나, 대부분 49재만 지내고 남은 세 번의 재(齋)
는 언제부턴가 슬쩍 생략하게 된지라, 세 분의 대왕은 별
로 하는 일도 없이 절밥만 축내며 자리만 차지하고 앉아
계시게 된 겁니다.

어떤 분께선 지금까지의 제 글을 읽고 나서, 『티베트 사
자의 서』에서 말하는 죽음 뒤에 겪게 되는 과정, 또 있는
지 없는지도 모르는 저승, 지옥 같은 소리가 영 마뜩찮게

들릴지도 모르겠는데…….

이는 뭘 몰라도 한참 모르시는 말씀!

　불과 40여 년 전까지만 하더라도 서양 사람들의 생각에, 『티베트 사자의 서』는 죽음에 대해 교훈적이긴 하지만, 본질적으로는 '이솝우화(Aesop 寓話)'와 같은 상징적인 이야기, 그 이상도 이하도 아니었습니다.

그러나 1980년대 이후, 임사체험(臨死體驗, Near-Death Experience)과 육체를 벗어나는 체험(幽體離脫, 유체이탈)에 관한 의학적 연구가 활발해지자, 서양 심리학자나 의사들은 『티베트 사자의 서』에 기록된 많은 부분이 결코 '썰'이 아니란 사실을 알게 됩니다.

　자신들이 연구과정에서 교통사고나 각종 사고로 죽음의 문턱까지 갔다 온 여러 환자들의 증언을 들어보니, 그들이 이야기하는 내용과 『티베트 사자의 서』에 기록된

　-강렬한 빛, 지극히 평온한 느낌, 무시간성(無時間性),
　동작의 자유로움, 몸 밖을 빠져나와 주변의 소리를
　듣고 볼 수 있는 능력, 사물을 뚫고 통과하는 능력,
　자각 능력의 증대, 지나온 삶이 한순간에 펼쳐짐,
　죽음에 대한 두려움이 없어짐 등-

죽음의 상태나 과정에 대한 묘사가 양쪽 모두 거의 똑같다

342

는 사실을 알게 되었고, 첨단 서양의학을 연구하는 자신들이 이제야 알게 된 이런 극적인 사실들을, 자기들의 눈엔 한참 미개(未開)해 보이는 티베트 사람들이 무려 1200년 전부터 일찌감치 알고 있었다는 사실에, 매우 당혹해 하고 부끄러워하고 있다는 사실입니다.

앞서 저는 여러분께 빙의(憑依)에 대해 말씀드렸습니다. 누군가가 빙의되었다면, 그 사람은 자기 정체성을 잃고, 자신이 의도하는 삶을 살지 못하는 고통을 겪게 됩니다. 그래서 빙의된 사람의 처지에서 보면, 자신을 괴롭히는 영혼은 악령(惡靈), 마귀(魔鬼), 사탄(Satan)임에 틀림없습니다. 하지만 조금 달리 생각해보면, 누군가의 몸에 들어온 그 영혼 역시, 긴 세월 갈 곳을 잃고 허공을 헤매는 무척 불쌍한 존재입니다.

죽고 나서 몸 없이 구천(九泉)을 헤매는 불쌍한 영혼들을 위해, 누군가가 나서서 바른 길로 안내해 줄 수 있다면 이 또한 아름다운 일임에 틀림없을 것입니다.
게다가, 살아있는 생명이 너나없이 소중하듯이,
자기 조상의 영혼이 소중하면 남의 집 영혼도 소중할 것입니다. 그 영혼이 비록 살아있는 누군가의 몸에 들어가 고통을 주고 병을 일으킨 영혼이라 할지라도…….

그런데 불교의 천도재나 빙의를 치료하려고 행하는 다양한 퇴마의식의 초점은 ―매우 안타깝게도-
오직 살아있는 사람에 맞춰져 있습니다.
사람의 몸에 들어온 영혼은, 악령이나 마귀, 사탄처럼 여겨 내몰아 쫓아내버리는 게 전부란 말씀입니다.
그래서 빙의로 고통을 받던 사람의 몸이 나아지면 그걸로 끝입니다. 그 사람의 몸에서 빠져나간 영혼이 어디로 갔는지, 또 쫓겨난 뒤에 어떻게 되었는지는 누구도 알 바 없습니다. 저도 여러분도 나중에 죽고 나서 그런 영혼이 되지 말란 법이 없는데도…….
이것이 과연 진정 올바른 천도일까요?

　제가 그간 취재해온 바로는, 그렇게 쫓겨난 영혼은 허공을 떠돌다가 또 다른 사람의 몸을 찾아 들어갑니다. 왜냐하면 몸이 없이 떠돌며 지내온 영혼은 스스로 제 갈 길을 찾지 못할 뿐더러, 춥고 외롭고 배고프기 때문입니다.
　저는 그렇게 떠돌며 몇 사람의 몸을 옮겨 다닌 영혼을 여러 차례 만난 적이 있고, 그들이 하는 이야기를 귀담아 들은 경험이 있습니다.
그 영혼들이 털어놓는 이야기는 매우 슬프고, 안타깝고, 한 맺힌 것들이었습니다. 그랬던 그들이 '정말' 천도되는 순간, 더 이상의 긴 방황이 없을 거란 안도감에, 마음속 깊이 맺힌 응어리를 풀고 진심으로 고마워하며 떠났습니다.

아래 소개하는 내용은 제가 취재한 수많은 천도 중의 한 장면입니다. 별로 특별할 것도 없는 내용이지만, 정말로 올바르고 아름다운 천도가 어떤 것인지 여러분께 전하고 싶은 마음에, 제 컴퓨터 기억창고에서 꺼내서 소개합니다.

*　　　*　　　*

2010년 5월,
사전 예고도 없이 제가 本然을 찾았을 때, 그녀는 '氣치료' 중이었습니다. 氣치료를 받고 있던 여성이 앉았던 의자에서 스르르 무너져 내립니다.
예전에 여러 사람에게서 많이 봤던 장면입니다.

바닥에 쓰러진 여성이 소리치며 괴로워합니다.
그러거나 말거나 本然은 눈을 감은 채로 그녀의 왼쪽 눈썹을 누르고 있습니다. 여성의 눈에 파장이 들어가 있기 때문입니다. 치료받는 여성이 소리칩니다.

"×팔, 왜 날 괴롭히는 거야?"

젊은 여성이 입에 담기엔 무척 거친 욕이 튀어나옵니다.
(영화 〈그린 마일〉에서 뇌종양 판정을 받은 교도소장 부인도 평소엔 한 번도 한 적이 없는 온갖 쌍소리를 해댑니다.)

本然이 달래봅니다.

"그러니까 나오라고 했잖아,
나오면 괴롭히지 않을게."

젊은 여성이 이 말에 대꾸는 안하고
계속 소리를 질러 댑니다.

"악!, 으!, 아이 ×팔!"

그러길 10여 분, 本然이 입을 엽니다.

"네가 원하는 곳으로 보내줄 테니 나오라니까?"
"아×……, 알았어, 나갈게."
"정말이지?"

여성이 고개를 끄덕입니다. 本然이 황급히 플라스틱
카드를 꺼내 여성의 가슴에 댑니다. 잠시 뒤, 악을 쓰던
여성이 축 늘어집니다. 本然이 여성에게 묻습니다.

"괜찮아요? 정신이 들어요?"
"네, 물 좀 주세요."

잠시 뒤, 치료의 마무리가 이어집니다.
그런데 本然의 표정이 심상치 않습니다.

이번엔 本然의 손이 여성의 가슴을 누릅니다.
여성이 또 악을 쓰며 울부짖습니다.

　　"악!, 이 ×팔, 아!"

여성이 本然을 한참 째려봅니다.
本然이 내려다보며 묻습니다.

　　"왜 그런 눈으로 날 쳐다보지?
　　계속 그렇게 보면 더 아프게 할 거야?"

그 말을 듣곤 여성이 눈을 감습니다.
本然이 웃으며 말합니다.

　　"아픈 건 싫은가 보지? 금세 눈을 감게?"

여성도 멋쩍었던지 힌침 깔깔대며 웃습니다.
웃음이 그칠 즈음, 本然이 명령합니다.

　"이제 그만 나와, 거기 있으면 너도 괴롭고
　　이 아가씨도 괴롭잖아, 네가 원하는 곳을 말해봐,
　　내가 보내줄게,"

　여성이 고개를 끄덕입니다.

本然이 카드를 그녀의 가슴에 대며 말합니다.

"나와 약속했어? 셋을 셀 동안 나와야 해?
하나, 둘, 셋!"

잠시 뒤, 本然이 입을 엽니다.

"아니, 너 지금 나를 속였어.
내가 모를 줄 알구? 벌(罰)로 더 아프게 할 거야."

本然이 계속 가슴을 누르자, 여성이 괴로워하며 몸을
뒤틀다가 일어나 앉습니다. 本然이 묻습니다.

"너, 이 아가씨의 몸에 언제 들어왔지?"

대답을 않자 本然이 다시 묻습니다.

"그럼, 어디서 들어왔지?"
"양목에서."
"양목이 어디야?"

바로 그때,
이 광경을 지켜보던 여성의 어머니가 끼어듭니다.

348

"양목이라고요?
제 딸이 약목에서 직장생활을 하다가
어느 날 갑자기 아프기 시작했어요."

양목은 '약목(若木)'이었습니다.
경상북도 칠곡군에 있는 마을 이름입니다.
本然이 계속 묻습니다.

"네 이름이 뭐야?"
"박영식."
"나이는?"
"열다섯 살."

이어서 本然이 묻지도 않은 말을 하기 시작합니다.

"난 서울 구로 초등학교를 다녔어,
그리구 난 고아(孤兒)야."

本然이 묻습니다.

"그럼 고아원에서 살았어?"
"……."
"어떻게 죽었어?"
"……."

묻는 말엔 대꾸를 안 합니다.

"그런데 왜 이 여성의 몸에 들어왔어?"
"이뻐서."
"넌 예뻐서 들어왔지만,
 이 여성은 너 때문에 아프잖아?
 그러니 이제 나와, 널 좋은 데로 보내줄게,
 엄마 아빠가 계신 곳으로."

그러자 여성이 흐느끼며 슬피 웁니다.
本然이 달랩니다.

"자! 내가 약속할게, 꽃도 있고 동물도 있고,
 부모님도 계신 곳으로 보내줄게."

울음을 그치고 나서, 여성이 자기 어머니에게 말합니다.

"아주머니, 그동안 죄송했어요."

本然이 여성의 어머니에게 말합니다.

"아주머니, 이 친구가 지금 잘못을 사과하잖아요,
 어서 사과를 받아주시죠."

350

本然의 말에 여성의 어머니가 정신을 차리고 답합니다.

"예, 알았어요,
그러니 어서 내 딸의 몸에서 나와요."

本然이 카드를 여성의 손에 쥐어주며 말합니다.

"자, 이 카드 보이죠? 이 카드를 손에 쥐고
그 안으로 들어가는 거예요. 그러면 내가
좋은 곳으로 보내줄게, 알았어요?"

잠시 뒤, 여성이 本然의 무릎 위에 쓰러집니다.
本然도 무척 지친 표정입니다. 모녀가 한결 밝은 표정으로
돌아간 뒤, 本然이 힘없는 목소리로 제게 부탁합니다.

"죄송하지만, 오늘 이 파장들을
천도해줘야 하는데……."
"알았어요. 어디로 갈까요?"
"팔공산이 어떨지, 훨훨 날아가기 좋은…….
산자락이 훤히 내려다보이는 곳이면 좋겠어요."

가는 도중, 조수석에 앉은 本然이 입을 뗍니다.

"핫도그가 먹고 싶어요."

여러 차례 경험으로,

전 이 말이 뭔 뜻인지 알고 있습니다.

핫도그는 박영식이란 파장이 생전에 즐기던 음식이었는데, 먼 길을 떠나는 지금,

마지막으로 그게 먹고 싶은 겁니다.

그런데 온 시장을 다 뒤져도 핫도그 파는 가게를 찾을 수 없습니다. 초여름인지라…….

차를 돌려서 초등학교가 있는 골목길로 접어들어 이곳 저곳을 뒤진 끝에, 비닐포장을 쳐놓은 구멍가게에서 핫도그를 발견합니다. 그런데 딱 한 개가 남았습니다.

本然이 떡볶이도 함께 시킵니다.

가게 주인 아주머니가 오렌지 음료수를 공짜로 줍니다.

마지막 한 입까지 다 먹고 나오면서 本然이 또 주문을 합니다. 이번엔 아이스크림이 먹고 싶답니다.

슈퍼마켓에 들어갔다 빈손으로 나오며 本然이 하는 말,

"쥬쥬바를 먹고 싶은데 없네요?

요즘엔 쥬쥬바가 안 나오나?"

팔공산 산마루에서 조금 내려온 숲속 밭두렁,

本然이 크레파스로 도화지에 그림 두 장을 그립니다.

산, 시냇물, 집 한 채, 엄마, 아빠, 토끼, 강아지, 꽃…….

352

파장과 약속한 걸 다 그리고 나서,
플라스틱 카드가 든 봉투를 꺼냅니다.
그리고 잠시 눈을 감고 명상을 합니다.
종이에 불을 붙입니다.
꽃동산 그림과 카드가 든 봉투가 훨훨 타오릅니다.
그때 시각이 오후 6시 30분.
멀리 서쪽 능선 위로 황금빛 태양이 뉘엿뉘엿 지고,
맑은 하늘엔 구름이 몇 점 떠있습니다.
그 사이로 연기가 피어오릅니다.

　이 광경을 지켜보며,
저는 담배 한 개피를 입에 뭅니다.
本然은 여전히 눈을 감고 있습니다.
마지막 작은 조각까지 남김없이 타길 기다리며…….
이렇게 해서 그동안 외롭게 방황하던 두 영혼이
하늘나라로 떠났습니다. 다시는 돌아오지 않을 곳으로.

　돌아오는 차 안.
本然이 눈을 감고 쓰러지듯 앉아 있습니다.
아마 그녀는 늘 그랬듯이,
오늘도 밤새도록 아플 것입니다.
낮에 치료한 여성이 아팠던 곳을 고스란히 느끼며…….

골 때리는 병

1

귀에서 '부……' 하는 낮은 소리가 끊임없이 들립니다.
눈을 뜨면 방바닥이고 천장이고 빙글빙글 돕니다.
음식점 불판 위에 올려놓은 고기가 눈앞으로 달려옵니다.
그리고 자동차나 배 멀미하듯 구역질이 나고 토(吐)하고,
머리가 어지럽고 깨질듯 아픕니다.
잠시 후, 지쳐 쓰러집니다. 사흘이고 나흘이고…….

한 번 발작하면, 어떤 날은 몇 십 분 만에 그치지만,
때론 몇 시간, 며칠 동안 계속되기도 합니다.
더구나 이런 증상이 몇 주, 또는 몇 달 간격으로
잊을 만하면 찾아오니 분명 '병(病)은 병'입니다.
이 병을 앓는 사람들은 정상적인 일상생활이나 사회생활
이 거의 불가능합니다. 늘 집안에만 있어야 하니까요.
그 고통은 당해보지 않은 사람은 모릅니다.
어떤 이는 말합니다.

-이렇게 사느니 차라리 죽고 싶다고-

그런데도 가족이나 주위에선 '꾀병'이라고 놀려댑니다. 그도 그럴 것이 병원에 들러 검사를 해봐도, 또 겉보기에도 멀쩡하기 때문입니다. 하지만 이 병은 시간이 지남에 따라 한쪽 귀가 안 들리고, 머지않아 남은 한쪽 귀까지도 멀게 되는 무서운 병입니다. 이 병에 걸린 사람은, 평생 귀 울림, 어지럼증과 구토를 달고 살아야 합니다.

그래서 이 병은 자연치유나 완치는 거의 드물고, 정말 어쩌다가 재수가 좋아야 낫는, 흔히 하는 말로 '골 때리는' 병입니다. 편두통 때문에 실제로 골도 무척 '때립니다'.

이 병이 더욱 겁나는 건, 저는 물론이고 여러분께도 언제 어떻게 찾아올지 모른다는 것입니다. 전에는 나이든 남성들이 걸리는 병으로 알려졌었으나, 요즘은 남녀노소를 가리지 않고 빠른 속도로 확산되는 추세인지라, 이 기회에 이 병이 어떤 병인지 알아두는 것도 유익할 듯.

'메니에르(Meniere)'라 불리는 병이 있습니다. 프랑스 이비인후과 의사의 이름을 따서 붙인 병입니다. 1800년대 중반, 귓병 환자를 치료하던 메니에르는, 귀에서 이상한 소리가 들리고, 청력이 떨어지며 현기증을 호소하는 환자들을 여러 명 치료했는데, 별의별 방법을 다 써봐도 증상이 전혀 나아지지 않습니다.

그렇게 안개 속을 헤매던 1861년,
답답해진 메니에르가 이런 증상을 보이는 환자들의 사례를 의학계에 보고했고, 그 뒤로 이와 유사한 증상을 보이는 병을 모두 일컬어 '메니에르 증후군(Meniere syndrome)'이라고 부르게 됩니다.
1,000명에 대략 2~3명 정도가 이런 증상으로 고통을 겪고 있는 걸로 조사되어, 우리나라에만도 대략 10만 명 정도가 이 병을 앓고 있는 걸로 추정됩니다.

제가 취재한 바로는,
이 병은 세 차례에 걸쳐서 환자를 '골 때리게' 합니다.
이 병이 '골 때리는' 첫 번째 이유는,
이 병의 정확한 원인을 알 수 없고,
그렇다보니 당연히 치료제나 치유법도 있을 수가 없으며,
예방법마저도 없다는 점입니다.

그래서 세계 각국의 많은 의사들이
이 병을 잡기 위해 온갖 노력을 쏟고 있으나,
아직까지 이 병은 모든 나라에서
기껏 잘 봐줘서 '불치성 난치병(不治性 難治病)'입니다.
톡 까놓고 얘기해서, '불치병'이란 말씀!

의사들이 추측하는 이 병의 원인은 이렇습니다.

-우리 몸의 귀 안쪽에 있는 청각을 느끼는
  달팽이관(cochlea)의 림프액(lymph)이
  많아져, 그 압력으로 혈액순환 장애가 생겨
  이명과 난청(難聽) 증상이 있고,
  현기증(dizziness)이 수반되는 병-

그런데 안쪽 귀(內耳)에 림프액이 많아지는 원인은 아무도 모릅니다. 그저 자율신경계에 이상이 있거나, 호르몬에 변화가 생겼거나, 알레르기나 스트레스, 또는 세균에 감염되어 림프액이 많아질지도 모른다고 또 추측할 뿐입니다. 그렇다면, 귓속에 림프액이 많아져서 발병한다는 '추측'은 어떻게 하게 됐을까요?

의사들이 메니에르 병을 앓다가 죽은 환자의 귀를 해부해서 조직검사를 해보니(안쪽 귀는 뇌와 연결되어 있기 때문에 살아있는 사람의 조직검사는 불가능합니다.), 림프액이 차지하는 공간이 정상인보다 많이 넓어져있더라는 겁니다.
그래서 어떤 원인인지는 모르겠지만, 어쨌거나 림프액이 많아져 귓속 압력이 높아지면서 이명과 구토, 두통, 어지럼증이 생긴다고 대충 추측하게 된 겁니다.

다음으로 두 번째로 '골 때리는' 이유는, 이 병에 걸린 사람들의 병원 나들이가 정말 눈물겹기 때문입니다.

처음엔 내과(內科)를 찾습니다.
왜냐하면, 이유 없이 자꾸 구역질이 나기 때문입니다.
피를 뽑고, 위내시경 검사를 비롯해서 각종 내과 관련
검사를 모두 해보지만, 별 이상이 없습니다.
답답한 마음에 좀 더 큰 병원을 찾아 같은 검사를 또
해보지만 결과는 마찬가지입니다.

다음으로 신경정신과를 찾습니다.
툭하면 어지러워 쓰러지기 때문입니다.
여기서도 원인을 모르기는 마찬가집니다.
그저 '스트레스'를 조심하라는 이야기를 듣고,
신경안정제 몇 알을 손에 들고 돌아섭니다.

그렇게 한참동안 시간과 돈을 버리고 나서,
이번엔 이비인후과를 찾습니다.
이곳에서도 역시 피를 뽑고, 청력검사에서부터 각종검사
를 다시 해봅니다. 검사결과는 '아무런 이상이 없다'입니
다. 그런데 허탈한 심정으로 돌아서는 환자에게,
의사께서 한마디 던집니다.

  "내가 보기엔, 메니에르 증후군 같은데,
   큰 병원에 가서 정밀검사를 해보는 게 어떨지."

358

이제 더 오갈 데도 없고 기댈 곳도 없는 환자는, 마지막 이란 심정으로 -정말 큰 맘 먹고- 큰 병원을 찾습니다.

큰 병원답게 검사 과정도 복잡하고 여러 가지입니다.

여기서도 예외 없이 피를 엄청 뽑아 혈액검사와 혈청검사를 하고, X-레이, 심전도, CT, MRI 등 검사란 검사는 모두 해봅니다. 검사에 들어간 비용도 비용이지만, 7~8개월 간의 병원 '순례'로 환자는 지칠 대로 지쳐버립니다.

드디어 검사결과가 나오는 날입니다. 기대 반 두려움 반의 심정으로 앉아있는 환자에게 의사 왈,

"메니에르 병으로 의심이 가긴 하는데,
외관상 이상이 없어 잘 모르겠다."

정말 氣 막히고, 맥 빠지는 말씀입니다.

여러분께선 제가 위에 예를 든 장면을 제멋대로 꾸며서 말하고 있다고 느끼실지도 모르겠는데, 이는 한 치의 꾸밈도 없는 '실제상황'입니다. 그만큼 이 메니에르 병에 관한 한, 의사들은 확실한 진단을 내리기를 꺼려합니다.

왜냐고요?

제가 앞서 말씀드렸죠?

이 병은 원인부터 시작해서 치료법까지 어느 것 하나도 확실하게 밝혀진 게 없는 병이라고요. 그러니 어느 의사가 자신 있게 '이 병은 메니에르다'라고 말하겠습니까?

이 병이 환자의 '골을 때리는' 마지막 차례입니다.
그런데 이것이 환자를 가장 '골 아프게' 합니다.
여러분께선 아래 제가 소개하는 내용을 통해서,
우리 모두가 그토록 믿고 따르는 최첨단 서양 의학의
한계를 여실(如實)히 느끼실 수 있을 것입니다.

앞서 말씀드린 것처럼 -물에 술탄 듯, 술에 물탄 듯-
아무것도 명확하지 않은 진단 결과를 가지고 드디어
치료에 들어갑니다. 의사들이 환자에게 권하는
메니에르 병 치료법은 크게 네 가지.

-생활요법, 식이요법, 약물치료, 수술-

먼저, 의사 선생님께서 권하는 '생활요법'입니다.

-토할 것 같으면, 음식물을 먹지 말 것!
　(굶어 죽으란 얘기?)
-피곤하면 베개 두 개를 베고 잘 것!
　(피곤한 게 아니라, 어지러워 잠이 안 온다니까요?)
-밤에 불을 켜놓고 잘 것!"
　(불을 켜놓고 잠이 잘 올까?)
-심신의 안정을 취할 것!"
　(안정이 안 돼서 치료를 받는 건데?)

-스트레스를 받지 말 것!

　(아픈 사람더러 스트레스를 받지 말라고요?)

-면역력을 강화할 것"

　(어떻게? 그 방법을 알려달라니까요?)

위와 같이 해봐도 증세가 좋아지지 않으면,
식이요법을 함께 권합니다.
'먹는(食餌) 치료법'의 핵심은, 귀속 '림프액'의 양(量)과
압력을 줄이는 데 모든 초점이 맞춰집니다.
내용은 다음과 같습니다.

-달거나 짜게 먹지 말 것! (혈당과 혈중 염도가 높아지면,
　림프액의 압력이 높아질 거라 추측하기 때문)

-술을 마시지 말 것!

　(림프액의 농도에 직접적인 영향을 미치므로)

-담배를 피우지 말 것!

　(니코틴이 혈관을 수축시켜 혈액순환을 방해하므로)

-커피를 마시지 말 것!

　(카페인의 이뇨작용으로 수분의 지나친 손실을 막으려고)

-인공 조미료를 먹지 말 것!

　(이걸 먹지 말라는 이유를 저는 잘 모름)

-아스피린을 복용하지 말 것!

　(이명과 현기증을 증가시킬지 모르므로)

이렇게 -세상사는 재미와 멋과 맛- 모든 것을 포기해 가며, 시키는 대로 조심조심 식이요법을 해봐도 증상이 좋아지지 않으면, 결국 '약물 치료'를 하게 됩니다.
그런데 이 약물 치료가 '코미디'입니다.

메니에르 병을 앓고 있는 환자에게 의사가 처방하는 약에는, 청력 손실을 막아주는 스테로이드 성분의 약이나, 항히스타민제, 구역질이나 현기증의 고통을 경감시켜주는 신경안정제나 멀미 치료제, 그리고 혈액 순환 개선제 등이 포함되어 있지만, 처방전에서 거의 빠지지 않는 약이, 뭐니 뭐니 해도 '이뇨제(利尿劑)'입니다.

메니에르 병 환자는 거의 모두가 이뇨제를 복용합니다. 그렇다 보니, 마치 이뇨제가 메니에르 병의 특효약인 줄 착각하는 환자가 있을 정도입니다.
이뇨제는 말 그대로, '오줌(尿)을 잘 싸도록 돕는(利) 약'입니다. 아니, 메니에르 병 치료와 오줌에 뭔 상관관계가 있기에?

병원에서 이뇨제를 처방하는 이유는 딱 한 가지입니다. 앞서 저는 메니에르 병의 원인이, 귓속 림프액이 많아져서 그곳의 압력이 높아져 생기는 병이라고, 의사들께서 추측하고 있다고 말씀드렸습니다.

그래서 의사들이 또 추측하길,

    -이뇨제를 먹게 되면, 몸속 수분이 빠져나가면서
    림프액도 함께 조금은 줄어들 것이고, 그러면
    안쪽 귀의 압력도 낮아질 수도 있고, 그렇다면
    이명, 구토, 현기증도 조금은 나아지지 않을까?-

    그런데 아시는 분은 잘 아시겠지만,
이뇨제는 오래 복용할 경우 우리 몸에 무척 해로운 약입니다. 몸의 수분과 오줌을 강제로 빼내다 보면, 탈수 증세가 올 수도 있고, 가뜩이나 짠 음식을 안 먹는 환자의 몸속 염분도 함께 빠져나가게 되어, 세포의 전해질 농도에 이상이 올 수도 있습니다.

    게다가 오랜 기간 계속 복용하게 되면,
몸에 내성(耐性)이 생겨 점차 복용량을 늘려야 합니다.
그런 위험을 무릅쓰고 이뇨제를 복용하지만,
이뇨제 처방이 병의 원인치료나 완치에 도움이 되는 것은 결코 아닙니다.
잠시 고통을 줄여보려는 미봉책(꿰맬 彌, 꿰맬 縫)일 뿐!
꿰맨 옷은 언젠가는 터지기 마련입니다.
결국 구토와 현기증의 고통을 줄여보려다,
몸 전체의 균형도 함께 잃게 됩니다.

이렇게 여러 약물을 복용해도 증상이 좋아지지 않을
경우, 마지막 방법으로 수술을 택합니다.
귀속 고막을 자르고 그 안에 항생제를 집어넣어,
평형기관의 감각세포들을 모두 죽여 버립니다.
간단하고 효과도 좋지만, 청력(聽力)도 함께 파괴됩니다.
쉽게 말해서 청각장애인이 된다는 말씀!
이명과 구토, 현기증을 고치려다 청각장애인이 된다?
'빈대 잡으려다 초가삼간 불태우는 격'입니다.

그래도 증세가 나아지지 않으면,
마지막으로 더 큰 수술을 합니다.
머리 '뚜껑'을 열고 귀에 연결된 모든 신경을 잘라내는
대수술입니다. 머릿속엔 뇌가 들어있으니,
이 수술은 무척 조심스럽고 위험합니다.
물론 청각장애인이 되는 걸
'달게 받아들여야(甘受)' 합니다.

지금까지 제가 말씀드린 것이,
현재까지 서양 의학에서 메니에르 병을
치료하는 수단의 전부입니다.
많은 난치병에 대단한 위력을 발휘하고 있는 최첨단
현대의학이, 오직 이 병에만은 도무지 체면이 말이 아닌,
-두 손 꽁꽁 묶인- 속수무책(束手無策) 꼴입니다.

364

여러분께선 어떻게 느끼셨습니까?
병을 앓는 환자의 고통을 줄이기 위해서 청각을 포기하는
것이 병을 근본적으로 치료하는 방법일까요?
원인도 모르는 고통 속에서 헤매다가, 결국 소리마저
못 듣게 되는 환자의 '삶의 질'은 어디 가서 보상받나요?
이것이 과연 최첨단 현대의학이라고 할 수 있나요?
그런데 제가 왜 메니에르 병 이야기를 하고 있냐고요?

*   *   *

2009년 10월,
젊고 예쁘장한, 그러나 어딘지 모르게 그늘진 모습의 미혼
여성이 本然을 찾습니다. 5년 전부터 메니에르 병을 앓고
있는 여성입니다.

그동안 여러 병원을 기웃거리며, 제가 위에 말씀드린
모든 검사와 약물치료를 해보았습니다. 그래도 증상이
전혀 호전되지 않아, 결국 다니던 직장도 그만두고,
지금은 집에서 이 병과 씨름을 하고 있습니다.
갑작스런 발작, 구역질의 고통, 완치가 안 되어 평생 이런
고통을 안고 살아야 한다는 막막함에 가슴 아파하며…….

그랬던 그녀가 매주 한 차례 한 시간 남짓 本然을 만나길 두 달 째, 그 사이 이 여성은 병원에서 처방한 어떠한 약물도 복용하지 않았습니다. 오히려 병원의 지시와는 반대로, 충분한 물과 소금을 먹었으며, 짜든 맵든 먹고 싶은 음식도 가리지 않고 먹었습니다.

그런데도 신기하게 메니에르 병의 고통에서 벗어나고 있었습니다. 이명(耳鳴) 증상과 현기증이 없어진 것입니다. 그리고 또 한 달이 지났을 때, 드디어 여성은 메니에르 병과 영원히 작별했습니다.

이 여성이 本然을 만난 지 두 달이 되었을 때, 저는 이 여성과 이야기를 나누고, 치료 과정도 지켜보았습니다. 그러던 어느 날 저는 그녀의 치료 과정에서, 정말 놀라운 광경을 보았습니다. 그리고 알았습니다. 이 병이 의학계에 보고된 지 160여 년이 지난 오늘까지, 그토록 정확하고 완벽하다는 최첨단 서양 의학이 왜 메니에르 병에 만큼은 '두 손 꽁꽁 묶여' 있는지를!

2

여러분 혹시 '과학'이란 낱말의 본뜻을 아시나요?

이 말은 요즘 우리가 여기저기 너무 흔히 쓰고 있는지라, 정작 '과학이 뭐냐?'라고 물으면, 대부분이 잠시 얼떨떨한 표정을 짓습니다. 그러곤 그때서야 생각해봅니다.

-그러고 보니, '과학'이 뭔 말이래?-

'과학'이란 말은 본디 서양 사람들이 만든 말입니다.
중국이나 우리나라 같은 동양권엔 그런 말이
애초에 있지도 않았다는 말씀입니다.
서양말로는 '사이언스(science)'입니다.
대부분의 서양말이 그렇듯이, 이 말도 로마 사람들이 쓰던 말(Latin)에서 나왔는데, 이 말은 '아는 게 있는(having knowledge)'을 뜻하는 'sciens'와, '쪼개고 나누다(split)'를 뜻하는 'scindere'가 그 뿌리입니다.
그래서 이 말의 원래 뜻은,
무엇이든 '아는 것을 잘게 쪼개 나누는 일'입니다.

1800년대 후반,
이 말이 일본으로 배를 타고 건너옵니다.
일본의 학자들이 고민합니다.

-이 말을 뭘로 바꿔야 잘 바꿨다고 소문이 날까?-

옥편(玉篇)을 뒤적거려 봅니다.

그리고 찾아냅니다. '科(과)'란 한자가 '딱!' 걸렸습니다.

'科'는 '벼 화(禾)'와 '말 두(斗)'가 합쳐진 말입니다.

다시 말씀드려서, 쌀나무(?)와, 곡식의 양을 잴 때 쓰는

도구인 '말'이란 말의 '짬뽕'이 科입니다.

그래서 科는 '양을 재서 알고, 등급을 쪼개서 나누다'란 뜻

입니다. 서양말 '사이언스' 속에 담겨진 '알다, 쪼개다'의

뜻이 모두 들어있는 이 '科'에 '배울 학(學)'을 붙여서, 일본

사람들이 새롭게 만든 말이 바로 '과학(科學)'입니다.

그러니 '뭔가 아는 것을, 나누고 잘게 쪼개는 공부'가 곧

과학입니다. 좌우간 일본 사람들의 작명(作名) 솜씨 하나는

정말 알아줘야 한다고 생각합니다.

그렇게 일본 사람들이 일찌감치 잔머리를 굴려준 덕분

에 우리는 공짜로 '과학'이란 말을 즐겨 쓰고 있습니다.

-침대과학, 생활과학, 미용과학, 로또과학 등-

뭐든지 갖다 붙이면 과학이랍니다. 하긴 과학의 본뜻이

'나누다, 쪼개다'이니 크게 나무랄 일은 아닙니다.

우리말 사전에서도 '과학'을 이렇게 풀고 있습니다.

-넓은 의미로는, 보편적인 진리나 법칙의 발견을

　목적으로 하는 체계적인 지식을 말하며,

　좁은 의미로는 철학 이외의 모든 학문의 총칭-

368

그러니 마음만 먹으면, 뭐든지, 또 어디든지 과학이란 말을 갖다 붙일 수 있는 것입니다.

수많은 과학 중에서 사람의 병을 고치기 위해 약을 먹이고 치료하는 학문을 의학(醫學)이라고 합니다. 그런데 의학마저도 또 '잘게 나누고 쪼개서' 엄청 많은 분야가 있습니다. 하여간 서양 사람들은 뭐든지 잘게 쪼개는 걸 엄청 좋아합니다. 그렇기 때문에 현미경도 발명했고, 세균도 찾아냈고, DNA도 찾아냈을 겁니다.

의학 중에 '대체(代替)의학'이란 말이 있습니다. 서양 말로는 'Alternative Medicine'입니다. '얼터너티브(alternative)'란 말은 '다른 방법의, 뭔가를 대신할'이란 뜻입니다. '메디슨(medicine)'은 의학이고. 그렇다면 '얼터너티브 메디슨'이란 말은 뭔 말? 이 말 뜻을 바르게 알기 위해선 영국으로 달려가야 합니다. 왜냐하면 이 말이 그쪽에서 처음 생겼으니까요. 1977년에야 영국의 『브리태니커(Britannica) 사전』에 올랐으니 태어난 지 겨우 40년 남짓한 이 말을, 사전은 이렇게 풀고 있습니다.

-미국, 영국에서 가르치는 전통 의술에 속하지 않는 (not included in the traditional medical curricula taught in the U.S and Britain) 의학-

이 말은 '자기들이 안 가르치고, 잘 모르는 의학'은
모두 '대체의학'이란 얘기입니다.
뭔가 아리송합니다.
그래서 이번엔 미국으로 달려갑니다.
미국의 국립위생연구소(NIH)에서 정한,
대체의학에 관한 분류는 아래와 같습니다.

과학자나 임상 의사의 평가에 근거하지 않은
비정통적 · 보조적 치료법, 그리고 권장되지 않는
예방, 진단, 치료행위, 예를 들면,
  -먹는 것과 관계된 치료법(식이요법)
  -정신요법(신앙치료나 심령치료)
  -생 전자기장(bio-electromagnatics) 치료
  -수지요법 (지압, 카이로프락틱, 침 등)
  -민간요법, 약초요법 등

여하튼 히포크라테스 이후에 연구, 개발된 자기들 방식
의 의료행위 이외의 온갖 '잡것'들이 대체의학입니다.

이 말이 뒤늦게나마 『브리태니커 사전』에 실리게 된 것
은, 자기들 방법대로 치료를 해도 잘 안 낫는 병이 있다는
걸 자기들 스스로 너무도 잘 알고 있던 중에, 동양사람들
이 몸을 주물러 대고, 바늘로 찌르고, 이상한 풀을 뜯어 먹

곤 하는 걸 보니, 어떤 경우엔 자기들이 하는 방법보다 훨씬 쉽게 치료가 되는 걸 알고는 있지만, 그래도 자기들 학교에서 배운대로 환자의 배도 째보고, 내장을 바꿔 끼워보기도 하고, 이것저것 해보다가 도저히 안 될 경우엔, 믿을 수는 없지만 그냥 죽기에는 억울하니, 마지막으로 '이런 거라도 한번 해보시죠.'라고 권하는 '선택사양(option)'이, 바로 '대체의학'인 것입니다.

그러니까 그네들의 기준으로 보면,

'대체의학'은 의학도 아닌 겁니다.

고대 이집트의 피라미드에 안치할 미이라(mummy)를 만들기 위해, 사람 몸의 각 부분을 분해(?)하는 기술에서 발전한, '째고, 가르고, 떼어내고, 붙이고, 꿰매고' 하는 것으로부터 시작된 서양 의학은, 그 뒤로 해부학과 세균학의 발전을 통해 인류를 '싹쓸이(?)'할 뻔했던 페스트, 폐결핵, 파상풍, 천연두 같은 무서운 전염병들로부터 수많은 인간을 구해낸 사실은, 인류 역사에 길이 남을 업적임에 틀림없습니다.

하지만 많은 저명한 서양 과학자들이 고백하듯이, 인체의 오묘하고 신비로운 생명의 비밀을 다 알기엔 '과학'은 아직 갈 길이 멀기만 한 것도 사실입니다. 최첨단 과학이나 의학일지라도 아직 그 흔한 풀 한 포기마저도 새롭게 '창조(創造)'해내지 못하고 있으니까요.

게다가 매우 불행히도, 히포크라테스 이후의 서양 의학에선 氣라는 개념 자체가 아예 없기에, 서양 의학을 공부한 우리네 의사 선생님들도 덩달아 그쪽으로는 아예 '깜깜한 밤'입니다. 그러면서 말합니다.

-그런 것들은 모두,
과학이 아닌 미신(迷信)이라고!-

과연 그럴까요?

*　　*　　*

　　메니에르 병을 앓고 있는 젊은 여성이
방석을 깔고 앉고, 本然이 그녀의 등 뒤에 앉습니다.

　　돼지머리도 안 보입니다.
귀를 찢는 듯한 징소리도 없습니다.
춤추며 흔들어대는 요란한 방울소리도 없습니다.
목탁의 울림, 염불 소리도 없습니다.
십자가도, '오, 주여! 할렐루야!' 같은 외침도 없습니다.
지금 이 공간엔 오직 고요만이 있을 뿐입니다.

本然이 눈을 감고 여성의 머리 위에 오른손을 얹습니다.
잠시 침묵의 시간이 흐릅니다.
여성이 스르르 쓰러집니다.
本然의 손이 그녀의 가슴으로 옮겨갑니다.

이 여성이 本然을 찾은 것은 오늘로 일곱 번째.
지난 두 차례 치료에서 이미 파장(波長) 셋을 빼낸 터라,
오늘 그녀의 표정엔 전에 보였던 두려움이나 불안감도
없이 편해 보입니다. 지난 주 그녀의 몸에서 나왔다가
도로 들어간 파장을 다시 만날 수 있을지도 모릅니다.

맥없이 쓰러졌던 여성이 고개를 쳐들고 일어나 앉습니
다. 그런데 한눈에 보기에도 본래의 얼굴 표정이 아닙니
다. 여성이 감은 눈을 '파르르르' 떱니다.
그리고 눈을 감은 채로 本然 쪽을 향해 고개를 돌립니다.
여성의 눈에서 갑자기 눈물이 '주르르르륵' 흐릅니다.
本然이 입을 엽니다.

"손을 줘 봐요,"

여성이 손을 건넵니다.
本然이 플라스틱 카드를 그녀의 손에 쥐어줍니다.

"이제 갑시다."

여성이 고개를 끄덕입니다.

"하나 둘 셋 하면 이 카드 속으로 들어가는 거예요,
알겠죠? 하나, 둘, 셋!"

여성이 -바람에 풀이 눕듯- 힘없이 쓰러집니다.
이렇게 또 하나의 파장이 여성의 몸 밖으로 나왔습니다.
그런데 이 파장은 떠나는 순간까지 한마디의 말도 하지
않았습니다. 단지 미소와 눈물과 고갯짓이 전부였습니다.
제가 이전에 지켜본 치료 장면들과는 많이 다릅니다.

잠시 쉴 틈도 없이 本然과 여성이 다시 앉습니다.
本然이 여성의 아픈 귀 쪽에 손을 댑니다.
그리고 귀에서 뭔가를 담아내고 털어버리는 듯한 손짓을
대여섯 번 하곤 여성의 목에 손을 대고 가만히 있습니다.
여성이 입을 오물거리고, 한숨 쉬고, 씰룩댑니다.
마치 새침데기 여자 아이가 토라진 듯한 표정입니다.
새로운 파장입니다.
아까와는 표정이 전혀 다릅니다.
本然이 여성의 등에 손을 댑니다.
여성이 앞으로 쓰러집니다.

374

방바닥에 머리를 댄 채로 있는 여성을 本然이 일으켜
앉힙니다. 그리고 웃으면서 묻습니다.

　"넌 누구니?"

여성이 대답은 않고, 입술에 손가락을 대고,
'쉿' 조용히 하라는 몸짓을 합니다.
本然이 웃으며 말을 겁니다.

　"너, 지난 번에 나왔다가 들어갔지?
　그동안 생각 많이 해봤어? 오늘은 갈까?"

대답이 없습니다.

　"너, 가기 싫지?"

여성이 고개를 끄덕입니다.

　"그동안 생각할 시간을 많이 줬잖아,
　아름다운 바닷가로 데려가 줄게, 오늘은 가자?"

　마지못한 표정으로 고개를 끄덕입니다.
本然이 준 카드를 손에 쥔 채 여성이 앞으로 쓰러집니다.

잠시 뒤, 본래 자기 표정으로 돌아온 여성이 방긋
웃으며 허리를 폅니다. 그리고 本然에게 묻습니다.

　"카드에 들어갔어요?"

本然이 고개를 끄덕입니다.

　그런데 오늘은 참 이상합니다.
여성의 몸에서 나온 두 파장이 단 한마디도 않고 떠났기
때문입니다. 다른 때엔, 대부분의 파장들이 자기가 바라거
나 하고픈 이야기를 모두 털어놓고 떠났는데,
오늘은 파장도 本然도 모두가 너무도 조용합니다.
파장 둘이 나왔다가 떠나는데 걸린 시간은 겨우 25분.
걸린 시간도 평소보다 훨씬 짧습니다.

　두 사람이 다시 앉습니다.
셋째 파장이 나왔습니다.
여성이 목운동을 하듯 머리를 계속 돌립니다.
그러곤 고개를 本然의 반대쪽으로 '홱' 돌립니다.
눈을 감은 채 눈을 찡그리고, 못마땅한 표정입니다.
앉은 자세도 本然의 반대쪽으로 돌아앉았습니다.
무척 화가 나고, 뭔가에 단단히 삐친 몸짓입니다.
本然이 웃으며 묻습니다.

"그리고 앉아있으면 목이 안 아픈가요?"

그 말에 고개를 더 곧추 세웁니다.

"이제 가실까요?"

고개를 좌우로 여러 번 도리질 칩니다.

"하실 말씀은 없고?"

여성이 '후…… 휴…….' 깊은 한숨을 토해냅니다.
그때 本然이 여성의 손을 잡습니다.
여성의 코가 금세 빨개지더니 흐느끼기 시작합니다.
눈물이 하염없이 흐릅니다.
本然이 여성의 등을 가볍게 다독거립니다.

"이제 가십시다."

여성이 고개를 끄덕입니다.
눈물로 범벅이 된 눈을 감은 채로 本然을 바라봅니다.
뭔가를 말하려는 듯 입술을 오므렸다 폈다 합니다.
마치 벙어리가 말을 하려 애쓰는 모습과 흡사합니다.
本然이 알아차렸습니다.

"무슨 말을 하려고요? 고맙다고요?"

여성이 고개를 끄덕이며 두 손을 모으더니,
本然의 손을 '꼬옥' 잡습니다.

"이제 눈물을 닦고 가시죠? 하나, 둘, 셋!"

앞으로 '픽' 쓰러졌던 여성이 눈물을 훔치고,
'빵싯' 웃으며 고개를 듭니다.

2년 넘게 本然의 치료과정을 무수히 보아온 저이지만,
오늘은 좀체 이해하기 어렵습니다.
도대체 서로가 말이 없으니 더 답답합니다.
제가 젊은 여성에게 묻습니다.

"조금 전에 본인의 의식이 있었나요?"
"네."
"파장이 그토록 떠나길 거부하더니,
 어떻게 그렇게 빨리 마음을 바꿨죠?"
"저도 처음엔 '이 파장이 오늘 떠나긴 글렀구나'
 라고 생각했어요. 그런데 本然님이 제 손을 잡는
 순간, 마치 눈 녹듯이 마음이 스르르 풀리면서,
 '아! 이분을 믿어도 되겠구나'란 생각이 들더라고요.
 그 감정을 뭐라고 설명해야 할지 저도 모르겠어요.

378

하여간 굉장히 편하고 안심이 됐어요."

"그런데 '고맙다'란 말하기가 그렇게 어려웠어요?"

"저는 '고맙다'라고 말했는데요?"

"아니! 입 모양뿐이었고, 소린 안 들렸어요."

"그래요? 어? 이상하네?"

지금까지 나온 파장 셋 모두 한마디도 하지 않았습니다.

이게 어찌된 영문일까?

파장 자신은 말을 했다는데, 왜 소리는 안 들렸을까?

또 本然은 그녀의 입모양만 보고

'고맙다'란 뜻인지 어떻게 금세 알았을까?

이런 저의 의문은,

이어 나온 넷째 파장에서 모두 풀렸습니다.

그런데 이 파장은 제가 그동안 지켜보아온

本然의 치료 모습 중에서 가장 특이한 경우입니다.

쓰러졌던 여성이 스스로 고개를 들고 일어나 앉습니다.

또 다른 파장입니다.

여성이 말없이 고개를 돌려 本然을 바라봅니다.

표정이 매우 차분하고 우아합니다.

本然이 말없이 여성의 손에 카드를 쥐어줍니다.

여성이 쓰러집니다.

이게 다입니다.

파장이 떠나기까지 한마디의 말도 주고받지 않았고,
本然이 마지막에 외치는 '하나, 둘, 셋'도 없었습니다.
그냥 물 흐르듯 서로의 행동만 있었고,
여성은 마치 미리 약속이라도 한 듯이,
아무런 저항도 없이 쓰러졌고, 파장도 떠났습니다.

　이게 어떻게 된 일일까요?
그런데 깨어난 여성도 本然도 아무렇지도 않다는 표정입
니다. 어리둥절해하는 제 모습이 더 이상해 보입니다.
두 사람을 번갈아 바라보며 제가 묻습니다.

　"이게 어떻게 된 거죠?"

本然이 도리어 제게 묻습니다.

　"뭐가요?"
　"아니, 이런 경우는 없었잖아요?"

本然과 젊은 여성의 말을 정리하면 이렇습니다.

　-이 파장은 지난 번 치료 때 잠시 나왔다 들어간
　　파장이고, 그때도 아무 말이 없었음. 그런데 本然의
　　눈앞에 어떤 영상(映像)이 스쳐지나갔는데,
　　本然이 느끼기에는 6 · 25 전쟁 때의 풍경이었음.

피난민들 사이에 한 여인이 있었고, 어디선가
갑자기 포탄이 날아와 여인 주변에서 터졌음.
그때 이 여인은 다행히 살아남았지만, 포탄소리에
고막(鼓膜)을 다쳤음. 그 후로 이 여인은 소리를
들을 수 없게 됨. 훗날 이 여인이 죽고 나서 그녀의
영혼이 젊은 여성의 몸 안에 들어왔고, 그때부터
젊은 여성은 메니에르 병을 앓게 된 것임.
지난 번 치료 때 이런 사실을 젊은 여성도 함께
느낄 수 있었고, 다시 여성의 몸에 들어가기에
다음에 빼기로 마음먹었고, 여인의 파장은 일주일
사이에 마음을 정리를 하고, 本然에게 매우 미안해
하며 오늘 미련 없이 떠난 것임.

제가 내쳐 묻습니다.

  "그렇다면, 지금까지 이 여성이 앓아온
   메니에르 병은 그 귀머거리 여인의 파장이
   원인이었나요?"

本然이 답합니다.

  "두 가지 가능성이 있어요.
   하나는, 이 여성의 귀가 많이 약해진 상황에서,
   귀머거리 여인의 파장이 여성의 귀에 자리 잡아

증세가 악화됐을 가능성이 있고, 또 하나는,
그 여인의 파장이 여성의 몸에 들어온 뒤부터
여성에게 메니에르 병이 생겼을 가능성도 있어요.
둘 중 어느 경우가 됐던 간에, 그 여인이 살아있을
적에 귀를 다쳤고, 귀먹은 그 파장이 이 여성의
병을 악화시킨 것만은 틀림없죠. 분명한 것은,
살아서 어딘가 아팠던 파장은 죽어서도 그 부분이
계속 아프고, 그 파장이 살아있는 사람의 몸에
들어가면 그 사람도 함께 아프게 되는 거죠."

이제 오늘 치료가 왜 그리도 조용했는지, 여러분도 이해
가 되시나요? 오늘 이 여성에게서 떠나간 파장 넷은, 모두
가 살았을 때에 귀에 문제가 있었던 파장들인 것입니다.
귀가 멀면 말도 못하게 되니, 여성의 몸을 떠나면서도
모두가 아무 말이 없었고요.

이날 파장 넷을 떠나보내는 데 걸린 시간은 40분.
말없이 떠나는 파장들이었기에 떠나는 시간도 짧았습니
다. 말이 많으면 시끄럽고 번잡스러운 건, 이쪽 세계나
저쪽 세계나 똑같은가봅니다.

어떤 분은 이 글을 읽으면서 '귀신 씨나락 까먹는'
이야기라고 단정 짓고 돌아설지도 모릅니다.

382

하지만 제 이야기는 한 치의 꾸밈도 없는
실제상황이고, 사실입니다.

　이제 이 글의 본론을 말씀드릴 순서입니다.
지금부터 드리는 말씀은, 알아듣는 사람에겐 '복음(福音)'
일 것이고, 못 알아듣는 이에겐 그저 '× 짓는 소리'쯤 될
것입니다. 제 생각에 그런 분들은 예수와 석가모니께서 다
시 살아 돌아오신다 할지라도 생각이 바뀌지 않을 것이기
에, 저 역시 포기하겠습니다.

　그동안 여러 명의 메니에르 병 환자를 치료하면서
本然이 파악한 메니에르 병의 원인은 다음과 같습니다.
(本然의 어투는 단호(斷乎)합니다. '~인 것 같다', 또는 '~라고
추측된다'가 아니라, 분명하게 '~이다'입니다.)

　1. 먼저, 메니에르 병은 귓병이 아니란 것입니다.
　　단지 환자의 증상이 나타난 곳이 귀일 뿐, 실제 원인
　　은 대부분 귀가 아닌 다른 곳에 있다는 겁니다.
　　本然이 살펴본 바로는, 턱뼈, 목뼈, 어깨 근육, 심장,
　　신장, 방광 등에 이상이 있을 때, 그것들과 연관된
　　가장 약하고 예민한 감각기관인 귀에 이상신호가
　　온 것이라는 겁니다. 실제 本然이 만난 메니에르
　　환자들은 아래턱뼈의 부정합(不正合)'으로 교정을
　　필요로 하는 경우가 많았습니다.

어긋나있는 턱뼈의 끝부분이 지속적으로 안쪽 귀에
자극과 압력을 가했을 때, 어느 날, 귀가 더 견디지
못하고 발작하는 게 메니에르 병이란 이야기입니다.
사정이 그런데도 현대의학에선 모두가 귀만 가지고
난리법석입니다. 이는 불난 집의 지붕이 타들어가는
걸 보고, 눈에 보이는 지붕의 불만 끄면 된다는 말과
같습니다. (발화 원인은 내버려두고.)

2. 다음으로 메니에르 병 환자의 공통적인 특징이,
   생체 리듬과 氣가 매우 쇠약해져 있다는 점입니다.
   어려서부터 불면증에 시달려 왔거나, 근본적으로
   허약체질이거나 해서, 氣가 매우 약해진 상태로 오랜
   세월이 지나다보면, 자신도 모르는 사이 몸에 이상이
   오게 되고, 그때의 증상 중 하나가 메니에르 병인데,
   대개가 원인치료는 않고 이뇨제를 비롯한 각종 약을
   장기복용하면서 생체리듬과 氣가 더욱 약해지는
   악순환을 되풀이하게 된다는 겁니다.
   실제로 本然이 메니에르 병 환자들을 만나 몸을 살펴
   보면, 대부분 환자들의 몸은 수분과 염분 부족으로,
   -本然의 표현으론- '가뭄에 타들어가는 논바닥'과
   다를 게 없답니다. 그런 상태에선 백약이 무효라는 게
   本然의 주장입니다. 그래서 本然이 환자들에게 먼저
   강조하고 주문하는 것이, 의사들의 처방과는 반대로,

충분한 수분과 소금을 섭취할 것, 그리고 약은 가급적 먹지 말 것입니다.

우리 몸을 이루는 60조 개에 달하는 세포들이 촉촉하고 생氣가 돌아야, 치료든 뭐든 '약발(?)'이 먹힌다는 것은 너무도 당연한 일!

3. 이제 말씀드릴 셋째 원인이, 메니에르 병 치료의 핵심이지만, 대부분의 환자들이 가장 믿기 껄끄러워 하는 부분입니다. 바로 '파장(波長, wave)'입니다.

앞서 젊은 여성의 사례에서 보셨듯이, 메니에르병 환자들의 몸안에는 거의 대부분 '파장'이 숨어있습니다. 처음 本然을 찾는 사람들은, 그들의 몸속에 귀신이 들어있다는 말을 들으면, 화들짝 놀라곤 합니다.

하지만 한두 번 치료를 받으면서, 本然이 자신들의 몸에 숨어있던 파장들을 꺼내는 과정에서, 파장이 하는 말과 생각을 환자 자신이 무의식 속에서 생생히 관찰하면서, 어느덧 자기 몸속 파장들에게 연민(憐憫)을 느끼게 되고, 자신들이 그동안 상상해왔던 '귀신'에 대한 생각이 너무도 왜곡(歪曲)된 것임을 알게 됩니다.

다시 말해서 '파장'이란 존재도, 몸만 없을 뿐, 우리와 똑같은 생각과 고민과 슬픔을 지닌 존재이기에, 결코 두려움이나 무서움의 대상이 아님을 알게 됩니다.

제가 그동안 本然의 치료를 지켜본 바에 따르면, 누군가가 어떤 병에 걸렸을 때, 그 환자 몸의 아픈 부위에는 어김없이 파장이 숨어있었습니다.
그런데 매우 놀랍게도,
몸 밖으로 나온 파장과 대화를 해보면, 그 파장 역시 과거에 살았을 적에, 같은 부위에 병이 있었다는 사실을 털어놓습니다. 그리고 本然에게 부탁합니다.

　　-나를 떠나보내기 전에, 치료 좀 해달라,-

　　인간이란 존재가 느끼는 병의 고통은 살아서나 죽어서나 똑같은가봅니다. 파장의 소원대로 치료를 해서 멀리 떠나보내고 나면, 놀랍게도, 환자의 몸 상태는 빠른 속도로 좋아지곤 합니다.

　　저 자신, 서양 의학이 인류 역사에 기여한 바를 폄훼할 생각은 조금도 없지만, 이 '파장'만큼은 최첨단 서양의학도 어찌해볼 수 없는 '딜레마(dilemma)'입니다.
왜냐하면 그네들에겐 애초부터 氣에 대한 어떤 사고체계(思考體系)도 갖춘 것이 없기 때문입니다.
그런 까닭에 이 병이 학계에 보고된 지 150여 년이 지났어도, 의료 선진국 어느 나라에서도 메니에르 병을 완치했다는 보고를 접할 수 없는 것입니다.

또 이 '파장' 때문에,
인체를 전체적으로 조감(鳥瞰)하고 치료하는 동양 의학마
저도, 메니에르 병만은 손을 쓰기가 어려운 것입니다.

제가 本然에게 묻습니다.

"당신의 완치사례를 의학계에 보고할
생각은 없나요?"

本然이 '신라의 미소'를 지으며 답합니다.

"말린 오징어를 뜯어보고
산(生)오징어의 생태를 알아내겠다는
고집을 꺾지 않는 한,
그분들이 제 말을 이해하고 믿는 건
영원히 불가능할 거예요."

이 말은,
메니에르 병을 앓다 죽은 사람의 귀를 해부해서 이 병의
원인을 '추측하고' 있는 서양 의학을 비꼰 것입니다.
사실 제가 즐겨 사먹는 오징어포의 비닐포장에도,
말린 오징어는 간식이나 술안주에 좋다고 적혀있습니다.

앞서 소개한 젊은 여성은,
本然으로부터 메니에르 병 '졸업장'을 받은 뒤로,
허구한 날 밤거리를 쏘다니다가 부모님으로부터
'야간 통행금지' 통보를 받고 괴로워하던 중,
통행금지에서 벗어날 묘책(妙策)으로,
얼마 전 새 직장을 구했는데,
그 뒤론 밤늦게 싸돌아다녀도 아무런 제제가 없노라고,
그래서 지난 5년간 메니에르 병 때문에 집안에만
처박혀 살았던 분풀이를 마음껏 하고 있노라고,
얼마 전 저에게 소식을 전해왔습니다.

그녀가 '메니에르 졸업장'을 받던 날,
느낌을 묻는 제게 이런 말을 했습니다.

"저도 처음엔 이 치료를 의심하고, 한편으론
불쾌하고 무서웠어요. 그런데 하루하루 치료를
받으면서, 이 치료는 결코 기술이 아니고,
<마음>이란 걸 알게 되었고, 그 뒤론 本然님을
뵈러 오는 게 더없이 즐거웠어요.
'불행 중 다행'이란 말처럼, 그 몹쓸 병 덕분에,
제가 살고 있는 이 세계엔, 제가 그동안 배워
알고 있던 것 말고도 또 다른 세계가 엄연히
존재한다는 걸 알게 돼 너무 기뻐요.
이건 정말 더없는 축복이에요."

388

지금까지 메니에르 병 치료사례를 읽고도 '못 믿겠다'라는 분들을 위해, 덤으로 치료사례를 하나 더 소개합니다. 이 사례는 서양 의학과 氣치료의 차이를 설명하는 데 매우 적절한 예일 것입니다.

*　　*　　*

남자 어린이가 한쪽 다리를 절뚝대며 本然을 찾습니다. 아이의 어머니가 찾아온 까닭을 말합니다.

　-며칠 전, 아이가 갑자기 한쪽 다리를 절기 시작했다. 치료하고 약 처방도 했지만 증상이 나아지지 않았다. 자신은 대학병원 내과 전문의인데, 관절(貫節)도 부전공을 했기에, 관절이 아픈 환자도 치료하고 있다. 그런데 내 아이의 경우는 치료에도 불구하고 전혀 차도가 없고, 점점 상태가 악화되고 있다. 그래서 무척 답답해하던 중, 약사(藥師)인 친정어머니의 권유로 오게 됐다.-

이 어머니는 내과 전문의에, 관절 부위의 치료를 함께 맡고 있는 대학병원 의사인 입장에선, 자기 아이의 다리 병 때문에 本然을 찾는다는 것이 썩 마음 내키는 일은 아니었을 것입니다.

어머니의 설명을 다 듣고 난 本然이 아이를 바라봅니다.
잠시 후, 그녀가 입을 엽니다.

"이 아이는 다리에 이상이 있는 것이 아니고,
신장(腎臟)에 문제가 있군요."

아이의 어머니가 의아해 하며 묻습니다.

"우리 애는 다리가 아프다니까요? 무릎 부위가?"

本然이 답합니다.

"제 판단이 맞을 겁니다.
좀 더 확실히 알기 위해, 아드님 몸 전체의
氣를 점검해 보겠습니다."

아이를 의자에 앉히고 몸 전체를 손으로 훑어봅니다.
아이의 몸엔 손이 안 닿은 상태로, 아이의 머리부터
발끝까지 그녀의 손바닥이 옮겨 다닙니다.
氣 점검이 끝나자 아이를 침대 위에 눕힙니다.
本然이 아이의 아랫배 양쪽 가장자리 부위에 손을 대고
눈을 감습니다.

짧은 침묵의 시간이 흐릅니다.

아이는 계속 편안한 표정으로 누워있습니다.

本然이 눈을 뜹니다.

잠시 후 아이가 침대에서 일어납니다.

그런데 걸음걸이가 아까와는 사뭇 다릅니다.

보기에도 멀쩡합니다.

그녀가 아이의 무릎엔 손도 안 댔는데?

아이의 엄마가 깜짝 놀랍니다.

그리고 말합니다.

"도저히 이해할 수가 없네요,

그저 놀라울 뿐이네요."

本然이 설명합니다.

"신장의 파동(波動)은 다리로 연결됩니다,

그래서 신장의 氣에 이상이 있으면 다리 신경을

자극합니다, 제가 살펴보니, 아드님의 신장에

으르는 氣가 막혀 있었고, 그곳을 뚫어서

氣의 흐름을 원활하게 해주니까

다리가 편해진 겁니다."

그 뒤로, 아이의 다리엔 아무런 문제도 없었습니다.

또 그날 이후로,

그 아이는 어딘가 아플 때면 本然을 찾아왔습니다.

내과 전문의 엄마와 함께.

　그날 아이가 두 발로 멀쩡히 걸어 나가고 나서,

저 역시 무척 신기한지라 '어떻게 된 거냐'고 물었더니,

本然이 한 답,

　　"그 아이를 처음 보았을 때,

　　저의 신장이 아픈 걸 느꼈어요."

　이제 여러분께선,

제가 왜 本然을 天稟이라 부르는지 아시겠습니까?

바이 바이 메니에르!

아래 글은 제가 쓴 글이 아닙니다.
이 글은 메니에르 병으로 고생하던 어느 20대 청년이
2009년 本然으로부터 1개월 남짓 氣치료를 받고 나서
메니에르 환자들의 인터넷 카페에 올렸던 글로,
독자 여러분께서 氣치료가 도대체 어떤 것인지를
제 글이 아닌, 실제로 겪어본 당사자의 입장에서
간접적으로나마 체험할 수 있을 거라 생각되어
본인의 동의를 얻어 첨삭(添削) 없이 소개합니다.

그날 제가 앉아있었던 곳은 대구 시내의 어느 음식점이 었습니다. 그곳은 돼지막창으로 시작해서 조개구이, 고추 장 불고기에 붕장어 양념구이까지, 정해진 순서대로 마음 껏 먹을 수 있는, 술집 겸 '무한리필' 음식점입니다.

저는 그날 제가 메니에르 환자라는 사실도 잊은 채, 마 냥 행복하게 먹었습니다. 게다가 맥주에 소주를 섞은 '소 맥'까지 한 병 이상 마셨는데, 메니에르에 걸린 뒤로 제가 이렇게 술을 많이 마신 것도 그날이 처음이었습니다. 정말 배가 너무 불렀습니다. 다음날 어땠냐고요?

이 글을 쓰는 지금도 "과연 이렇게 먹어도 될까?" 의문이 들긴 합니다만, 오늘까지 저는 멀쩡합니다.

처음 제가 〈기 체험〉을 해보겠다고 하니, 이 카페의 어떤 분들은 절더러 사이비 종교쟁이의 꼬드김에 넘어갔다고 흉을 보았고, 어떤 분은 사기꾼의 농간에 속는 일이라고 염려도 했었습니다.
그래서 어떤 분들과 몇 차례의 말다툼을 하고 나서 저는 이 카페를 자진 탈퇴했었습니다. 그런데 오늘 또다시 이 카페에 가입해서 이 글을 쓰고 있습니다.

제가 지금 이 글을 쓰는 까닭은, 그동안 메니에르로 제가 겪었던 고통이 너무 컸고, 아직도 메니에르로 고생하는 분들이 너무도 많기에, 제가 그동안 실제로 경험해본 〈기 체험〉을 거짓 없이 전해드림으로써, 여러분께 '진실'을 전하는 것이 옳다고 판단했기 때문입니다.

그리고 어떤 분들의 걱정과 야유와는 달리, 지난 한 달 반 사이에 제 자신이 메니에르라는 망령에서 이미 벗어났기에, 그때의 제 판단과 결정이 결코 잘못된 것이 아니었음을 여러분께 알리고 싶은 마음 때문입니다.
제가 요즘 받고 있는 〈기 체험〉를 설명하기에 앞서,
잠시 저의 지난 날을 말씀드릴까 합니다.

2009년 2월 23일 (저는 지금도 날짜까지 정확히 기억하고 있습니다.) 그날 저는 평소처럼 TV를 보고 있었는데, 갑자기 오른쪽 귀에서 강한 이명(耳鳴)이 '삐…….' 하고 들렸습니다. (바늘로 찌르는 듯한 통증과 함께)

2년 전에도 이와 비슷한 경험이 있었지만, 이비인후과 약을 먹고 금세 좋아졌던 경험이 있는지라 '푹 자고 일어나면 좋아지겠지' 생각하며 일찍 잠자리에 들었습니다.

하지만 다음날 좋아지기는커녕 더욱 증상이 심해졌습니다. 제 귀에 들리는 소리가 둔탁하게 느껴졌으며, 먹먹한 느낌까지 생겼습니다. 이런 상황이 지속되자, 동네 이비인후과를 찾아가 간단한 청력 검사를 받았는데, 선생님께서는 검사 결과표를 보시며 간단한 문진을 하더니, 메니에르가 의심된다고 했습니다.

이름마저도 생소한 병, '메니에르'.
하지만 약을 먹으면 금세 호전되니 너무 걱정하지 말라며 3일분의 약을 처방해주셨고, 집으로 돌아와 약을 복용하니 곧바로 약간의 효과는 보았습니다. 먹먹한 느낌도 사라졌으며 소리도 예전처럼 잘 들렸습니다.

그러나 제가 너무 성급히 샴페인을 터트렸을까요?
귀의 먹먹함과 난청 증세만 조금 사라졌지, 새롭게 이명과 어지럼증, 메스꺼움을 동시에 느끼게 됐습니다.

3일간 약을 복용하고, 병원에 다시 찾아가 설명하니,

"확실히 메니에르 병이네요.
약을 5일치 더 줄 테니 지켜봅시다."

그렇게 3일, 5일, 7일…….
'혈액 순환제+이뇨제'의 복용량은 점점 늘어만 갔습니다.
〈이뇨제〉를 과다 복용한 탓일까요? 제 몸은 항상 축 처져
있었으며 미세한 근육경련도 생겼습니다.
잠도 깊이 잘 수 없어 늘 수면 부족에 시달렸습니다.
악몽과 가위 눌림도 잦아졌습니다. 제 짧은 생각이지만,
독한 〈이뇨제〉를 장기 복용해서 몸이 많이 상한 것이 아닌
가? 짐작해 봅니다.

야외 활동하기에도 많은 제약이 따랐습니다.
사람 많은 번화가나 대형서점은 갈 수도 없었습니다.
조금만 걸어도 헛구역질과 어지럼증이 찾아왔습니다.
(나중에 종합병원 선생님께 그 이유를 물어 보니, 그런 증
상은 시각적 처리 과정에서 뇌가 청신경 쪽에 자극을 줘서
그렇게 느껴지는 거라고 했습니다.)
꾸준히 약을 복용하지만, 몸과 마음은 점차 지쳐갑니다.

"계속 이렇게 살아야 하나?"

집에만 있으면 괜찮았지만 젊은 혈기에 집에서 시간을 보내기에도 매우 우울했습니다. 생각을 긍정적으로 해보려고 '자기 암시'를 걸며 노력해봤지만 금세 포기합니다.

몸이 무너지니 마음도 무너진다고 할까요?

인터넷을 뒤적거리며 제 나름 '메니에르 병'에 관한 정보를 찾고 다녔지만, 워낙 생소한 난치성 희귀병(?)이라 그런지 정보량도, 환자들 사이의 정보 교류도 적었습니다.

그러던 중 한 카페 회원으로부터 몇몇 종합병원을 추천 받았습니다. 그중 한 종합병원을 먼저 찾아가서 〈어지럼증〉에 관한 검사를 받았습니다.

검사 결과는 정상이었습니다. 의사 선생님께서 '그간 약을 복용해서 많이 진정된 상태로 검사를 받았기에 확증할 수 없다'고 말씀하십니다.

가장 정확히 알 수 있는 방법은, 어지럼증이 찾아왔을 때 바로 검사를 해야 하지만 그건 현실적으로 불가능하니…….

그날 저는 검사결과는 정상인데도 '메니에르 의증' 진단을 받았습니다.

그러다가 이번엔 이대 앞에 있는 메니에르 전문병원이란 곳을 찾았습니다. 지난 번 종합병원 검사 때문에 중복 검사는 피하고 몇 가지 검사를 추가로 받았습니다.

결과는 역시 종합병원과 같았습니다.

처방약 또한 동네 병원과 별반 다르지 않으니 퍽 실망하며 발길을 돌렸습니다. 이 병원, 저 병원, 요 병원, 조 병원을 다녀봐도 약 처방은 거기서 거기인 것 같아, 종합병원의 진료를 선택했고, 그날부터 저는 종합병원 단골손님이 되었습니다.

발병 후 한 달에 한 번씩 찾아가 정기점검도 받고 약 처방도 받아왔습니다. 몸 상태는 좋아졌다, 나빠졌다, 또 나빠졌다, 좋아졌다……. 이렇게 악순환을 거듭했습니다.
집 안에서 보내는 시간도 늘어만 갔습니다. 20대 중반 나이의 제 친구들이 하나둘씩 취업을 해서 자리 잡아가는 모습 보고 있으려니 어찌나 부러운지…….
(그때 제 모습은 '은둔형 외톨이'라고 생각하시면 됩니다.)

저는 학교도 다니다 그만둔 상태이고, 경제적으로 여유 있는 사람도 아닌데, 이렇게 본의 아니게 신선놀음(?)만 하고 있으려니 병도 병이지만 마음도 점점 지쳐갔습니다.
가족과 친구들마저도 제 병을 몰라주는 거 같고, 꾀병 환자 취급을 받는 기분이 드니, 덩달아 우울증까지 생기는 것 같았습니다.
그 후, 저는 집에서 약만 먹고 인터넷으로 메니에르 정보나 찾거나 웹 서핑이나 하며 세월을 보냅니다. 초봄에 처음 발병해서 이제는 여름의 끝을 알리는 무렵까지 메니에르는 끈질기게 저를 붙들고 괴롭히고 있었습니다.

그러던 지난 8월 어느 날, 이 카페에서 우연히 '영운'이
란 분이 쓴 '놀라운 정보'란 글을 읽었습니다.
그 글에 대한 저의 솔직한 느낌은 '뭐 이런 사기꾼이 다 있
어!'였습니다. 살짝? 악플 한 개를 남겨주고 잠자리에 들
었습니다.

다음날 평소처럼 카페에 출석도장을 찍으려고 접속했는
데, 뭔가 조금 이상했습니다.
보통 사이비 약장수들은 글만 남기고 홀연히 사라지는데,
온갖 악플이 넘쳐흐르는 똥물(?) 속에서도 '영운'이란 분
은 남달랐습니다.

그러거나 말거나, 저는 본격적으로 영운의 글에 온갖 악
플을 남겼습니다. 그러면서도 한편으론 도대체 '이 사기꾼
이 어떤 거짓말로 사람들을 현혹할까?' 호기심이 생겼습
니다.

그래서 영운의 블로그에 접속해서 그곳에 실린 글들을
읽어보았는데, 주제별로 몇 개의 글들이 나뉘어 있었습니
다. 하나하나 읽어가며 이분이 도대체 어떤 사람인가? 생
각해봤습니다.

그중에 '기'에 관한 글이 실린 항목이 있었는데, 내용을 보니 마치 '판타지 소설' 같은 느낌이 들었습니다. 하지만 다른 주제를 다룬 글들을 읽어보니, 글에 날카로움은 있었지만 결코 틀린 말은 아니었습니다. 그래서 기에 관한 글을 다시 찬찬히 정독해보니 제법 흥미롭고 글맛도 납니다.

그때부터 제 머릿속엔 작은 혼란이 찾아옵니다.

'이거 사이비인데…… 분명히 이건 사이비인데…… 과연 이럴 수가 있을까?' 의심은 또 다른 의심으로 이어지고, 그렇게 여러 날을 영운의 블로그에서 주판알을 튕기고 있었습니다.

그러던 어느 날 영운의 블로그에서 '마음'이란 제목의 글을 읽었습니다. 제 마음속에 날뛰는 '꼬마 원숭이'를 진정시키고 조용히 생각해봤습니다. 그리고 결심합니다.

"그래 지금 내가 보고 있는 세상은, 이 작은 방에서 고작 인터넷을 통해 바라본 세상이다. 한 번 믿어보자."

제가 영운님의 글에 믿음을 가지게 되자, 이곳 카페 사람들은 이런 제 모습을 보며 돌을 던졌습니다.

'실망이다, 너도 알바냐?'

'너 영운이랑 같은 ID지?'

'드디어 사랑만세가 사이비 종교로 개종을 했습니다.'

저는 단지 그 지겨운 〈메니에르 병〉로부터 벗어나고픈 생각에 氣치료를 찾아 선택했을 뿐인데, 회원들은 제게 비난의 돌멩이를 던졌습니다.

제가 먼저 제 돈과 시간과 노력을 들여 시험적으로 체험을 한 뒤에, 그 결과를 글로 올리겠다고 말했지만 그들은 막무가내로 절 비난했습니다.

그 후 저는 전자우편으로 영운님과 몇 통의 편지를 주고받으며, 결국 본연님으로부터 〈동기감응〉을 받았고, 그 놀라운 경험에 이어, 지금까지 한 달 남짓 〈氣〉체험을 하고 있습니다. 〈동기감응〉이란 말은 영운님을 통해 처음 알았습니다.

"흠, 동기감응이라?"

氣 다음으로 제겐 퍼이나 생소했던 〈동기감응〉이 뭔지 알기 위해 인터넷에서 뒤적거려 봤지만, 제 궁금심을 풀어줄 만한 내용은 없었습니다.

영운님 말씀으로는, 저의 '고유번호'를 알려주면 '본연'이란 분이 제 몸 상태를 점검해주시고, 그 결과를 알려주겠다는 겁니다. 제 고유번호만 알면 본연이란 분은 제 아픈 곳을 직접 생생하게 느끼고 병의 원인도 밝혀낸다는 겁니다. (전 설마했습니다. 어떻게 그런 일이 있을 수 있답니까?)

하지만 밑져야 본전이다 싶어, 제 고유 번호(주민증번호)를 편지로 보냈습니다. [8*****-1******]

얼마 지나지 않아 전자우편함에 답장이 와있었습니다.

저는 그 내용을 찬찬히 읽어 내려가는 동안 말문이 턱 막혀 버렸습니다. 이럴 수가!

한참을 멍하니 컴퓨터 모니터만 바라봤습니다.

"이게 정말 가능해?

나보다 내 몸을 더 잘 알고 있다니!

이건 있을 수 없는 일이야!"

영운님의 답장엔 제가 갖고 있는 여러 문제점과 함께 '평소 눈이 건조하다" 하다고 했는데, 사실 그날 저는 안구 건조증 때문에 안과에 다녀왔습니다.

이걸 직접 〈동기감응〉을 통해 느꼈다니, 게다가 절더러 항상 잠이 부족하다고 했고, 본연님께서 동기감응을 하는 동안 힘들어하며 소파에 누워 잠깐 잠도 잤다고 했습니다.

사실 저는 어려서부터 불면증에 시달려왔고, 제 소원이 잠 한 번 푹 자보는 것입니다. 이렇게 저는, 어느 날 문득, 아주 우연히, 오늘날 현대사회나 학교에서 배운 지식으론 절대 이해할 수 없는, 또 다른 세계를 새롭게 알게 되었습니다.

〈첫 만남〉

드디어 영운님으로부터 본연님의 연락처를 받았습니다.
본연님을 만나기에 앞서 먼저 전화통화를 합니다.
제 심장이 두근두근…….

"여보세요? 아. 저 '사랑만세'라고 합니다.
선생님, 안녕하십니까?"
"네, 안녕하세요?"

몇 마디 대화가 오가다가 잠시 침묵이 흐르고…….

"선생님, 제 병이 과연 치료 될까요?"
"이 세상에 못 고치는 병은 없습니다.
모든 병엔 원인이 있습니다.
그 원인이 없어지면 자연히 치유되죠."

짧은 통화였지만 강한 인상을 느꼈습니다.
본연님의 목소리를 통해 어림으로 생각해봤습니다.

'따뜻하시다…….'

며칠 뒤, 저는 본연님이 계신 곳으로 향했습니다.
고속버스를 타고 가는 중에도 제 마음속에 자리한 의심의
'꼬마 원숭이'가 또다시 널을 뜁니다.

"내가 과연 잘하고 있는 거야?
동기감응까지 받고도 이런 의심이 생기는 건 뭐지?
내 그릇이 이것밖에 안 되나?
참 좁다 좁아! 그런데 과연 고칠 수 있을까?
설마? 사기당하는 일은 없겠지?"

4시간쯤 달렸을까? 드디어 본연님 댁에 도착했습니다.
초행길이라 길을 찾느라 허둥대다 겨우 근처에 다다르니,
본연께서 집 앞에 나와 계십니다.
그때 처음 본연님을 본 제 느낌은 '편안함'이었습니다.
본연님을 따라 집 안으로 들어갔습니다. 여느 가정집과
다를 바 없는, 포근하고 편안한 분위기입니다.

"흠 뭔가 요란한 기도원 분위기인 줄 알았는데…….
과연 이분이 나를 병에서 해방시켜 줄 수 있을까?

이런저런 잡생각을 하고 있을 때, 본연님께서는 어린아이
(?)같이 수줍은 미소를 머금고 茶를 달여주셨습니다.
茶를 마시며 많은 얘기를 나눴습니다.

그분은 말수가 많지 않았습니다.
대화 도중 가끔 침묵도 흘렀지만 분위기는 전체적으로 밝았습니다. 그런 분위기에서도 제 마음 한쪽에선 여전히 의심이 깊이 뿌리박혀서 나오지 않고 있었습니다.

"이 사람을 믿어볼까? 말까?"

머릿속에서 연신 주판알을 튕깁니다.
본연님은 그저 평온한 미소만 짓고 있습니다.
제 예상과 달리, 사이비 종교 포교(?) 활동도 않습니다.
그저 제 말을 귀 기울여 들어주실 뿐…….

그러더니, 절더러 '아니다 싶으면 茶를 마시고 돌아가도 좋다'랍니다.
그날 본연님께서 제 병에 내린 결론은,

'6개월 소요! (주1회 대면치료, 주2회 영상 치료)'
'메니에르 관련 약 복용을 멈출 것!'
'지시하는 사항은 반드시 지킬 것!'

그런데 이 지시사항이란 것이,
제가 알고 있는 메니에르 상식과는 정반대입니다.
"과연 이래도 되는 걸까?"

불안한 마음에 잠시 고민을 하다가 '6개월이 걸린다 하셨으니 선생님을 믿겠습니다'라고 말을 건넵니다.
제가 결심을 하자, 본연님은 〈기 체험〉에 앞서 제게 몇 가지 숙제를 내주십니다.

(1) 오늘 나를 있게 한 모든 것에 아침, 저녁으로
　　감사기도를 드릴 것 (또는 일기를 쓸 것)
(2) 충분한 수분 섭취
(3) 충분한 염분 섭취
(4) 컴퓨터 적게 할 것 (전자기파가 해로우므로)
(5) 비타민C 복용 (동네 약국에서 구입)
(6) 턱 운동

너무나 간단명료했고, 사이비 종교학습이나,
굿 같은 행위는 일절 없었습니다.
만약 그런 것들이 있었더라면, 분명코 저는 지금 이 글을 쓰고 있지 않을 것입니다.

〈첫 氣 체험〉

저는, 본연님께서 〈동기감응〉으로 간파하셨듯이,
매사에 의심이 아주 많은 놈입니다.

그래서 본연님으로부터 〈氣 체험〉을 하기 전에, '요기, 조기, 여기, 저기가 아파요'라고 미리 말하지 않았습니다. (메니에르 병만 빼고)

하지만 본연님은 아주 여유로운 표정으로 정신을 집중하고 나서 제 몸 구석구석을 점검하시더니 제 몸 어디가 문제인지를 하나하나 정확히 지적하셨습니다.
(동기감응 때 벌어졌던 제 입이 또 '쩍' 벌어졌습니다.)

"흐으으 헉, 오! 맙소사!"

비명이 절로 나왔습니다.
만지는 곳마다 아프기도 무척 아팠습니다.

"도대체 여성에게서 저런 힘이
어떻게 나올 수 있는 거야?"

그런 저를 바라보며 본연님은 수줍은 듯 그저 미소만 짓고 있었습니다. 아마 그날 제 곁에 누군가가 있었다면, '사내 녀석이 무게 없이 무척 촐랑거린다!'라고 한마디 했을 거라 생각됩니다.
저의 첫 〈氣 체험〉은 그렇게 연거푸 괴성(?)을 지르며 방정을 떨다 끝났습니다.

본연님 댁에 들어서면, 활동하기 편한 복장으로 갈아입고 茶를 마십니다. 제가 그동안 여러 병원에서 싫도록 경험한, 〈2시간 대기, 5분 진료〉는 이곳에 없습니다.

편안한 음악이 흘러나옵니다.
인스턴트 음악에 찌들어있던 제 귀엔 참으로 듣기 편안합니다. 군것질거리도 직접 내오십니다. (제가 워낙 군것질을 좋아하는 줄 미리 아시고 아낌없이 내오십니다.)
茶와 군것질을 즐기며 격의 없는 대화를 합니다.
소소한 일상에서부터 氣, 파장 등의 얘기까지,
주제가 다양하고 재미도 있습니다.

잠시 후, 따뜻한 침대에 눕습니다.
본연님께서 가만히 제 머리 위에 손을 얹습니다.
제 몸 안의 氣를 점검합니다. 나쁜 氣는 털어내고, 좋은 氣를 불어넣어 주십니다. 이와 함께 제 몸의 녹슨 관절과 뼈, 내장 구석구석을 풀어주십니다.

누군가가 이와 같은 행동을 본다면, 단순한 '안마'나 '스포츠 마사지' 정도로 여길 수도 있겠지만,
그와는 정말 차원이 다릅니다. 간혹 너무 아파서 외마디 비명이 새어나올 때가 있습니다.
이런 '고문(?)'이 1시간가량 계속됩니다.

이쯤에서 여러분께선 뭔가 요상하고 괴이한 의식이나 굿판이 있지 않을까? 또는 어떤 독특한 의술 행위를 하는지 의심을 할만도 한데, 이곳엔 뜸이나 침 같은 의료 기구를 찾아볼 수 없습니다.
그럼 특별한 약을 먹느냐?
아니요, 약도 전혀 없습니다. (만약 이런 행위가 있었다면, 거듭 강조하지만 제 발로 걸어 나왔을 겁니다.)

사람들은 이렇게 지극히 자연스러운 이치는 가볍게 여기면서, 반대로 특별한 무언가를 찾고, 그것에 열광합니다. (요즘 제 나름 깨어나고(?) 있다지만, 저 역시 그런 부류 중 하나입니다.)

제가 매주 찾아가는 그곳엔 마술(?)이 없습니다.
오직 오묘한 자연의 이치와 본연님의 따스한 마음이 있을 뿐입니다. 저는 오늘까지 여섯 차례 〈氣 체험〉을 했습니다. 그리고 그 사이 제 몸에 일어난 변화는 다음과 같습니다.

(1) 어떤 음식도 가리지 않고, 양껏 먹고 있습니다.
'저염식'이란 획일적인 틀에서 벗어나, 라면, 짜장면, 떡볶이, 탕수육, 청국장 등 뭐든 잘 먹을 수 있게 되었습니다. 특히 저는 청국장을 매우 좋아했는데, 메니에르 병 이후 8개월간 못 먹은 청국장을 다시금 먹게 되었을 때,

그 행복감이란 정말 최고였습니다.

요즘 제 고민은, 너무 많이 먹어서 걱정입니다. 얼마 전엔 식사를 하며 막걸리도 마셨는데, 그날 저는 이 병에 걸린 후 한 번도 마신 적 없던 술을 9개월 만에 처음으로 즐겁게 마셔봤습니다. 너무 과음을 했는지 다음날 막걸리 특유의 냄새와 뒤끝이 찾아왔지만, 메니에르를 잊고 지낸 매우 즐거운 하루였습니다.

(2) 몸무게가 4kg 줄었습니다.

참으로 이상한 일입니다. 음식은 전보다 더 많이 먹는데, 몸무게는 계속 줄어듭니다. 그래서 전에는 작아서 못 입던 옷들이 모두 잘 맞습니다. 본연님의 말씀으론, 제가 살이 찐 것이 아니라 부은 것이었답니다.

좋은 氣가 몸을 감싸면서부터, 몸의 세포들이 정상적으로 활동하게 되면서 부기가 가라앉아, 몸이 가벼워지고 균형이 잡혀가는 거랍니다.
부모님이나 친구들도 저를 보고 깜짝 놀랍니다.
"너 요즘 몸이 많이 날씬하고 좋아졌다?"라며.

(3) 어떤 소리를 들어도 괜찮습니다.

본연님으로부터 〈氣 체험〉을 하고 나서 "내 귀가 과연 소리에 대해 어떻게 반응할까?" 내심 저도 궁금해서 나름

410

대로 실험을 해봤습니다. 강변역에서 인사동, 경복궁을 지나 여의도까지 간간히 대중교통을 이용했지만 걷는 시간이 더 많았습니다. (물론 피곤하고 다리도 아팠습니다.)

게다가 풍물놀이와 뮤지컬 공연까지 연이어 봤습니다. 메니에르 환자에게 이런 문화생활은 엄두도 못 낼 일입니다. 대부분 환자들이 극장에 가는 것조차 두려워합니다. 또 이렇게 오래 걷거나, 시끄러운 공연이나 사람 많은 장소에 있다 보면 어지럼증이 찾아옵니다.

얼굴도 창백해지며 다음날엔 거의 방바닥에 누워 잠만 자야 합니다. 며칠간 그렇게 가만히 누워 에너지를 다시 채워야 간신히 일어납니다.

그러나 그날 실험 결과, 이런 증상들은 저와는 무관한 것이었습니다. 풍물놀이 공연 현장에서 제 자리는 대형 스피커 앞이었습니다. 공연 내내 울려대는 꽹과리, 징, 북, 장구 소리가 증폭되어 제 귓가를 때립니다.

그런데도 제 귀는 매우 편안합니다. 이전 같으면 이 정도 소리를 잠깐만 들어도 어지럼증에 구역질을 느꼈을 텐데, 공연이 끝날 때까지 들어도 멀쩡합니다.

내친김에 〈난타〉 공연장을 찾아서 홍대 앞으로 달려갑니다. 그곳에서도 제 귀는 멀쩡했습니다. 집으로 돌아오는 길, 다리는 피곤해도 머릿속은 맑습니다. 너무 기쁩니다.

그날 밤 저는 숙면을 취하고, 다음날 늦게 상쾌한 기분으로 일어났습니다. 어떤 메니에르 처방약도 먹지 않았건만, 또 한 달 넘게, 맵고 짠 음식을 가리지 않고 먹고 있고, 매일 3리터 이상의 물을 마셔댔건만…….

이것이 지금까지 제가 〈氣 체험〉을 하며 느꼈던 내용입니다. 제가 소개한 글엔 티끌만큼의 거짓도 없습니다. 그리고 저는 더 이상 메니에르 병 환자가 아닙니다. 왜냐고요? 일상생활 속에서 어떤 메니에르 증상도 느끼지 않고 있으니까요. 〈氣 체험〉을 하고 나서 겨우 한 달 남짓한 기간이 흘렀을 뿐인데…….

앞으로 4개월 후면, 제가 본연님으로부터 정식으로 '메니에르 졸업장(?)'을 받는 날이 올 것입니다. 분명코 그날은, 제가 메니에르 병으로부터 영원히 'Bye Bye'를 고하는 날임과 동시에, 제 몸의 모든 세포들이 본래 모습으로 생기있게 활동하는 날일 것임을 믿어 의심치 않습니다.

요즘 제 몸이 점차 회복되는 느낌이 들자, 처음의 다짐과 달리, 가끔 본연님께서 내주신 숙제에 농땡이를 칠 때가 있습니다. 그럴 때면 본연님께선 툭툭 한마디를 던집니다.

"지난주에 물을 많이 안 드셨죠?"
"몸에 염분이 부족한데요."
"요즘 틱 운동 열심히 안 하시죠?"

　　그럴 때마다 들킨 제 가슴이 어찌나 뜨끔하던지…….
"아, 차라리 귀신을 속이는 게 훨씬 더 쉽겠다!"라고 혼자
생각해봅니다.
　　요즘 제가 매주 본연님을 만나러 가는 날은, 마치 초등
학교 시절 〈소풍〉가는 기분입니다.
결코 병을 고치러 가는 무거운 발걸음이 아닌,
〈즐거운 나들이〉 길입니다.
긴 글 읽으시느라 고생 많으셨습니다.

*뱀 다리 (蛇足)
　　자신의 표현대로 '은둔형 외톨이'였던 이 젊은이는,
6개월간의 〈기 체험〉을 마치고 나서,
본인이 바라던 대로 '메니에르 졸업장(?)'을 받았고,
2018년 현재까지 8년째, 매년 3~4차례
本然을 찾아와 자신의 몸 상태를 점검받고 있습니다.
최근엔 인터넷 사업체를 운영하며, 씩씩하게 잘 살고 있습니다.

고수의 맞대결

　　일흔을 넘긴 노인 한 분이 本然을 찾아왔습니다.
자그마한 몸매에 점잖은 모습입니다.
녹차 잔을 사이에 두고 두 사람이 마주 앉습니다.
本然도 처음 뵙는 분인지라,
노인께서 먼저 자신의 이력(履歷)을 소개합니다.

　-고등학교 교장을 세 차례 역임.
　 젊어서부터 주역(周易)이나 氣, 풍수(風水)에 관심이
　 많아 그 방면으로 쌓아온 경력이 삼십 년 남짓.
　 전국의 소문난 고수(高手)들과 면담 경험 다수.
　 현재 일주일에 서너 차례 대학강의를 나가고 있고,
　 여러 지자체 문화교실에서 수맥(水脈)이나 풍수에
　 관심 있는 사람들에게 한 수 가르치고 있으며,
　 의뢰가 있을 경우, 묘(墓)자리를 봐주거나 사업하는
　 사람들에게 땅에 관한 훈수(訓手)를 두고 있음.

414

이 분이 本然을 찾은 연유는 이렇습니다.

얼마 전, 자기에게서 십 년 넘게 땅 보는 법을 배운
여성 사업가가 골프 연습장을 지을 땅을 샀다고 해서,
그녀의 부탁으로 그 땅을 살펴보았는데, 땅 밑으로
매우 강한 수맥(水脈)이 흐르고 있고, 땅의 氣도 썩
좋지 않아 보여, 이미 사들인 땅이라 어쩔 수 없으니
그나마 할 수 있는 방법은 땅 표면에 자기가 일러주는
돌을 구해 두껍게 까는 수밖에 없다고 말해주었는데,
몇 달 뒤, 그 제자가 다시 찾아와서 그 땅을 한 번
더 점검해달라고 조르기에, '이미 살펴본 땅을
다시 본들 뭐 소용인가'란 생각이 들었지만, 매정하게
거절하기도 뭣해 따라 나섰는데, 가서 보니,
-아니, 이럴 수가!- 지난 번 점검할 때 그토록 강하게
느껴지던 수맥파가 온데간데 없고, 땅기온도 전혀
다른지라, 제자에게 '어찌된 일인가?' 물었더니,
本然이 와서 땅에 氣 처리를 했다는 말을 듣고,
이런 경우는 자기가 이 계통의 공부를 시작한
이래로 처음 겪는 황당한 일이라, 도대체 어떻게
했기에 수맥파가 없어지고 땅기온이 바뀌었는지
너무 궁금해서, 本然의 주소를 알아놓고 두 차례
찾은 적이 있었으나, 本然에 없기에 헛걸음을 하고
이번이 세 번째 방문이란 이야기였습니다.

긴 자기 소개 끝에 노인께서 묻습니다.

  "나이 드신 분일 거라 추측하고 찾아왔는데,
   젊은 여성이어서 놀랐습니다. 댁이 그곳에 가서
   '氣처방'을 하신 게 맞나요?"
  "네."
  "전 지금도 '그런 일이 과연 가능할까?' 의구심이
   드는데, 어떤 원리로 땅의 氣처리를 하셨는지
   말씀해주실 수 있나요?"
  "딱히 원리라고 말씀드릴 게 없는데요."

원리라고 말할 게 없다?
노인의 표정이 조금 상氣됩니다.

  "혹시 이런 일을 누구로부터 배우셨나요?"
  "배운 적이 없는데요."

  노인은 결코 믿을 수 없다는 표정입니다.
아마 本然이 뭔가를 숨기고 있다고 생각하나 봅니다.
오늘 그녀가 노인과 이렇게 마주 앉아
맞대결(?)을 하게 된 배경은 이렇습니다.

  여성 사업가가 골프 연습장 사업을 하기 위해서

416

땅을 매입하고 건축업자를 정해 공사를 시작했으나,
공사가 계속 지연되고, 건축업자가 공사비용을 추가로
요구하는 일이 잦아지는 등 여간 골치 아프지 않아서,
무당을 찾아가 굿을 할까? 아니면 수맥 선생님께서
말씀하신 대로 돌을 깔아볼까? 고민을 하고 있던 차에,
주위 분으로부터 本然을 소개받습니다.

자신도 수맥을 십 년 넘게 연구한 전문가인지라,
소개한 사람의 말이 믿기지는 않았지만,
1,000평이 넘는 땅에 비싼 돌을 구해서 까는 데 드는
비용도 녹록(碌碌)치 않기에, '혹시나' 하는 마음으로
本然을 찾습니다.
本然에게 자기가 들은 소문대로 과연 땅의 수맥파를 차단
할 수 있느냐고 물으니, '가능하다'는 답이 돌아옵니다.
그렇다면 지금 그 땅에 함께 가보자고 하니까,
木然 왈,

"혹시 그 땅의 번지(番地)를 알고 계신가요?"
"예, 그런데 번지는 왜요?"
"번지를 알면 굳이 가보지 않아도 돼서요."
"예?"

제가 여러분께 참고로 말씀드릴 것이 있어
두 사람의 대화에 잠깐 끼어들면,

대부분의 풍수를 보는 분이나, 수맥을 탐사하는 전문가들은 땅의 상태를 정확히 점검하기 위해선, 현장답사가 필수적입니다.

그것도 두세 차례 가보고 나서 최종 결론을 내리는 것이 보통입니다. 그런데 本然은 현장에 가볼 필요가 없다는 겁니다. 아니, 현장에 가보지도 않고 어떻게 땅의 수맥을 알아낼 수 있단 말인가?

자신도 수맥을 공부해온 그 여성으로선 도저히 납득이 안 되는 얘기입니다. 하지만 땅 주소를 알려달라는 本然의 요구를 무시할 수 없어 약도와 함께 적어 건넵니다.

주소와 약도를 받아든 本然,

조용히 눈을 감고 명상(冥想)에 잠깁니다.

3~4분이 흘렀을까, 공책과 펜줄럼(pendulum,振子,진자)을 집어 듭니다. '펜줄럼'은 가느다란 쇠사슬 끝에 금속으로 만든 작은 추(錘)를 매단 물건으로, 땅의 수맥이나 氣를 점검할 때, 'L-로드(rod, 막대기)'와 함께 자주 쓰이는 도구입니다.

펜줄럼의 줄 끝을 잡고, 진자의 움직임을 관찰하던 本然이 공책에 그림을 그려나갑니다.

땅 밑에 흐르고 있는 수맥의 강도와 방향이 그려집니다.

그녀는 그 방향을 수맥의 '결'이라고 표현합니다.

'결'은 땅속 물길의 진행방향과 너비(幅)를 나타내는
本然 고유의 표현인데, '숨결, 물결'에서의 그 '결'입니다.
그리고 또 한 차례 펜쥴럼의 움직임을 관찰하고나서,
일곱 군데에 점을 찍습니다.
이 일곱 군데의 점이 수맥파가 가장 강하게 느껴지는 지점
입니다. 남들이 보기엔 어린아이들 장난 같은 '진자 놀이'
를 끝낸 本然이 입을 엽니다.

　　"여기 일곱 군데에 氣처리를 하면 좋겠습니다."
　　"그러면 어떻게 되나요?"
　　"땅의 수맥파가 분산이 되어 땅 기운이 좋아집니다."
　　"뭘로 어떻게 처리를 하나요?"
　　"저의 氣를 담은 작은 항아리를 묻으면 됩니다."
　　"항아리요?"

　　현장에 가보지도 않고 일곱 군데의 장소를 찍는 것도
그렇고, 작은 항아리를 땅에 묻는 것만으로 땅의 기운이
바뀐다는 것도 도저히 믿기지 않는지라, 이 여성은
'생각해 보겠노라'는 말을 남기고 돌아섭니다.

　　사흘 뒤, 그 여성이 다시 本然을 찾습니다.
여성이 집에 돌아가 곰곰이 생각을 해보고, 골프 연습장
부지에 들러 자신이 배워 알고 있는 방법으로 수맥을 점검

해보니, 本然이 지적한 장소의 수맥파가 가장 강하다는
사실을 확인한 뒤입니다. 그러니 이젠 그녀의 말을 믿지
않을 수 없는 상황입니다. 그래도 다시 한 번 묻습니다.

"저번에 말씀하신 장소의 수맥파가
가장 강한 것은 알겠는데, 항아리를 묻으면
수맥파가 분산된다는 건 어째 좀……."
"믿으셔도 됩니다, 틀림없을 테니까요."

워낙 확신에 찬 本然의 대답에, 아주머니는 그녀가
시키는 대로 '氣처리'를 하기로 결심합니다.
며칠 뒤, 현장에 가서 本然이 지정한 곳에 여섯 개째 항아
리를 묻었을 때, 갑자기 의뢰인이 건축 중인 골프연습장
건물 안에 들어가 수맥파 변화 여부를 점검해보자고 제안
합니다. '氣처리'를 완전히 끝내지 않은 상태에서 수맥파
를 점검해본 적이 없었지만, 느닷없는 제안에 本然도 선선
히 동의합니다.

항아리를 묻기 전에는 수맥파가 강하게 느껴지던 지점
에 가서 의뢰인이 해오던 방법으로 점검을 해보니, 전과는
달리 수맥파가 전혀 느껴지지 않고, 그 장소에 섰을 때,
의뢰인 자신이 느끼는 몸의 기운도 확연히 다릅니다.
의뢰인이 깜짝 놀랍니다.

420

마지막 남은 항아리를 마저 묻고 나서,
이번엔 本然이 제안합니다.

　"이제 골프 연습장의 가장자리에 가서,
　　번지가 다른 이웃 땅과 연습장 땅의 수맥파를
　　비교해보시죠."

　점검을 끝낸 의뢰인이 더욱 놀랍니다.
항아리를 묻은 자신의 땅은 수맥파가 사라진 반면,
바로 이웃한, 번지가 다른 땅에선 여전히 강한
수맥파가 감지됐으니까요.
마치 자(尺)를 대고 선을 그은 듯, 의뢰인이 골프 연습장을
짓고 있는 번지 내의 수맥파만 사라진 것입니다.

　이걸 어떻게 설명할 수 있을까요?
현장에 한번 와보지도 않은 本然이,
어떻게 이토록 귀신같이 현장 상황을 꿰뚫고 있었을까요?
아니, 귀신인들 그토록 정확히 알 수 있을까요?
게다가 그 작은 항아리가 도대체 뭐 길래,
수천 년 이어져 내려온 풍수 역사를 보더라도,
내로라하는 풍수의 '고수' 어느 누구도 바꾸지 못했던,
아니, 바꿀 엄두도 못 냈던 '땅의 氣'를 바꿔놓을 수 있는
걸까요?

만약 이것이 사실이라면, 더 이상 명당(明堂)을 찾기
위해 온 산천을 헤매고 다닐 필요도, 이사를 가거나
사무실을 얻을 때 수맥이 안 흐르는 집을 구하려 애쓸
필요가 없지 않나요?
왜냐고요?
항아리 몇 개로 나쁜 기운이 흐르는 땅이 '명당'으로
변하고, 인체에 해로운 수맥파가 싹 없어지는데,
힘들게 다리품을 팔아가면서까지 좋은 땅을 찾겠노라
생고생을 할 필요가 무에 있나요?

노인은 이 거짓말 같은 '사실'이 도저히 믿기지 않았던
것입니다. 이분은 오래전부터 전국의 이름난 고수들을
찾아, 그들이 지닌 비법(祕法)을 탐문해왔고, 그 과정에서
자신의 풍수 이론을 깊이 있게 다져온 그 분야의 '고수'인
데, 本然이 다녀간 뒤 자신이 가지고 있는 고성능 氣측정
장치까지 동원해가며 골프연습장 땅을 다시 점검해보니,
처음과는 전혀 다른 땅으로 변해있는 현실에서 누군들 놀
라지 않겠습니까?

노인은 자신이 힘들여가며 수십 년간 익혀온 풍수와
수맥탐사의 원리가 한꺼번에 '무용지물'이 돼버린 충격으
로, 한시 바삐 本然을 만나지 않을 수 없었던 것입니다.
노인이 本然에게 묻습니다.

"선생님께서는 현장에 가보지도 않았다면서요?"
"네."

노인께서 本然을 부르는 호칭이 '선생님'으로 바뀌었습니다.
일흔이 넘은 노인이 서른 후반의 여성을 선생님이라 높이
고 있는 것입니다.
'고수(高手)'의 세계는 그런 겁니다.

　　"가보지도 않고 어떻게 그 땅의 수맥을
　　그토록 정확히 알 수 있습니까?"

잠시 머뭇거리던 本然이 답합니다.

　　"<마음>으로 알 수 있습니다."
　　"<마음>이라고요?"
　　"네, <마음>을 열면, 다 느낄 수 있습니다."
　　"전 도저히 이해가 안 되는군요……."
　　"이해하기 어려우시겠지만, 사실입니다."

　노인은 더 이상 물어볼 말이 없습니다.
어떤 희한한 비법이라도 있는 줄 알고 本然을 찾아온 노인
에게 <마음>이라는 답변은 도무지 이해할 수 없는,
또 다른 차원(次元)이기 때문입니다. 처음 찾아올 때보다
더 '氣가 막힌' 표정을 하고 노인이 일어섭니다.

이 말 한마디를 남기고.

"제가 아는 한,
  선생님은 이 분야의 최고입니다."

두 고수(高手)의 맞대결은 이렇게 싱겁게 끝났습니다.

  그날의 만남이 있은 지 얼마 후,
노인과 알고 지내는 분으로부터
本然에게 전화가 왔습니다. 통화내용인 즉은,

  -그 노인은 그 후로도 한 차례 더 本然을 찾아왔지만,
  문이 닫혀 있어 本然을 만나지 못하고 돌아갔고,
  그 후로도 노인은 本然과의 그날 대화를 내내
  곱씹어 보았는데, 이제야 本然이 말한 <마음>의
  말뜻을 조금 알 것도 같다고 하더라고.-

  本然은 가끔 이런 말을 합니다.

"하늘도 땅도 동물도 나무도,
  하물며 귀신까지도
  제 <마음>으로 알 수 있는데,
  오직 하나, 살아있는 사람의 <마음>만은
  여전히 알기 어려워요."

424

제가 묻습니다.

　"내가 보기엔,
　당신을 찾는 사람들의 〈마음〉을
　당신은 다 읽고 있던데?"

　"네, 읽죠. 그런데 읽고 나서 며칠 뒤면
　〈마음〉이 또 바뀌어 있어요.
　땅의 기운을 바꾸고 수맥파를 차단하는 일은,
　사람의 〈마음〉을 읽는 것에 비하면
　아무것도 아녜요.
　지나가는 사람이 발로 조금만 건드려도 찰랑대는
　〈세숫대야에 담긴 물〉,
　그게 사람들의 〈마음〉인 것 같아요."

　아마도 그래서 많은 스님들께서
깊은 산속에 혼자 머물며,
긴긴 세월 자신의 〈마음〉과 싸우고 있나봅니다.
찰랑대는 자기 〈마음〉의 뿌리를 찾기 위해서……

맺는 말

1

누군가는 제게 이렇게 물을지도 모르겠습니다.

-책가방 끈도 짧은 당신이 뭘 안다구
철학에, 과학에, 의학까지 들먹이는 거냐?-

그런 분께 저도 대꾸할 말은 있습니다.
'미국의 발명가 에디슨(T. Edison)은 초등학교 3개월 중퇴의 짧은 '책가방 끈'으로, 어느 누구도 만들지 못한 전구를 발명해서 우리 모두의 까만 밤을 밝혀주고 있노라'고.

제가 이 책을 쓸 수 밖에 없었던 이유는, 오랜 세월 제 머릿속에서 따로 노는 구슬처럼 어지럽게 널려있던 氣라는 주제가, 本然이란 여성을 만난 뒤로 한 가닥 목걸이로 정리되었기에, 이쯤에서 제 생각을 남들에게 전하더라도 -세상을 어지럽히고 여러 사람을 속이는- 혹세무민(惑世誣民)의 잘못만은 저지르지 않을 거란 확신이 섰기 때문입니다.

흔히들 이야기합니다.
'사람으로 태어나서 사는 동안, 하고 싶은 일이나,
할 수 있는 일, 또는 해야 할 일 중 한 가지만이라도
제대로 할 수 있다면, 그 삶은 의미 있는 삶일 것'이라고.

지난 10년 간 한 여성을 취재하는 동안, 저는 많은 사람들을 만났습니다. 그 과정에서 몸과 〈마음〉이 편치 않았던 분들이 새로운 삶을 찾게 되어 기뻐하는 모습을 바라보는 일은, 제게도 크나큰 즐거움이었습니다.

게다가 그 기억들을 되살려 글로 옮기는 일은,
하고 싶은 일,
할 수 있는 일,
해야만 할 일을
동시에 하는 기쁨을 제게 안겨주었기에, 이제 아무런 미련 없이 제 컴퓨터 기억창고에 자물쇠를 채우렵니다.

2

이 책의 뒷표지엔 플라스틱 카드 한 장이 붙어있습니다.
이 카드는 책을 읽은 분들께 제가 드리는 사은품(?)입니다.

428

氣가 뭔지 잘 모르는 분들께 말이나 글로 설명 드리는 것 보다는 -백문이 불여일견이라고- 이 카드로 氣를 체험하게 하는 것이 훨씬 효과적일 거라며, 집요하게 本然을 설득한 결과물이 이 카드입니다.

처음 제가 本然에게 책을 읽는 분들께 氣 카드를 선물하자고 제안했을 때, 그녀의 대답은 '생각해 보죠.'였습니다.
'생각해 보겠다'는 말의 속뜻은, '원치 않는다.'입니다.
그녀가 원치 않는 이유를 저는 잘 압니다.
카드를 지닌 분들이 카드를 사용할 때마다, 그녀는 카드에서 전해지는 탁(濁)한 '파동(波動)'을 느낄 것이고, 그것을 맑게 바꾸는 작업은, 오롯이 그녀의 몫이기 때문입니다.
하지만 저 또한 '한 고집'하는 터라, 초판 1쇄 인쇄에 들어가기 2주일 전, 결국 그녀가 제 의견을 따랐습니다.

지금 여러분이 갖고 있는 카드는 아무런 기능을 하지 않습니다. 하지만 여러분께서 아래 전자우편 주소로 카드에 적혀있는 번호를 알려 주시면, 여러분께 氣를 택배로 전송해드리겠습니다.
여러분의 카드 번호와 전자우편 주소는,
오직 여러분만의 것이기에,
행여 '배달사고' 같은 염려는 하지 않으셔도 됩니다.
물론 제가 보내는 것이 아니라, 本然이 보낼 것입니다.

이 카드의 쓰임새는 매우 다양합니다.
퇴근길에 피로를 푼답시고 들르는 술집 탁자 위의 '쐬주'나,
'별다방'에서 영양가 없는 수다를 떨 때 마시는 '커피'나,
짐승 취급을 받는 것도 아랑곳 않고, 줄기차게 빨아대는
애연가들의 '담배'에도 매우 효과적으로 기능할 것입니다.

매우 부끄럽게도, 40년 넘게 술과 담배를 입에 달고
살아온 족속인 저는, 이 카드를 담뱃갑에 끼운 뒤론, 프랑
스나 동유럽 사람들이 즐겨 피우는 독한 담배만 골라서 피
우고 있기에, 누구보다 이 카드의 효능을 잘 알고 있습니다.
하지만 정작 지금 제겐 카드가 없습니다. 왜냐고요?
이는 오랜 세월 제 몸에 밴 버릇 때문인데,
담뱃갑의 마지막 담배 한 개피를 입에 물곤,
빈 담뱃갑을 쓰레기통에 던지길 수 십 차례,
그러고선 어김없이 비굴한 표정을 지어가며,
本然에게 카드를 구걸하길 또 수 십 번.
족제비도 낯짝이 있지, 이제 더는...

3

'세월엔 장사 없다'더니,
10년 전 처음 만났을 때만해도, 사람을 만나거나 외출할

때면 맨 얼굴로 씩씩하게 잘도 나다니던 本然도, 요즘은
나들이할 때면 얼굴에 뭔가를 찍어 바르는 눈치입니다.

하긴, 20년 남짓, 최첨단 서양의학으로부터도 별 도움
을 받지 못해 몸과 〈마음〉의 고통을 겪으며 어쩔 줄 몰라
하는 많은 이들을 만나서, 그분들의 이야기를 들어주고,
몸과 〈마음〉을 어루만지며, 탁한 기운을 자신의 온몸으로
받아들인 그녀이기에, 여태 그만한 것이 도리어 기적일지
도 모르겠습니다.

요즘 本然은, 오랜 기간 인연(因緣)을 살려 써온 분들의
건강을 정기적으로 점검해 주는 일과 함께, 몇 해 전부터
그분들과 아이들에게 한국 전통 다도(茶道)를 가르치고
전하는 재미에 푸욱 빠져있습니다.
우리네 전통 녹차(綠茶)의 특징은 크게 세 가지입니다.
　　　-색(色), 향(香), 미(味)-

그런데 本然은, 녹차의 연한 빛깔과, 그윽한 향기와,
입안에 감도는 미묘한 맛에, 그녀의 氣까지 더해서
주위 사람들에게 권하고 있는 것입니다.

찻물을 끓이고, 자신이 직접 잎을 따서 덖은 녹차를
조용히 달여 내는 그녀의 모습을 바라보고 있노라면,
제 머릿속엔 영화 〈그린 마일〉의 한 장면이 떠오릅니다.